Tulku Urgyen Rinpoche

REGENBOGENBILDER

Aspekte der Dzogchenpraxis

Zentrum "Rigpa" Düsseldorf

Aus dem Amerikanischen
übersetzt von Thomas Roth

Arbor Verlag
Freiamt im Schwarzwald

Copyright © 1995 by Tulku Urgyen Rinpoche
Copyright © der deutschen Ausgabe:
Arbor Verlag, Freiamt, 2003,
by arrangement with Rangjung Yeshe Publications, Flat 5a,
Greenview Garden, 125 Robinson Road, Hong Kong
Titel der amerikanischen Originalausgabe:
„Rainbow Painting"

Mit einem Vorwort von Chökyi Nyima Rinpoche
Aus dem Tibetischen übersetzt von Erik Pema Kunsang
Zusammengetragen von Marcia Binder-Schmidt
Herausgegeben von Kerry Moran

1 2 3 4 5   Auflage
03 04 05 06 07   Erscheinungsjahr

Titelfoto: Jürgen Pöhlitz, Freiburg
Foto von Tulku Urgyuen Rinpoche: Jean-Marie Adamini
Druck und Bindung: Fuldaer Verlagsagentur
Dieses Buch wurde auf 100% Altpapier gedruckt
und ist alterungsbeständig.

Alle Rechte vorbehalten
www.arbor-verlag.de

ISBN 3-924195-84-6

Inhalt

Vorwort 9
Einleitung 15
Anmerkung des Übersetzers 19

Hintergrund 21
Die Sichtweise und die neun Fahrzeuge 37
Die drei Vajras 50
Der entscheidende Punkt 57
Raum 70
Samaya 80
Anwendung 95
Hingabe und Mitgefühl 111
Der qualifizierte Meister 122
Achtsamkeit 135
Müdigkeit 149
Die wahre Basis 161
Abschweifen 179
Einheit 192
Reinheit 204
Verwirklichung 213
Bardo 227
Verhalten 241

Glossar 257

„Möge alles Gute, wie es durch diese Anstrengung zum Ausdruck gebracht wird, die Ursache dafür werden, dass alle Wesen für immer den kostbaren Dharma annehmen, und möge ein jedes von ihnen, ohne eine einzige Ausnahme, den Zustand der Befreiung erlangen."

Tulku Urgyen Rinpoche

Vorwort

Regenbogenbilder enthält Anweisungen, die von Tulku Urgyen Rinpoche gegeben wurden, unserer Zuflucht und unserem Wurzellehrer. Darin wird man zunächst die Geschichte finden, wie Buddha Shakyamuni in unserer Welt erschien und aus grenzenlosem Mitgefühl die kostbaren Lehren des Dharma des Aufzeigens und der Realisation zum Erblühen brachte. Im Besonderen werden wir erfahren, wie viele gelehrte und verwirklichte Meister den Buddhadharma ins Schneeland Tibet brachten, dort etablierten und verbreiteten. Rinpoche erzählt uns auch, wie zahllose glückliche Praktizierende der Vergangenheit diese Lehren authentisch, durch die Praktiken der drei Fahrzeuge, anwendeten und dadurch Erfahrung und Realisation hervorbrachten. Zweifelsohne gab es in der Vergangenheit in Indien und Tibet eine ungenannte Zahl von gelehrten und verwirklichten Meistern.

Gegenwärtig können wir diese vollständigen und fehlerlosen Anweisungen über Sichtweise, Meditation und Verhalten, entweder innerhalb der Struktur der drei Fahrzeuge, oder ausführlicher, innerhalb des Verstehens der neun aufeinander aufbauenden Fahrzeuge, direkt durch die mündlichen Übertragungen der Linienmeister erhalten. Sowohl der Kangyur als auch der Tengyur, die Worte des Buddha und vergangener indischer Meister, die gesammelten Werke gelehrter und verwirklichter tibetischer Meister, all diese Lehren sind nach wie vor zugänglich in einer Anzahl, die wohl unzählbar ist.

Unter all diesen Meistern ist Tulku Urgyen Rinpoche einer jener, die lange Zeit in Zurückgezogenheit in Bergklausuren gelebt und dort eine beträchtliche Zeit mit Meditationsübungen zugebracht haben. Aus diesem Grunde gibt er uns die reine Quintessenz der heiligen Dharmalehren, die von unserem mitfühlenden Buddha Shakyamuni gelehrt wurden. Die ausführlichen Sutralehren und die tiefgründigen Lehren des Tantra sowie die Lehren von Mahamudra und Dzogchen, die in diesem Buch enthalten sind, beginnen alle mit den vier Gedanken, die den Geist verändern, der Basis, und führen fort bis hin zu den Anweisungen, wie wir den kostbaren Zustand alles wissender Weisheit erlangen können, den Gipfel. Rinpoches Ratschläge instruieren uns in der Art und Weise, wie wir praktizieren sollten, vollständig und fehlerlos. Wir, die Schüler, sollten uns seine Worte zu Herzen nehmen.

Der ‚unübertroffene Zustand der Einheit' ist nicht unabhängig von Methode und Weisheit zu erlangen. Die übliche Methode ist das rechte Verhalten. Weisheit ist die Sichtweise. Im Kontext eines Bodhisattva besteht das Verhalten aus den sechs Paramitas, während die Weisheit ursprüngliche Wachsamkeit ist, in der Leerheit und Mitgefühl untrennbar sind.

Im Kontext des Tantra setzt das Verhalten das Verständnis voraus, dass alle Phänomene in Samsara und Nirvana, was auch immer erscheint und existiert, die Erscheinung von Reinheit und Gleichheit sind. Das Verstehen, der Weisheitsaspekt, ist es, dass die Welt und die Wesen darin allumfassende Reinheit sind, und dass alles erfahren wird, ohne eine konkrete Existenz zu haben. Die Methode ist es, sich in dieser Sichtweise als dem Pfad zu üben.

In der Tradition der ‚essentiellen Instruktionen' kann die ultimative Verwirklichung, die unübertroffene Realisation von Samantabhadra, in diesem Augenblick, in der Spanne zwischen zwei Gedanken, aufgezeigt werden. Sie wird von einem Meister aufgezeigt als nicht-konzeptuelle Wachheit, den nackten Zustand des Dharmakaya. Durch dieses Aufzeigen können wir ganz persönlich unseren ursprünglichen

Zustand, exakt so, wie er ist, als unsere Natur erkennen. Durch das Üben dieser Erkenntnis kann sie kontinuierlich werden und Tag und Nacht aufrechterhalten werden.

Die Lehren des Tantra sprechen von einer bestimmten Instruktion namens ‚Gleichheit von Buddhaschaft während der vier Perioden herstellen'. Diese Instruktion beinhaltet es, sich über den Zustand nicht-dualen Gewahrseins sowohl während des Tages als auch während der Nacht im Klaren zu sein. Dies wird so weit zur Verwirklichung gebracht, dass ein Praktizierender, der die Fähigkeit erlangt hat, seinen Geist kontinuierlich in den Zustand nicht-dualen Gewahrseins zu versetzen, befähigt wird, den kostbaren und unübertroffenen Zustand alles wissender Erleuchtung in diesem Leben und Körper zu erlangen. Diese Anweisungen, die Schlüsselpunkte, wie es zu bewerkstelligen ist, kann man von einem Meister, der die ungebrochene Übertragungslinie hält, erhalten. Diese Lehren gibt es, man muss sie nur erbitten und man muss bereit sein, sie zu erhalten. Wir sind ganz nahe daran, solche kostbaren Belehrungen zu erhalten und sie uns zu Herzen zu nehmen!

Wir haben dieses große Glück. Betrachtet diese heiligen Lehren nicht nur so, als ob es genug sei, sie erbeten und gehört zu haben. Sonst wird der Dharma wie ein altes tibetisches Sprichwort: „So wie die Haut, in die man die Butter einnäht, dadurch nie weich wird, ebenso wenig wird ein übersättigter Praktizierender vom Dharma berührt." Das ist genau das, was Gampopa meinte, als er sagte: „Nicht korrekt praktiziert, wird der Dharma zu einer Ursache für Wiedergeburt in den niederen Bereichen!" Warum nun sollte er so etwas sagen? Einfach weil wir unfähig sein werden, die störenden Gefühle und Emotionen in unserem Wesen zu reduzieren, wenn wir es versäumen, die Worte und die Bedeutung der Belehrungen zu verinnerlichen. Oberflächliches Wissen und metaphysische Worte und deren Bedeutung können es nicht verhindern, dass unser Geist von störenden Gefühlen und Emotionen wie Einbildung und Eifersucht, Konkurrenzdenken und Feindseligkeit verschleiert wird. Eine Person in einem solchen Zustand kann nur dem Namen nach ein Praktizierender sein. Da es der eigentliche Sinn des Dharma ist, unseren rigiden Geist flexibel zu machen, wird der Nutzen gleich Null sein. Aus genau diesem Grunde sollten wir Sichtweise und Verhalten zu einer Einheit machen.

Um dies herbeizuführen, ist es hilfreich, an der Entwicklung von mehr Hingabe zum Wurzellehrer und den Meistern der Linie zu arbeiten, sowie an der Kultivierung von Mitgefühl für alle sechs Klassen von fühlenden Wesen. Im Zusammenhang mit den Lehren des Vajrayana wird gesagt: „Eine Zeit wird kommen, wenn du deinen Meister als einen Buddha in Person siehst; eine Zeit wird kommen, wenn du ungeteiltes Mitgefühl für alle Wesen hast, nicht zu unterscheiden von dem, welches du für deine Eltern empfindest." Dies auf authentische Art und Weise zu erfahren ist der unumstößliche Beweis, dass eine Person nicht nur einen Einblick und ein wenig Verständnis der wahren Sichtweise erlangt hat, sondern sogar einen gewissen Grad von Verwirklichung des natürlichen Zustands ihr Eigen nennt.

Auf der anderen Seite den Vajrameister als gewöhnliches menschliches Wesen zu betrachten und in seiner Liebe für andere durch Voreingenommenheit und Vorurteile beschränkt zu sein, ist ein Zeichen dafür, dass wir noch nicht die Realisation der wahren Sichtweise erlangt haben. Tatsächlich ist es ein Zeichen dafür, dass es uns noch nicht einmal gelungen ist, unser eigenes Wesen zu zähmen. Seid also vorsichtig! Aus eben diesem Grund sind die Praktiken des Ansammelns von Verdienst und des Reinigens von Verdunklungen so wichtig. Die vielen Schriften der Sutra- und Tantralehren sprechen immer wieder davon, wie die Realisation des ultimativen Zustands durch diese Praktiken von Ansammlung und Reinigung herbeigeführt wird. Der Buddha sagte in einem Sutra: „Der höchste Zustand wird einzig durch Hingabe erlangt." Habt also Vertrauen in eure Wurzel- und Linienmeister und in den heiligen Dharma und habt

Mitgefühl mit den Wesen der sechs Bereiche. Dies sind nicht nur einfache Methoden, sondern die Wahrheit. Es ist durch diese Wahrheiten, dass wir sowohl uns selbst nutzen als auch anderen helfen können. Durch Hingabe und Mitgefühl können wir das höchste Objekt der Realisation verwirklichen. Wir mögen dieses höchste Objekt der Realisation Mahamudra nennen oder auch die Große Vervollkommnung oder den Mittleren Weg der definitiven Bedeutung. Es ist der natürliche Zustand des Geistes, fehlerfrei und exakt so, wie er ist.

Zusammengefasst: Trennt nicht Lernen, Reflektieren und Meditationsübung. Versucht vielmehr, euch zu Herzen zu nehmen, was Tulku Urgyen euch in diesem Buch vermittelt. Ich denke, dass dies von immenser Wichtigkeit ist.

Tashi Delek. Sarva Mangalam. Gyalgyur Chik!

Chökyi Nyima Rinpoche
Kloster Ka-Nying Shedrub Ling
Boudhanath, Nepal

Einleitung

Tulku Urgyen Rinpoche hat unermüdlich Fragen beantwortet und seine unbegrenzten mitfühlenden Ratschläge gegeben, an Schüler, die aus der ganzen Welt anreisten, um ihn zu sehen. *Regenbogenbilder* ist eine Zusammenstellung von Belehrungen, die zwischen 1991 und 1994 gegeben wurden. Diese Belehrungen fanden in Rinpoches vier Hauptklöstern statt. Im Kloster Ka-Nying Shedrub Ling in Boudhanath; in Pema Ösel Ling, dem Kloster, das die Asura Höhle umgibt, in Pharping; in Ngedön Ösel Ling auf einem Hügel oberhalb von Svayambhunath; und in Nagi Gompa, Rinpoches Hauptsitz und Rückzugsort. Die Anzahl der Anwesenden variierte von einigen wenigen bis hin zu über zweihundert Teilnehmern.

Wir haben dieses Buch für alle ernsthaften Praktizierenden des Dharma zusammengestellt. Auf eine gewisse Weise ist es eine Fortsetzung von *Repeating the Words of the Buddha*. Wir sind der Meinung, dass Letzteres in erster Linie für Einsteiger geeignet ist, wohingegen *Regenbogenbilder* eher den fortgeschrittenen Schüler anspricht. In Absprache mit Tulku Urgyen Rinpoche haben wir eine Reihe von Belehrungen ausgewählt, in der Hoffnung, dass diese denjenigen von Nutzen sein werden, die etwas von ihrem Enthusiasmus verloren haben oder einfach übersättigt sind. Diese Belehrungen sind insbesondere dann von großem Nutzen, wenn wir Opfer von Zweifeln, Missverständnissen und falschen Ansichten geworden sind. Akzeptiert die Belehrungen in diesem Buch nicht nur als Mittel zur Beseitigung von Hindernissen auf dem Pfad, sondern auch als Methode zur Vertiefung der Praxis.

Wo immer möglich, wurden die Belehrungen in ihrer Vollständigkeit wiedergegeben. Einige Kapitel jedoch wurden aus Diskussionen über gleiche oder ähnliche Themen zusammengestellt. Die meisten davon waren Antworten auf Fragen, einige andere waren Teile von Seminaren. Einige wenige sind von ganz anderem Format. Das Kapitel über *Bardo* wurde von unserem guten Freund Bill Fortinberry, einem ernsthaft Praktizierenden, erbeten und für ihn gelehrt. Bill litt an einem unheilbaren Krebsleiden. In den letzten sechs Monaten seines Lebens hörte er die Kassette mit diesen Belehrungen wieder und wieder, und in Erinnerung an ihn wollen wir diese Belehrungen mit euch teilen. Die Kapitel über *Samaya* und *Verhalten* entstanden als ein Gegenmittel gegen die Schwierigkeiten, mit denen Praktizierende heutzutage zu kämpfen haben; sie sind in erster Linie auf vorherrschende Probleme bezüglich unserer Grundeinstellung gerichtet. Und schließlich die Kapitel über *Hingabe* und *Mitgefühl*: Sie wurden als von Herzen kommende Ratschläge gegeben.

Bei der Zusammenstellung dieses Buches haben wir versucht, die Sprache so rein, direkt und einfach wie möglich zu halten; so, wie es Rinpoches Art ist zu lehren. Zur Erklärung spezifischer buddhistischer Termini möge man die Glossare unserer anderen Bücher zu Rate ziehen; im Speziellen *Advice from the Lotus-Born* und *The Light of Wisdom*. Der wohl beste Weg, die Intention in Rinpoches Stil auszudrücken, ist es, Chökyi Nyima Rinpoche zu zitieren, der diese vollständig versteht:

„Die Tradition von Tulku Urgyen Rinpoche und anderer Meister seines Kalibers ist es, sich auf die einfache Herangehensweise eines Meditierenden zu konzentrieren. Eine Methode, die von direkten und tiefgründigen Anweisungen durchdrungen ist. Dieser Tradition ist es eigen, die Dinge klar und einfach darzustellen, so wie sie sind, während sie dem Schüler die Möglichkeit gibt, durch Fragen und Anweisungen persönliche Erfahrung anzusammeln."

„Tulku Urgyen Rinpoche lehrt in einem Stil, der ‚Instruktion durch persönliche Erfahrung' genannt wird. Er hat viele Jahre in Zurückgezogenheit verbracht und auf diese Weise die Lehren in seinem eigenen Wesen assimiliert. Daher spricht er aus ganz persönlicher Erfahrung und bringt nur das zum Ausdruck, was er selbst praktiziert und verinnerlicht hat. Solche Belehrungen sind einzigartig, und manchmal ist seine Art sich auszudrücken äußerst erstaunlich. Manchmal ist er nicht besonders eloquent, aber immer hinterlassen seine Worte einen starken heilsamen Eindruck im Geist des Zuhörers. Ich finde immer, dass eine halbe Stunde mit Rinpoche nützlicher ist, als sich durch Berge von Büchern zu arbeiten. Und genau das ist der Effekt dieser ‚Instruktion durch persönliche Erfahrung'."

„Zu lehren, dass die erleuchtete Essenz im Geist aller fühlenden Wesen präsent ist; zu lehren, wie diese Essenz ist, auf eine direkte Art und Weise, sodass dies in der Erfahrung des Praktizierenden erkannt werden kann; die Notwendigkeit für diese Erfahrung aufzuzeigen, und den großen Nutzen, der daraus entsteht; aufzuzeigen, wie der erwachte Zustand nirgendwo anders gesucht werden muss, sondern in uns schlummert; und dass man Erleuchtung erlangt durch die Erfahrung dessen, was schon immer in uns präsent ist – das ist es, was Tulku Urgyen Rinpoche lehrt."

Während wir den Inhalt dieses Buches mit Tulku Urgyen Rinpoche besprachen, baten wir ihn um einen Titel, den er uns in seiner Güte gab. *Regenbogenbilder* wurde durch die Hilfe einiger Dharmafreunde möglich. Unser tief empfundener Dank gilt all jenen. Im Speziellen danken wir Kerry Moran, die Rinpoches Sprache im Englischen perfektionierte und dadurch dieses Buch zugänglicher machte. Bitte vergebt alle Fehler als die unseren und mögen diese Belehrungen, zum Wohle aller Wesen, voll Freude empfangen werden.

Marcia und Erik Schmidt

Anmerkung des Übersetzers

Tulku Urgyen Rinpoche war mit Sicherheit einer der größten Meister unserer Zeit. Ich hatte das große Glück und Privileg, ihn einige Male zu treffen und Unterweisungen von ihm zu erhalten. Seine Art zu lehren, seine Güte und Geduld waren einzigartig. Deshalb ist es mir eine große Freude, das vorliegende Werk endlich in deutscher Sprache vorlegen zu können. Ich muss zugeben, dass ich mich lange bitten ließ und immer wieder andere Projekte und Arbeiten vorschob, um mich vor dieser Übersetzung zu ‚drücken'. Aber nachdem ich endlich damit begonnen hatte, war es klar, dass dieses Werk und hoffentlich auch weitere in Zukunft ins Deutsche übertragen werden müssen. Nach Rücksprache mit Erik Schmidt habe ich mich entschieden, diesem Buch doch ein Glossar hinzuzufügen. Die in der Einleitung erwähnten Werke sind leider noch nicht in Deutsch erhältlich, daher ist der Verweis auf die darin enthaltenen Glossare dem deutschen Leser wenig hilfreich. Ich hoffe, der Leser wird die Worte Tulku Urgyens als ebenso inspirierend empfinden wie ich.

Da im Deutschen noch bei weitem keine so ausgeprägte buddhistische Terminologie existiert wie im Englischen, klingen manche Textstellen mitunter etwas langatmig, ungelenk oder gekünstelt. Ein weiteres Problem bei der Übertragung solcher Lehren aus dem Tibetischen in westliche Sprachen ist die Tatsache, dass die Terminologie der Dzogchenlehren alltägliche Wörter oft mit einer völlig neuen Sinngebung versieht. Es lässt sich also nicht vermeiden, manche Textstellen mehrmals zu lesen, um den oft einfachen, aber immer sehr tiefgründigen Sinn zu verstehen.

Sollten sich trotz meiner Bemühungen, eine verständliche Übersetzung vorzulegen, Fehler oder Missverständnisse eingeschlichen haben, so liegen diese einzig in meinem Unverständnis begründet. Ich bitte diese zu entschuldigen.

Mein Dank gilt meinen Lehrern Tenga Rinpoche und Tsike Chokling Rinpoche, einem Sohn von Tulku Urgyen, ohne deren jahrelange und geduldige Unterweisungen ich nicht in der Lage wäre, auch nur anflugweise zu verstehen, wovon Tulku Urgyen spricht.

Thomas Roth
Hannover, Juni 2002

Hintergrund

Die Lehren des Buddha wurde unter der Schirmherrschaft einer alten Linie von Königen nach Tibet übertragen. Es heißt, dass ein halb göttliches Wesen aus der königlichen Linie des Punjab, der herabgestiegen war, um unter den Menschen zu leben, nach Norden in den Himalaya floh. Nach einiger Zeit gelangte er aus den Bergen in die Yarlung-Region von Tibet. Die Menschen dieser Region dachten fälschlicherweise, dass er ein göttliches Wesen sei, das vom Himmel gefallen ist, und trugen ihn auf ihren Schultern, um ihn zu ihrem ersten Monarchen zu machen. Sein Name war Nyatri Tsenpo.

Die ersten buddhistischen Schriften erschienen im Land des Schnees, nachdem 35 Generationen dieser Könige in ungebrochener Linie, von Vater auf Sohn, dort geherrscht hatten. Zu dieser Zeit waren alle Einwohner des Landes Analphabeten, ein Zustand, der den regierenden König mit Sorge und Trauer erfüllte. Um gegen die Unwissenheit seines Volkes anzukämpfen, betete er inbrünstig. Durch den Segen der Buddhas fielen drei Schriften der Erleuchteten vom Himmel und landeten auf dem Dach seines Palastes. Natürlich war niemand in der Lage, sie zu lesen, aber die bloße Präsenz dieser Schriften hatte zur Folge, dass die Umwelt sich zum Besseren veränderte, Ernten zur rechten Zeit eingefahren werden konnten und die negativen Kräfte des Landes etwas befriedet wurden. Es war, als ob die undurchdringliche Dunkelheit der Nacht vom ersten Schimmer des Sonnenaufgangs durchdrungen würde.

Fünf Generationen später bestieg der große König Songtsen Gampo [617–698 nach Christus] den Thron. Er war es, der die ersten buddhistischen Lehrer nach Tibet einlud. Aufgrund seiner enormen Verdienste gelang es ihm, zwei der drei wichtigsten Statuen des Buddha aus dem Haupttempel in Bodhgaya, dem Ort der Erleuchtung des Buddha in Indien, zu erhalten. Diese beiden Statuen gelangten als Teil der Brautgeschenke zweier ausländischer Prinzessinnen, die er heiratete, nach Tibet. Die eine Statue wurde von der Tochter des chinesischen Kaisers gebracht, die andere von der Tochter des Königs von Nepal. Um das vorangegangene Beispiel fortzuführen: Die Regierungsperiode dieses Königs war wie das erste Erscheinen der Sonne am Horizont. Es versinnbildlicht den Beginn der Verbreitung des Dharma über das ganze Land.

Drei oder vier Generationen danach gelobte König Trisong Detsen [790–844 nach Christus], den Dharma im ganzen Land fest zu etablieren. Dies kann verglichen werden mit der Sonne, wie sie hoch im Himmel emporsteigt. Während seiner Regierungszeit lud er 108 große Meister nach Tibet ein. Damals nannte man spirituelle Führer, Gelehrte und Meister *Panditas*. Diejenigen, die diese Lehren erhielten und ins Tibetische übersetzten, wurden *Lotsawas* genannt. Der erste wichtige Meister, der in jener Zeit nach Tibet eingeladen wurde, war der berühmte Khenpo Bodhisattva, auch als Shantarakshita bekannt.

Der König hatte große Pläne für eine Gruppe von Tempeln, die er in Zentraltibet bauen wollte, den Komplex, der heute als Samye bekannt ist. Nun, Shantarakshita war ein großer Bodhisattva von unglaublich liebendem und geduldigem Wesen. Aufgrund dieser Tatsache war es ihm jedoch nicht möglich, die lokalen Geister in der Region um Samye auf zornvolle Art und Weise zu bezwingen. Ein mächtiger *Naga* verleumdete den Bodhisattva, indem er sagte: „Wenn diese Inder anfangen, den Buddhismus hierher zu bringen, wird es schwierig für uns werden. Wir sollten uns zusammentun und Ärger machen." Alle acht Klassen von Geistern kamen überein, ihr Bestes zu tun, um die Verbreitung des Buddhismus zu beenden, indem sie die Errichtung von Samye behinderten. Was am Tage erbaut wurde, wurde in der Nacht von den Göttern, Geistern und Dämonen der Region zerstört. Es schien, als sollte Khenpo Bodhisattva seine Mission nicht erfüllen können.

Der König wurde durch den Mangel an Fortschritt sehr niedergeschlagen, daher sagt der Khenpo: „Ich bin nur ein Bodhisattva. Ich kann die mächtigen Geister dieser Region nicht in Schach halten. Aber sei nicht verzweifelt. Es gibt einen Weg. In Indien lebt zu diesem Zeitpunkt ein Wesen, das in jeder Hinsicht außergewöhnlich ist; er wurde noch nicht einmal durch eine Mutter geboren. Sein Name ist Padmasambhava, der Lotos-Geborene. Wenn die lokalen Götter und Dämonen, die sich gegen die wahre Lehre wenden, auch nur seinen Namen hören, werden sie augenblicklich von Entsetzen gepackt werden und völlig machtlos sein. Lade ihn nach Tibet ein, und unsere Schwierigkeiten werden ein Ende haben." Der König fragte: „Wie können wir ihn einladen?", woraufhin der Khenpo antwortete: „Wir drei teilen ein Gelübde aus unserem früheren Leben, als Eure Majestät, Padmasambhava und ich Brüder waren. Wir halfen den großen Stupa in Boudhanath in Nepal, der unter dem Namen Jarung Kashor bekannt ist, zu errichten. Da wir zu dieser Zeit gelobten, den Buddhismus nach Norden zu verbreiten, wird Padmasambhava unsere Einladung sicherlich akzeptieren; wir müssen ihn nur bitten hierher zu kommen."

Padmasambhava, der nicht von einer menschlichen Mutter geboren wurde, hatte die enorme Macht, alle negativen Mächte unterwerfen zu können. Die anderen großen Meister, die hauptsächlich für die Etablierung des Dharma in Tibet verantwortlich gewesen sind, waren Vimalamitra, ein höchst realisierter Meister, der den Vajrakörper der großen Transformation frei von Geburt und Tod erlangte, und der tibetische Übersetzer Vairochana, eine Emanation des Buddha Vairochana. Ein weiterer großer Meister namens

Buddhaguhya brachte ebenfalls Vajrayanalehren nach Tibet. Alles in allem kamen 108 Panditas nach Tibet.

Eine große Anzahl von Tibetern wurden in jener Zeit zu Übersetzern ausgebildet, sodass das vollständige Lehrgebäude der buddhistischen Lehren, inklusive diverser Sadhanas und Praktiken, ins Tibetische übersetzt und korrekt kodifiziert werden konnte. Der Tempelkomplex von Samye wurde mit Padmasambhavas Hilfe errichtet und der Dharma im ganzen Land etabliert. Die Lehren aus jener Zeit sind bekannt als *Nyingma* oder Alte Schule der frühen Übersetzungen, im Gegensatz zu den Lehren, die zu einer späteren Zeit aus Indien geholt wurden. Diese sind als *Sarma* oder Neue Schule der späteren Übersetzungen bekannt.

Einige Zeit nach dem Tode von König Trisong Detsen kam es zu einer Periode religiöser Verfolgung, in der es dem bösen Unterdrücker Langdarma fast gelang, den Buddhismus auszulöschen. Die darauf folgende Wiederbelebung markierte den Beginn der Sarmaschulen. Diese späteren Lehren wurden hauptsächlich von den großen Übersetzern Rinchen Sangpo und Marpa Lotsawa übersetzt. Diese beiden, und andere große Lehrer, reisten nach Indien, erhielten viele Instruktionen von den Meistern dort und brachten diese zurück nach Tibet. Alles in allem gediehen acht Übertragungslinien in Tibet, die später als die Acht Vehikel der Praxislinie bekannt wurden. Eine dieser acht war Nyingma, die anderen sieben Sarma oder Neue Schulen.

Unter den neuen Schulen befinden sich die Marpa Kagyü, Shangpa Kagyü und Lamdre, Letztere gehört der Sakyatradition an. Es gab die Kadampa, die später reformiert wurde und nun als Gelugschule bekannt ist, sowie die Shije und Chö, was so viel bedeutet wie Befrieden und Abschneiden. Die Jordrug, oder Sechs Vereinigungen, und die Nyendrub, oder Dreifache Vajrapraxis von Annäherung und Vervollkommnung, erschienen ebenfalls. Diese acht Schulen waren ausnahmslos die Lehren des Buddha. Jede von ihnen lehrte ohne jeden Konflikt sowohl das Sutrasystem, welches Hinayana und Mahayana beinhaltet, als auch das Tantrasystem, das Vajravehikel des geheimen Mantra.

Einer der Könige dieser Zeit, ein großer religiöser Herrscher namens Ralpachen, ein Enkel von Trisong Detsen, lud ebenfalls viele Meister nach Tibet ein. Er hegte außerordentlich großen Respekt für die Praktizierenden des Buddhadharma und platzierte sie sogar über seinem Kopf, und das auf recht wörtlich zu nehmende Art und Weise. Zu jener Zeit gab es zwei Gruppen von Sangha. Zum einen die Versammlung der ordinierten Mönche, zu erkennen an ihren kahl rasierten Köpfen und roten Roben, zum anderen die Versammlung der *Ngakpas* oder Tantrikas, die man an ihren langen, teilweise geflochtenen oder geknoteten Haaren und ihren weißen Roben und gestreiften Umhängen erkennen konnte. Als Zeichen für seine tiefe Verehrung für diese beiden Gruppen breitete Ralpachen seine sehr langen Haare auf dem Boden aus und gestattete den verehrten Praktizierenden, darüber zu laufen oder darauf zu sitzen. Er nahm sogar kleine Steine, über die sie gelaufen waren, und legte sie auf seinen Kopf, um damit seinen Respekt auszudrücken. Die Tatsache, dass der tibetische König als Schirmherr des Buddhadharma fungierte, zusammen mit seiner großen Verehrung für die Lehre, kreierten die Umstände, die es den buddhistischen Lehren erlaubten, in Tibet verbreitet und fest verwurzelt zu werden.

Eine andere Zeit, zu der sich perfekte Umstände in Tibet einstellten, war die vorausgegangene Regierungszeit von König Trisong Detsen. Der König selbst war eine Emanation des Bodhisattva Manjushri, selbst einige seine Minister waren Emanationen. Die Meister und Panditas, die er nach Tibet einlud, waren Emanationen von Buddhas und Bodhisattvas, wie auch die Übersetzer jener Zeit. Aufgrund dieser unglaublich positiven Umstände war es dem König möglich, sein Gelübde zu erfüllen und den Buddhismus in Tibet zu etablieren, so wie die Sonne im Himmel emporsteigt.

Während dieser zwei Perioden erlangten sowohl Meister als auch Schüler, und auch wiederum deren Schüler, einen äußerst hohen Grad an Realisation. Manche Lehrer und auch deren Schüler demonstrierten außergewöhnliche Zeichen der Verwirklichung. Sie flogen zum Beispiel wie eine Schar von Vögeln durch den Himmel. Wo auch immer sie abflogen oder landeten, hinterließen sie Fußabdrücke in hartem Fels. Dies ist nicht nur eine Legende aus vergangener Zeit; diese Abdrücke sind heute noch sichtbar. Ihr könnt hingehen und sie euch ansehen.

Dies war ein kurzer Abriss der Anfänge des Dharma in Tibet. Zusammenfassend könnte man sagen, dass Indien wie der Vater des Buddhadharma ist. Nepal ist wie die Mutter, und die Lehren, die nach Tibet gelangten, waren wie ihre Nachkommenschaft.

Um etwas genereller bezüglich der Lehren des Vajrayana fortzufahren: In der weit verbreiteten Art und Weise, wie sie zurzeit bekannt sind, erscheinen sie nur innerhalb dreier spezieller Zeitalter. Die erste Periode fand eine unberechenbar lange Zeit vor der unseren statt, als ein Buddha namens Ngöndzok Gyalpo, Wahrlich Perfekter König, erschien. Während seiner Regentschaft wurde das Vajrayana weithin und offen propagiert. Danach, und bis zu unserem gegenwärtigen Zeitalter des wahrhaftig und vollkommen Erleuchteten, des Buddha Shakyamuni, waren die Vajrayanalehren

---

1   Die fünf Degenerationen sind: 1) die Degeneration der Sichtweise aufgrund des abnehmenden Verdienstes der Praktizierenden, was so viel bedeutet wie falsche Ansichten; 2) die Degeneration der störenden Gefühle aufgrund des Abnehmens von Verdienst der Laien, was bedeutet, dass der Geist von sehr grober Natur ist, wobei sich ‚grob' hier auf das Vorhandensein starker und lang anhaltender störender Gefühle bezieht; 3) die Degeneration der Zeiten aufgrund abnehmender Freuden, was sich auf das Abnehmen des Zeitalters des Konfliktes bezieht; 4) die Degeneration der Lebensspanne aufgrund des Abnehmens der lebenserhaltenden Lebenskraft, also ein Abnehmen der uns zur Verfügung stehenden

nicht vollständig erhältlich. In der fernen Zukunft wird es ein Zeitalter geben mit Namen Zeitalter der Schönen Blumen, in dem der Buddha Manjushri erscheinen wird und die Lehren des Vajrayana wieder weit verbreitet. Das heißt nicht, dass diese Lehren in der Zeit zwischen diesen Zeitaltern nicht gelehrt werden. Aber sie werden in einer fragmentierten Weise gelehrt, nicht auf die allumfassende und tiefe Art und Weise, in der sie zurzeit erhältlich sind.

Diese gegenwärtige Zeit der Lehren des Buddha Shakyamuni wird auch das Zeitalter der Konflikte genannt oder die Zeit, in der die fünf Degenerationen ungezügelt um sich greifen. Diese sind: der Niedergang der Lebensspanne, der Zeit, der Wesen, der Sichtweise und der störenden Gefühle.[1] Obwohl die Menschen dieses Zeitalters sich gegenseitig bekämpfen, lodern zugleich die Lehren des Vajrayana wie die Flammen eines außer Kontrolle geratenen Feuers. Genauso wie die Flammen negativer Emotionen auflodern, ebenso tun es die Lehren. Es gibt ein Sprichwort, das mit der Bedeutung der Namen Shakyamuni und Maitreya spielt. Es heißt: „Während des Muni konkurrieren die Menschen miteinander, während des Maitreya lieben sie einander."

Im Zeitalter des Konfliktes scheint es, als ob die Menschen selten freundlich zueinander wären. Vielmehr versu-

---

Lebenszeit, bis hin zu einer maximalen Lebenserwartung von zehn Jahren; 5) die Degeneration der fühlenden Wesen aufgrund des Degenerierens des Körpers in Form von Qualität und Größe, des Abnehmens von Verdienst aufgrund des Niedergangs von Kraft und Pracht, und des geistigen Niedergangs, bedingt durch die Abnahme von intellektueller Schärfe, Erinnerungsvermögen, Fleiß und Gewissenhaftigkeit. Solcher Art ist die Degeneration fühlender Wesen, in denen die drei Arten der Niedergangs vereint sind, was bedeutet, dass ihr Geist schwer zu zähmen ist.
– Jokyab Rinpoche in *The Light of Wisdom*

chen sie ständig, einander auszustechen. Dieses fundamentale Konkurrenzdenken hat dem Zeitalter des Konfliktes seinen Namen gegeben. Aber dieses Konkurrenzdenken ist auch genau der Grund dafür, warum das Vajrayana so passend ist für unsere Zeit. Je stärker und übermächtiger unsere störenden Gefühle sind, desto größer ist unser Potential zum Erkennen des ursprünglichen Gewahrseins. Im Zeitalter von Maitreya werden alle Menschen freundlich zueinander sein und einander lieben, aber sie werden noch nicht einmal das Wort Vajrayana hören – es wird keine Vajrayanalehren geben.

Es ist eine Tatsache, dass es in dem Augenblick, in dem wir uns unter dem starken Einfluss der einen oder anderen Form von Gedanken befinden, oder unter dem Einfluss einer Emotion wie zum Beispiel Zorn, es sehr viel einfacher ist, den nackten Zustand von Gewahrsein zu erkennen. Das ist natürlich nicht der Fall, wenn wir uns in einem sehr ruhigen, friedfertigen Zustand von Meditation üben, in dem sich keinerlei Gedanken und negative Emotionen einstellen. In einem solchen Fall, aufgrund dessen, was wir die ‚weiche Freude' nennen, ist es tatsächlich sehr viel schwieriger, den wahren Zustand des nicht-dualen Geistes zu erkennen. Wenn wir uns einzig in Ruhe und Gelassenheit üben, mögen wir im Bereich der konzeptfreien Götter enden und für Äonen in einem Zustand ununterbrochener Versenkung verweilen. Dieser Zustand ist gleichzusetzen mit dem Berauschtsein, mit der spirituellen Freude von Frieden und Ruhe. Tatsächlich hilft uns dieses Verweilen im Zustand der konzeptfreien Götter jedoch kein Stück bei der Annäherung an den erwachten Zustand. Unter den traditionellen acht Zuständen, in denen man unfrei ist, einen spirituellen Weg zu verfolgen, ist eine Wiedergeburt unter den konzeptfreien Göttern der schlechteste aller Zustände, da es sich um den ultimativen Irrweg handelt.

Umgekehrt kann große Verzweiflung, große Angst und intensive Sorge zu erfahren eine sehr viel stärkere Stütze für unsere Praxis sein. Wenn wir zum Beispiel an einer tödlichen Krankheit leiden und uns an der Schwelle des Todes befinden, wenn wir uns darauf besinnen können, in die Natur des Geistes zu schauen, während wir sterben, so wird sich unsere Erfahrung sehr unterscheiden von der herkömmlichen Übung in Ruhe und Friedfertigkeit. Es ist die Intensität der Emotion, die es uns erlaubt, einen ernsthaften Einblick in die Essenz des Geistes zu erlangen.

Ebenso verhält es sich, wenn wir wirklich wütend sind. So wütend, dass wir uns wie eine große lodernde Flamme konzentrierter Wut fühlen. Wenn wir in diesem Augenblick unser natürliches Antlitz erkennen und einfach loslassen, so liegt der Zustand des Gewahrseins völlig offen, und das viel heller und lebendiger, als es normalerweise der Fall wäre. Oder wenn wir plötzlich Angst haben, so als ob uns eine Meute bösartiger Hunde verfolgen würde und der Geist völlig gelähmt ist, wenn wir uns dann daran erinnern, wie schwierig es auch sein mag, die Essenz des Geistes in diesem Augenblick zu erkennen, so wird diese Einsicht unseren normalen Zustand von Einsicht, den wir während der Meditationspraxis erlangen, bei weitem übertreffen. Daher ist die große Menge an Konflikten in unserer heutigen Welt auch der Grund dafür, dass sich die Vajrayanalehren wie ein Feuer verbreiten werden.

Es gibt drei verschiedene Herangehensweisen, wie wir das Vajrayana tatsächlich in die Praxis umsetzen können: wir nehmen entweder die Basis als Pfad, den Pfad als Pfad oder das Resultat als Pfad. Diese drei Arten der Annäherung kann man anhand des Beispiels eines Gärtners oder eines Bauern verstehen. Die Basis als Pfad zu nehmen ist wie das Pflügen der Erde und das Säen. Den Pfad als Pfad zu nehmen ist wie das Jäten, Bewässern und Düngen. Das Resultat als Pfad zu nehmen ist vergleichbar mit dem einfachen Pflücken der reifen Frucht oder erblühten Blume. Dies zu tun, das fertige Resultat, den Zustand der Erleuchtung selbst als Pfad zu nehmen, ist die Herangehensweise von Dzogchen. Damit ist die Intention der Großen Perfektion zusammengefasst.

Die Hauptlehre des ursprünglichen Buddha Shakyamuni ist Dzogchen, die Große Perfektion. Die Lehren des

Dzogchen sind der Gipfel der neun Fahrzeuge. Bevor diese Dzogchenlehren in unserer menschlichen Welt erschienen, wurden sie durch die *Gyalwa Gong-gyü*, die Geist-Übertragung der Siegreichen, in den drei göttlichen Bereichen propagiert: erst in Akanishta, dann in Tushita und schließlich im Bereich der 33 Götter, der Welt des Indra und seiner 32 Vasallenkönige auf dem Gipfel des Berges Sumeru.

Akanishta ist von zweierlei Gestalt: das ultimative Akanishta, oft auch der Ort des Dharmadhatu genannt, bezieht sich auf den Zustand der Erleuchtung aller Buddhas. Dann gibt es das symbolische Akanishta, welches der fünfte der fünf reinen Bereiche ist und sich noch im Bereich der Form befindet, im Himmel oberhalb der Spitze des Berges Sumeru. Das symbolische Akanishta ist die höchste unter den 17 Welten im Bereich der Form und befindet sich direkt unterhalb der formlosen Bereiche. Die Gesamtheit von Samsara besteht aus drei Bereichen – dem Begierdebereich, dem Bereich der Form und dem formlosen Bereich. Oberhalb des Begierdebereichs befinden sich 17 Welten, die den Bereich der Form ausmachen. Wiederum darüber befinden sich die vier formlosen Bereiche, auch bekannt als die Vier Sphären unbegrenzter Wahrnehmung. Der Satz ‚Alle Buddhas erwachen zu vollkommener und wahrer Erleuchtung im Bereich von Akanishta' bezieht sich auf den Dharmadhatu, nicht auf den symbolischen Bereich von Akanishta.

Um es noch einmal zu wiederholen, nach Akanishta wurden die Dzogchenlehren in Bereich von Tushita verbreitet, einem anderen der Formbereiche, in dem sich Maitreya zurzeit aufhält. Dann, im darunter liegenden Begierdebereich, wurden die Lehren im Bereich der 33 Götter gelehrt. Samantabhadra, in seiner Form als Vajradhara, lehrte im Palast des Indra, der auch der Palast des vollständigen Sieges genannt wird, auf der Spitze des Berges Sumeru. Das waren also die drei göttlichen Bereiche.

Im Allgemeinen wird gesagt, dass die 6 400 000 Dzogchenbelehrungen in dieser Welt durch Garab Dorje, den ersten menschlichen *Vidyadhara*, erschienen, der sie durch direkte Übertragung durch den Buddha in Form von Vajrasattva erhielt. Diese Lehren erschienen zuerst in Uddiyana und wurden später in Indien und Tibet verbreitet. Vor der Ära von Buddha Shakyamuni wurden die Dzogchenlehren von anderen Buddhas in unserem Teil des Universums verbreitet, die als die Zwölf Dzogchenlehrer bekannt sind. In diesem Exzellenten Zeitalter in dem 1000 Buddhas in unserer Welt erscheinen sollen, wird Buddha Shakyamuni normalerweise als der vierte Führer aufgezählt. Obwohl er in diesem Zusammenhang der vierte ist, ist Shakyamuni auch der zwölfte in der Linie der Dzogchenlehrer.

Dzogchenlehren kamen niemals ohne das Erscheinen eines Buddha in diese Welt. Daher müssen wir Buddha Shakyamuni als einen der Hauptlehrer betrachten, durch den diese Lehren übertragen wurden. Er hat tatsächlich Dzogchenbelehrungen gegeben, jedoch nicht auf konventionelle Weise. Seine konventionellen Belehrungen wurden in erster Linie von solchen empfangen, die eine karmische Verbindung mit den Lehren hatten, die für Shravakas, Pratyekabuddhas und Bodhisattvas angemessen waren. Es ist nicht so, dass es ihnen nicht erlaubt war, die Dzogchenlehren zu erhalten; ihre karmischen Voraussetzungen waren vielmehr derart, dass sie die Lehren erhielten, die für sie passend waren. Der Buddha gab sowohl Dzogchenbelehrungen als auch andere Vajrayanalehren, indem er zunächst das Mandala einer Gottheit manifestierte. Er gab dann die tantrischen Lehren an das in diesem Mandala befindlichen Gefolge. Dies liegt jedoch nicht innerhalb dessen, was von normalen Menschen wahrgenommen werden kann.

Die Dzogchenlehren sind durch drei Arten der Geheimhaltung versiegelt: ‚uranfängliches Geheimnis' heißt, dass sie durch sich selbst geheim sind; ‚verstecktes Geheimnis' heißt, dass die Lehren nicht jedermann bekannt oder erhältlich sind; und ‚verborgenes Geheimnis' bedeutet, dass sie ganz bewusst geheim gehalten werden. Auch alle anderen Buddhas lehren

Dzogchen, aber nicht auf so offene Art und Weise, wie es zur Zeit von Buddha Shakyamuni der Fall war. In unserer Zeit ist bereits das Wort Dzogchen weltbekannt und man kann es überall hören, wo der Wind weht. Aber trotz ihrer weit verbreiteten Natur sind die Lehren selbst, die Kerninstruktionen, mit einem Stempel der Geheimhaltung versiegelt.

Aufgrund seiner makellosen Weisheit lehrte Buddha Shakyamuni immer erst, nachdem er sich der Fähigkeiten der Empfänger versicherte. Mit anderen Worten, er lehrte niemals etwas, was das Verständnis des Zuhörers überstieg. Er passte seine Belehrungen immer dem an, was für den Zuhörer passend und angemessen war. Daher kann man sagen, dass jene, die seine Belehrungen hörten, nur das verinnerlichten, was für jemanden ihrer Auffassungsgabe angemessen war. Später, wenn sie wiedergaben, was der Buddha gelehrt hatte, war es immer das, was sie in ihrer persönlichen Erfahrung wahrgenommen hatten. Aber seine Belehrungen waren nicht begrenzt auf die persönliche Auffassungsgabe seiner Zuhörer, die, nach historischen Quellen, Shravakas, Pratyekabuddhas und Bodhisattvas waren. Die Belehrungen, die diese erfuhren, sind in den verschiedenen Versionen des Tripitaka, der drei Sammlungen von Sutra, Vinaya und Abhidharma, enthalten. Der Grund, warum der Buddha den Shravakas, Pratyekabuddhas und Bodhisattvas keine tieferen Lehren gab, liegt darin, dass diese Lehren den Rahmen ihres Verständnisvermögens gesprengt hätten. Was diese erhielten, ist bekannt als das generelle Sutrasystem. Über die Belehrungen dieses generellen Sutrasystems hinaus lehrte der Buddha auch an verschiedenen Orten in diesem Universum. Während er sich als zentrale Gottheit unzähliger Mandalas manifestierte, lehrte er die Tantras. Auf diese Art und Weise sollten wir verstehen, dass Buddha Shakyamuni selbst, in seiner Manifestation in anderer Form, die entscheidende Figur bei der Übertragung der Vajrayanalehren war. Dies also nicht in einem konventionellen Sinn, sondern in einem außergewöhnlichen. Wenn wir also hören, dass der Dzogchenaspekt der Vajrayanalehren durch Garab Dorje übertragen wurde, sollten wir wissen, dass diese Lehren tatsächlich von Buddha Shakyamuni in der Form von Vajrasattva kamen. Von diesem Zeitpunkt an wurden die Lehren von anderen Meistern fortgeführt. Zunächst von Garab Dorje, dann durch diverse indische Meister und schließlich durch Padmasambhava und Vimalamitra.

Unser Hauptlehrer, Buddha Shakyamuni, setzte Padmasambhava als seinen Hauptrepräsentanten ein, um das Vajrayana zu lehren. Er sagte, dass Padmasambhava die Körper-Emanation von Buddha Amithaba, die Rede-Emanation von Avalokiteshvara und die Geist-Emanation von Buddha Shakyamuni selbst sei.

Padmasambhava erschien in dieser Welt ohne Vater und Mutter im Zentrum einer Lotosblüte. Er lebte mehr als 1000 Jahre in Indien und verbrachte 55 Jahre in Tibet, bevor er diese Welt von einem Pass namens Gungtang, der Himmelsebene, an der Grenze von Nepal und Tibet verließ. Vier Dakinis erschienen, um sein Pferd zu stützen, und trugen ihn in ein reines Land, bekannt als der Kupferfarbene Berg.

Seit der Zeit, da er Tibet verließ, schickte er einen unaufhörlichen Strom von Abgesandten, um ihn zu repräsentieren. Diese sind als *Tertöns* oder Schatzenthüller bekannt und sind die Reinkarnationen seiner 25 Hauptschüler. Heutzutage beziehen wir uns auf diese Meister in ihren verschiedenen Inkarnationen als auf die 108 Großen Tertöns. Durch die Jahrhunderte hindurch erschienen sie, um die *Terma*-Schätze, die Padmasambhava zum Wohle zukünftiger Generationen in Tibet verborgen hatte, offen zu legen. Diese Termas werden in Form von Schriften, Instruktionen, gesegneten Substanzen, kostbaren Juwelen, heiligen Objekte und an derem gefunden.

Viele dieser Tertöns offenbarten das, was Padmasambhava verborgen hatte, auf so beeindruckende Art und Weise, dass selbst Leute, die große Zweifel hegten, die Gültigkeit der Termas anerkennen mussten. Manchmal öffnete ein Tertön einen harten Felsen vor einer Menge von 400 oder 500 Menschen und legte offen, was darin verborgen war. Durch das öffentliche Demonstrieren solcher Leistungen und die Tatsache, dass es vielen Menschen gestattet war, dies mit ihren eigenen Augen zu sehen, konnten sie jedweden Zweifel vollständig zerstreuen. Durch die unaufhörliche Aktivität von Padmasambhava erscheint diese Art von Tertön bis zum heutigen Tag. Die Termalehren kommen also von Padmasambhava selbst und werden auf zweifelsfreie Art und Weise offen gelegt. Dies ist nicht nur eine Legende aus der Vergangenheit. Selbst vor relativ kurzer Zeit konnten solche Tertöns Taten vollbringen wie etwa durch feste Materie hindurchzugehen oder durch den Himmel zu fliegen.

Die Vajrayanalehren, im Speziellen die Lehren des Dzogchen, die aus 17 Tantras bestehen, wurden von Padmasambhava und Vimalamitra nach Tibet gebracht und dort verbreitet. Während diese Lehren in Indien von einer großen Anzahl von Meistern verbreitet wurden, ist ihre Übertragung nach Tibet hauptsächlich der Güte von Padmasambhava und Vimalamitra zu verdanken. Viele Jahrhunderte später, als Atisha Tibet besuchte, suchte er die große Bibliothek von Samye auf und war zutiefst erstaunt. Er sagte: „Diese Schätze müssen aus den Dakinibereichen gekommen sein. Niemals habe ich gehört, dass es irgendwo in Indien eine solche Anzahl von Tantras gibt." Atisha erkannte an, dass die Vajrayanalehren in Tibet sehr viel weiter verbreitet waren als in Indien.

Seit der Einführung des Buddhismus in Tibet finden, bis hin zum heutigen Tag, kontinuierlich Entdeckungen in Form von neuen Terma-Übertragungen statt. Einige der bekanntesten sind: Longchenpas *Nyingtig Yabshi*, die *Vier Zweige der Herzessenz*; Dorje Lingpas *Tawa Longyang*, die *Große Weite der Sichtweise*; *Könchok Chidü*, die *Verkörperung der Drei Juwelen*, entdeckt von Jatsön Nyingpo; und *Gongpa Sangtal*, die *Ungehinderte Realisation von Samantabhadra*, offenbart von Rigdzin Gödem. Es gab zahllose andere. Vor etwas mehr als hundert Jahren entdeckte Jamyang Khyentse Wangpo den

Jetsün Nyingtig, die *Herzessenz des Jetsün,* während Chokgyur Lingpa den *Künzang Tuktig,* die *Herzessenz des Samantabhadra,* entdeckte. Auf diese Weise werden die Dzogchenlinien durch die Entdeckung neuer Termas kontinuierlich erneuert.

Man könnte sich nun fragen, worin der Sinn liegt, Berge und Berge von Dzogchenschriften anzuhäufen. Es handelt sich hier um einen wichtigen Punkt: namentlich um die Reinheit der Übertragung. Wenn Belehrungen von einer Generation auf die nächste weiter gegeben werden, können sich Verunreinigungen einschleichen oder beschädigte Samayas die Segenskraft der Lehren mindern. Um dem entgegen zu wirken, gibt uns Padmasambhava in seiner unüberschaubar großen Weisheit und seinem Mitgefühl immer wieder neue, frische versteckte Schätze. Es gibt nichts von größerer Tiefgründigkeit als die Drei Sektionen des Dzogchen: Die Geist-Sektion, die Raum-Sektion und die Instruktions-Sektion. Die Distanz vom Buddha zum Praktizierenden ist sehr kurz, wenn die Entdeckung frisch und direkt ist; wenn es keine Beschädigung in der Übertragung gibt. Die Reinheit der Lehren, oder der Mangel daran, liegt nicht in den Lehren selbst, sondern daran, wie lang die Übertragungslinie ist. Das ist der Grund für die kontinuierliche Erneuerung der Übertragung von Dzogchenlehren.

Die Hauptschüler von Padmasambhava und Vimalamitra sind bekannt als ‚der König und die 25 Schüler'. Sie alle erlangten den Regenbogenkörper, die Auflösung des physischen Körpers im Moment des Todes in einen Zustand von Regenbogenlicht. Solche Praktizierende hinterlassen nur ihre Haare und Fingernägel. Später werde ich einige Geschichten von Menschen, die den Regenbogenkörper erlangt haben, erzählen.

Angefangen mit diesen Regenbogenkörpern erlangten eine große Anzahl weiterer Praktizierender den Regenbogenkörper, über viele Generationen hinweg, wie ein unaufhörlicher Fluss. Unter den drei Kayas – Dharmakaya, Sambhogakaya und Nirmanakaya – manifestiert sich der Sambhogakaya visuell als Regenbogenlicht. Den Regenbogenkörper in diesem Leben zu erlangen bedeutet also, direkt erwacht zu sein im Erleuchtungszustand des Sambhogakaya. Einer der Schüler des großen tibetischen Übersetzers Vairochana, mit Namen Pang Mipham Gönpo, erlangte den Regenbogenkörper. Dessen Schüler erlangten den Regenbogenkörper und für sieben weitere Generationen erlangte wiederum jeder weitere Schüler diesen Regenbogenkörper. In der Region Kham in Osttibet gab es vier große Nyingmaklöster: Katok, Palyül, Shechen und Dzogchen. Im Kloster Katok erlangten acht Generationen von Praktizierenden den Regenbogenkörper, angefangen beim Gründer des Klosters und durch sieben Generationen von Schülern hindurch. Es gibt eine nicht abreißende Folge von Praktizierenden, die diese Welt in einem Regenbogenkörper verließen, bis hin zum heutigen Tag.

Um einige weitere Beispiel zu geben: vor etwa hundert Jahren, während der Zeit von Jamyang Khyentse Wangpo, gab es einen großen Meister namens Nyagla Pema Düdül, der Erleuchtung in der Form des Regenbogenkörpers erlangte. Er tat dies vor etwa 500 seiner Schüler. Dann, kurz bevor die Chinesen Tibet besetzten, verließ einer seiner Schüler die Welt im Regenbogenkörper. Während die Chinesen Tibet überrannten, lebte eine Nonne in der Provinz Tsang, die die Welt im Regenbogenkörper verließ. Ich habe dies selbst von einem gehört, der dabei war, und werde die Geschichte später in diesem Buch im Detail erzählen. Selbst nach der chinesischen Besetzung hörte ich von drei oder vier Praktizierenden in der Provinz Golok, die den Regenbogenkörper erlangten. So sind dies also nicht nur alte Geschichten aus längst vergangener Zeit, sondern etwas, was bis zum heutigen Tag passiert.

Die Sichtweise und
die neun Fahrzeuge

Der entscheidende Punkt der Sichtweise in jedem der neun Fahrzeuge ist nichts anderes als Leerheit. In jedem Fahrzeug wird versucht, die leere Natur der Dinge zu erfahren und dies in der Praxis anzuwenden. In allem, was in den Fahrzeugen propagiert wird, liegt eine fehlerlose und korrekte Methode. Niemand möchte eine Methode anwenden, von der bekannt ist, dass sie nicht perfekt ist. Daher vertritt jedes Fahrzeug den Anspruch, dass seine spezielle Sichtweise und die Methode, um diese in die Praxis umzusetzen, ein authentischer Weg ist.

Die Sichtweise, oder Orientierung, der verschiedenen Fahrzeuge variiert entsprechend. Die Sichtweise der Hinayanalehren ist es, von Anfang an die Ruhe von *Shamata* zu kultivieren. Dies wird perfektioniert, indem man wieder und wieder seine Aufmerksamkeit mit Achtsamkeit in einen ruhigen Zustand versetzt. Dies resultiert schließlich im Erlangen von totalem Gleichmut in einem Zustand von Ruhe, in dem das Erscheinen von Gedanken völlig aufgehört hat.

Beginnend mit dem Hinayanafahrzeug, bis hin zum höchsten Fahrzeug, wird das Konzept dessen, was der Geist tatsächlich ist, zunehmend feiner und subtiler. Durch all diese Praktiken hindurch wird an einem gewissen Konzept festgehalten, obwohl dieses Konzept subtiler ist als diejenigen, mit denen sich unsere gewöhnlichen Gedanken beschäftigen.

Das Shravakafahrzeug wird gemeinhin als eine einfache Herangehensweise beschrieben. Tatsächlich haben sich die

Shravakaschüler nach dem Dahinscheiden des Buddha in 18 verschiedene Schulen aufgeteilt. Eine diese 18 Schulen, mit Namen *Sarvastavadin*, wurde in Tibet als eine klösterliche Linie fortgesetzt, während eine andere nach Sri Lanka kam und sich von dort über andere Länder ausbreitete. Die anderen 16 Schulen starben aus. Das Fahrzeug der Pratyekabuddhas nennt zwei Typen von Praktizierenden: den ‚Gruppentyp' wie ein Papagei und den ‚Einzeltyp' wie ein Rhinozeros.

Das Fahrzeug der Bodhisattvas, das Mahayana, besitzt verschiedene Herangehensweisen, die 37 Aspekte auf dem Weg zur Erleuchtung beinhalten. Es gibt auch verschiedene philosophische Schulen wie die Chittamatra und Madhyamika, bekannt als Nur Geist und Mittlerer Weg. Jede dieser beiden hat vielerlei Unterteilungen; es sind dies sehr ausführliche Klassifikationssysteme. Die Madhyamikalehren bedienen sich intellektueller Urteilskraft, um die Sichtweise der Leerheit als ‚frei von den vier Extremen und acht geistigen Konstrukten' zu erkennen und festzustellen. Der Mahayanapraktizierende erkennt, dass Geist weder existiert noch nichtexistent ist, er ist weder beides noch nichts von beiden. Schließlich wird Leerheit als etwas jenseits der vier Extreme erkannt. Diese Sichtweise hält eine subtile Vorstellung von der oder eine Fixierung auf die Idee von Leerheit aufrecht.

Gibt es irgendeinen Unterschied zwischen den Sichtweisen von Mahamudra, Dzogchen und Madhyamika? Manchmal heißt es, die Basis sei Mahamudra, der Pfad Madhyamika und die Frucht Dzogchen. Ob es einen Unterschied gibt oder nicht, hängt davon ab, welchen Aspekt wir diskutieren. Bitte versteht, dass Madhyamika nicht einfach nur Madhyamika ist; man muss schon definieren, welchen Aspekt man gerade untersucht. Es gibt verschiedene Arten von Madhyamika wie z. B. Svatantrika Madhyamika, Prasangika Madhyamika oder den Großen Madhyamika der definitiven Bedeutung.

Innerhalb des Mahamudrasystems gibt es Sutra Mahamudra, Tantra Mahamudra und Essenz Mahamudra. Sutra

Mahamudra ist identisch mit dem Mahayanasystem, welches die aufeinander aufbauenden Stufen der fünf Pfade und zehn Bhumis beschreibt. Hier liegt ein definitiver Unterschied zum Dzogchen, und daher wird dieses System nicht einfach Mahamudra, sondern Sutra Mahamudra genannt. Tantra Mahamudra entspricht dem Mahayoga und dem Anuyoga, in welchen die ‚Weisheit des Beispiels' angewandt wird, um zur ‚Weisheit der Bedeutung' zu gelangen. Essenz Mahamudra ist das Gleiche wie Dzogchen mit der Ausnahme, dass es die Praktiken des Tögal nicht beinhaltet. Der Große Madhyamika der definitiven Bedeutung unterscheidet sich nicht von der Trekchö-Sichtweise des Dzogchen.

Innerhalb des Dzogchensystems gibt es ebenfalls verschiedene Stufen. Es ist nicht genug, einfach nur „Dzogchen" zu sagen, ohne den speziellen Aspekt, über den wir sprechen, zu benennen. Dzogchen ist nicht eine einfache Einheit; es gibt vier Unterteilungen. Es gibt die äußere Geist-Sektion, die wie der Körper ist. Es gibt die innere Raum-Sektion, die wie das Herz ist, und es gibt die geheime Instruktions-Sektion, die wie die Adern im Herzen ist. Schließlich gibt es die innerste Unübertroffene Sektion, welche wie die Lebensenergie ist, die im Herzen wohnt, die reine Essenz der Lebenskraft. Wo liegt nun der Unterschied zwischen diesen Sektionen, sind doch alle vier „Dzogchen"? Die äußere Geist-Sektion des Dzogchen hebt die kognitive Qualität des Geistes hervor, während die innere Raum-Sektion seine leere Qualität hervorhebt. Die geheime Instruktions-Sektion betont die Einheit dieser beiden. Die innerste Unübertroffene Sektion lehrt alles. Sowohl Basis, Pfad und Frucht als auch Trekchö und Tögal. Diese letzte Sektion ist wie eine Person, die im Besitz aller fünf vollständig intakten Sinneswahrnehmungen ist. Nichts fehlt. Jedes dieser Fahrzeuge hat den Anspruch, von Anfang an die wahre, authentische Sichtweise in die Praxis umzusetzen, und nicht etwa eine falsche. Wenn man jedoch vom nächsthöheren Fahrzeug herabblickt, so scheint die Sichtweise des darunter liegenden Fahrzeugs unvollständig;

dieses Prinzip ist auf alle Fahrzeuge bis hin zum achten Yana anwendbar. Wann auch immer man diese Sichtweisen vom Standpunkt des Mahamudra, Dzogchen oder dem ultimativen Madhyamika betrachtet, so sieht man sie als mit subtilen Konzepten behaftet.

Das Wichtigste in Hinblick auf die Sichtweise ist es, die Buddhanatur zu erkennen. Das Sanskritwort für Buddhanatur ist *sugata-garbha*; der tibetische Terminus ist *deshek nyingpo*. Wir müssen verstehen, dass dies die Sichtweise ist, die wir in unserer Praxis anwenden sollten. In den ersten acht der neun Yanas – den Fahrzeugen der Shravakas, Pratyekabuddhas und Bodhisattvas; den drei äußeren Tantras des Kriya, Upa und Yoga; und im Mahayoga und im Anuyoga – werden fortschreitend tiefgründigere Vorstellungen von Buddhaschaft als Referenzpunkt im Geist gehalten. In diesen Fahrzeugen wird der Betrachter von Buddhanatur ‚Geistesgegenwärtigkeit' oder ‚Wachsamkeit' genannt; im Sinne eines ständigen Wachens über die Buddhanatur, wie ein Hirte, der über sein Vieh wacht. In diesen Fahrzeugen gibt es also zweierlei: Buddhanatur und ständige Wachsamkeit, das „Nicht-Vergessen". Buddhanatur sollte erst erkannt und dann kontinuierlich aufrechterhalten werden, frei von jeder Ablenkung. Wenn die Wachsamkeit von der Buddhanatur abgelenkt ist, unterscheidet sich der Praktizierende nicht von einer normalen Person. Dies ist das generelle Prinzip der ersten acht Fahrzeuge.

In der tibetischen Übersetzung des Wortes Buddhanatur bezieht sich *deshek* oder ‚Buddha' auf alle Tathagatas und Sugatas, die Erwachten, während *nyingpo* die essentielle Natur ist. Genauso wie Butter die Essenz von Milch ist, ist die Essenz aller Buddhas der Zustand der Realisation. Diese Buddhanatur ist genau das, was in jedem der neun Fahrzeuge praktiziert wird. Wie sie genau in die Praxis umgesetzt wird, unterscheidet sich jedoch, da es zu einer Vertiefung des Verstehens kommt, das durch die Fahrzeuge hindurch zunehmend subtiler wird.

Jedes Fahrzeug, angefangen beim Shravakayana, hat seine eigene spezielle Sicht-, Meditations- und Handlungsweise. Ein jedes hat dasselbe Ziel, Leerheit zu verstehen; und ein jedes bedient sich der Praktiken von *Shamatha* und *Vipashyana*. Auf der Ebene des Mahayana wird das ultimative Shamatha und Vipashyana bezeichnet als ‚Shamatha und Vipashyana, welches die Tathagatas erfreut'. Obwohl dieselben Namen verwendet werden, ist die Tiefe sehr viel größer, als es bei Shamatha und Vipashyana, wie sie im Shravakayana angewandt werden, der Fall ist. Ein jedes Fahrzeug, angefangen beim Shravakayana, praktiziert Shamatha und Vipashyana. Denkt also nicht, dass diese beiden Praktiken auf der Ebene des Dzogchen ignoriert oder ausgelassen werden. Im Gegenteil, auf der Ebene von Ati ist die natürliche Stabilität in *Rigpa*, dem nicht-dualen Zustand des Gewahrseins, der Shamataaspekt, während der wache oder wahrnehmende Aspekt der von Vipashyana ist. Unsere grundlegende Natur, auch Weisheit des Gewahrseins oder wahrnehmende Wachsamkeit genannt, wird durch Shamatha und Vipashyana festgestellt oder erkannt. Um eine berühmte Aussage zu zitieren: „Erwachter Geist ist die Einheit von Shamatha und Vipashyana."

Das Prinzip, das wir hier verstehen müssen, ist folgendes: „Selbes Wort, höhere Bedeutung." Shamatha und Vipashyana sind letztlich untrennbar. Beide sind ganz natürlich im Atiyoga enthalten und werden dort praktiziert. Außergewöhnliche Shamatha heißt hier, wahre Leerheit zu erkennen und darin zu ruhen. Wir haben nicht einfach nur eine Idee von Leerheit; in direkter Erfahrung erkennen wir Leerheit und verweilen ganz natürlich in diesem Zustand. Natürliches Verweilen ist die echte Shamatha, in der in keiner Weise irgendetwas Künstliches geschaffen wird, das natürliche Verweilen in der Erfahrung der Leerheit. Vipashyana bedeutet, nicht von diesem Zustand abzuweichen.

Nach herkömmlicher Shamatha und Vipashyana wird zuerst Shamatha kultiviert und dann Vipashyana verfolgt. Shamatha zu kultivieren heißt, zunächst einen Zustand geistiger

Ruhe herzustellen und sich in diesem dann zu üben. Die Einsicht von Vipashyana zu verfolgen oder zu suchen bedeutet herauszufinden, wer der Meditierende ist; zu identifizieren, was es ist, das verweilt. Es liegt auf der Hand, dass beide Praktiken sehr mit konzeptuellem Denken beschäftigt sind. Nur in den Systemen von Essenz Mahamudra und Dzogchen wird die Leerheit so belassen, wie sie ist, ohne etwas zu fabrizieren. Im Dzogchen wird die Leerheit von Anfang an beschlossen, ohne die Notwendigkeit, etwas erschaffen zu müssen. Es betont die Offenlegung von Gewahrsein in seinem nackten Zustand, ohne an Leerheit in irgendeiner Art und Weise anzuhaften. Wahre und authentische Vipashyana ist die leere und kognitive Natur des Geistes.

Die spezielle Qualität des Dzogchen ist es, dass seine Sichtweise frei ist von jeglichen Ideen, welcher Art auch immer. Diese Sichtweise wird auch die *Sichtweise der Reifung* genannt, was bedeutet, dass sie vollkommen frei ist von jeglichen konzeptuellen Formulierungen. Dzogchen ist wie der höchste Punkt eines Klosters, das goldene Tempelornament; darüber befindet sich nichts mehr, nur noch der Himmel. Die innerste Unübertroffene Sektion des Dzogchen ist wie ein solches goldenes Dachornament eines Tempels, es ist der höchste Punkt aller neun Yanas.

Wenn wir ein Sutra lesen, so beginnt es mit dem Titel in Sanskrit. Dann kommt der Text. Am Ende des Textes steht dann: „Das Sutra mit diesem-oder-jenem-Titel ist hiermit beendet." Auf die gleiche Art und Weise sind im Dzogchen alle Phänomene von Samsara und Nirvana beendet oder zur Perfektion gebracht in der Weite der einen Sphäre des Dharmakaya-Gewahrseins. Dzogchen verkörpert Vervollkommnung oder Perfektion insofern, als *dzog* ‚vollkommen oder beendet' bedeutet – mit anderen Worten, es gibt nichts Weiteres; es ist getan, vorbei, beendet. Ein Zitat aus den Tantras lautet: „Vollkommen als Eines – Alles ist vollkommen im Erwachten Geist. Vollkommen als Zwei – Alle Phänomene von Samsara und Nirvana sind beendet."

Die Dzogchenlehren werden mit der folgenden Metapher beschrieben. Wenn man einen Berg besteigt, kann man zunächst nur in eine Richtung schauen. Hat man jedoch einmal den Gipfel des Berges Sumeru erklommen, den König aller Berge, so kann man gleichzeitig alle vier Richtungen überblicken; man kann überallhin sehen. Der Gedanke hier ist, dass all die Qualitäten der unteren Fahrzeuge in der höchsten Sichtweise enthalten sind. Vom Standpunkt der höchsten Sichtweise aus kann man all die Mängel der niederen Sichtweisen erkennen, so wie man vom Gipfel eines Berges aus alles sehen kann. Dies bedeutet jedoch nicht, dass die niederen Fahrzeuge ihre spezifische Sichtweise als unvollständig erkennen, im Gegenteil. Jedes vertritt die Ansicht, dass ihre Sicht-, Meditations- und Handlungsweise und das daraus hervorgehende Resultat perfekt ist. Jede der 18 Schulen der Shravakas glaubte, ihre Sichtweise sei fehlerfrei. Pratyekabuddhas glauben dies ebenfalls, und so weiter. Erst wenn wir den höchsten Punkt eines Berges erreichen, seinen Gipfel, können wir alles darunter Liegende klar erkennen.

Das ist der Grund, warum der Buddha über die neun Fahrzeuge sagte: „Meine Lehren sind eine graduelle Folge, vom Anfang bis hin zur höchsten Perfektion, wie die Stufen einer Treppe, die vom untersten bis zum höchsten Punkt führt, oder wie ein neugeborenes Kind, das langsam aufwächst."

Die Menschen haben unterschiedliche Kapazitäten und werden traditionell in höchste, mittlere und geringste Kapazität unterteilt. Jede dieser drei Kategorien wird wiederum in einen höchsten, mittleren oder geringeren Typ unterteilt, sodass es insgesamt neun Kategorien gibt. Die Art und Weise, wie die Belehrungen übertragen werden, unterscheidet sich entsprechend diesem Schema. Für Menschen des höchsten, mittleren oder geringeren Typs der höchsten Kategorie gibt es die *Gyalwa Gong-gyü*, die Geistübertragung der Siegreichen, die Lehren des Atiyoga, Anuyoga und Mahayoga. Für die drei Typen mittlerer Kapazität gibt es die drei äußeren Tantras des Kriya, Upa und Yoga. Für die drei Typen geringerer Kapazität gibt es die Lehren der Shravakas, Pratyekabuddhas und Bodhisattvas.

Es verhält sich nicht so, dass sich die Lehren des Buddha in ihrer Qualität unterscheiden, das seine ‚höchsten' Lehren seine besten sind und seine ‚niedrigsten' die schlechtesten. All seine Belehrungen waren exzellent. Sie unterscheiden sich nur deshalb, weil die Menschen so unterschiedlich sind. Lehren, die für eine bestimmte geistige Kapazität geeignet sind, werden innerhalb der neun Fahrzeuge mit einem bestimmten Namen bezeichnet. Es ist nicht so, dass der Buddha gute und schlechte Belehrungen gab und wir nun nach den guten Ausschau halten müssen; bitte versteht, dass dies nicht der Fall ist. Die Belehrungen wurde ganz geschickt auf die individuelle Person zugeschnitten. Der Buddha, der allwissend war, konnte für einen jeden, der zu ihm kam, erkennen, welche Art von Belehrung für diese Person angemessen war, und erteilte sie dementsprechend. Zum Beispiel: Wenn man Lasten verteilt, so gibt man jedem eine Last, die seiner Stärke entspricht. Wenn man jemandem, der in der Lage ist, die Atiyogalehren zu verstehen, nur Hinayanalehren gibt, so ist das, als gäbe man einem starken Mann ein winziges Päckchen, das er mit dem kleinen Finger tragen kann. Es ist nicht genug. Gibt man jedoch die Vajrayanalehren an jemanden, der eher der Shravakakategorie entspricht, so ist es, als gäbe man einem kleinen Kind eine schwere Last, die für einen erwachsenen Mann gedacht ist. Das Kind wird hinfallen und definitiv nicht in der Lage sein, diese Last zu tragen. Auf die gleiche Art und Weise ist es wichtig, die Belehrungen auf angemessenen Weise zu geben, entsprechend der Kapazität eines jeden.

Um eine weitere Art der Kategorisierung zu benennen: Es wird gesagt, dass Maha, Anu und Ati die drei Dharmaräder des Dharmakayabuddha sind. Kriya, Upa und Yoga wurden vom Sambhogakayabuddha gelehrt. Die Fahrzeuge der Shravakas, Pratyekabuddhas und Bodhisattvas wurden vom Nirmanakayabuddha gelehrt. Diese wurden dementsprechend übertragen als die *Geist-Übertragung der Siegreichen*, die *Zeichen-Übertragung der Wissenshalter* und die *Mündliche Übertragung der großen Meister*. Alle wurden jedoch vom Erwachten gegeben, vom Buddha – in entsprechender Form als Dharmakayabuddha, Sambhogakayabuddha und Nirmanakayabuddha.

Die Belehrungen sollten exakt unserer Veranlagung und individuellen Kapazität entsprechen. Wenn wir bemerken, dass eine Belehrung ‚passt' und dass sie sinnvoll ist, dann können wir schnell fortschreiten, indem wir uns darin üben. Zum Beispiel: Wenn ein Mensch, der dem Bodhisattvatyp entspricht, die Mahayanalehren erhält, kann er durch diese Lehren schnellen Fortschritt erlangen.

Wenn Leute zum ersten Mal mit dem tibetischen Buddhismus in Kontakt kommen, mögen sie denken: „Was für eine seltsame Religion! Tibetischer Buddhismus ist voll von verschiedenen Formen von Gottheiten und Ritualen – wie seltsam!" Die Art und Weise, wie ein Individuum in anderen buddhistischen Traditionen ausgebildet wird, kann etwas begrenzt sein. Ist man in einer weitläufigeren Herangehensweise nicht geschult, so mag man glauben, dass nur die eigene Form des Buddhismus wirklich Buddhismus ist, und dass das, was anderswo existiert, es nicht ist. Eine solche Einstellung ist vergleichbar mit einer Person, die nur einen Arm oder ein Bein hat oder nur den Kopf, während der Rest fehlt. Es ist kein vollständiges menschliches Wesen. Ein solch engstirniger Standpunkt ist nur das Resultat einer mangelhaften Ausbildung. Ein großer Gelehrter hingegen, oder jemand, der wohlvertraut ist mit der ganzen Breite der buddhistischen Lehren, wird dieses Problem nicht haben. Er wird sehen, wie alles zusammenpasst. Er wird nicht in die begrenzte Denkweise verfallen, zu denken: „Von welchem Nutzen sind Mahayana oder Vajrayana? Die Shravakalehren sind ausreichend. Warum kann nicht einfach jeder diese Lehren praktizieren, alle anderen Lehren sind nicht wirklich wichtig." Andere mögen denken: „Die Mahayanalehren sind das einzig Wahre; die anderen Lehren zählen nicht."

Wieder andere mögen denken: „Das Vajrayana ist korrekt. Wo liegt der Nutzen der niedrigeren Belehrungen wie Mahayana oder Hinayana?" All diese Einstellungen sind völliger Unsinn. Wir brauchen einen vollständigen menschlichen Körper, um funktionieren zu können.

Um dies mit einem Beispiel zu verdeutlichen: Um einen perfekten Tempel zu erbauen, brauchen wir einen soliden Untergrund und ein ordentliches Fundament, auf dem wir aufbauen können. Diese beiden Elemente sind die Hinayanalehren. Ohne Fundament haben wir nichts, auf dem wir aufbauen können. Zweitens brauchen wir eine geräumige und schöne Konstruktion: Das sind die Lehren des Mahayana. Und letztlich sollte es nicht nur ein leeres Gebäude bleiben, sondern exquisite Repräsentationen des erleuchteten Körpers, der Rede und des Geistes enthalten. Diese sind wie die Lehren des Vajrayana. Ohne all dies wäre es wie jeder andere weltliche Palast – ohne wirklichen Nutzen. Auf die gleiche Art und Weise sollten wir alle drei Ebenen von Belehrungen in einem einzigen Praxiskörper vereinen. Unsere Praxis wird dann wie ein perfekter Tempel, mit ordentlichem Fundament, einer ausgezeichneten Struktur und den Repräsentationen des erleuchteten Körpers, der Rede und des Geistes im Inneren. Dies ist die Methode, wie man die verschiedenen Ebenen der Hinayana-, Mahayana- und Vajrayanalehren zu einem einzigen System vereint.

Der allerwichtigste Punkt bei dieser Vereinigung ist die korrekte Sichtweise. Es liegt an uns, herauszufinden, welche Orientierung oder Perspektive Ignoranz und Verwirrung ein Ende setzen kann. Welche Perspektive ist echt oder wahr und welche ist falsch? Es liegt an uns, dies zweifelsfrei festzustellen. Das heißt nicht, dass wir all die unzähligen Details studieren müssen, wie ein großer Pandita. Unser Leben wäre nicht lang genug, um dies zu tun. Die Jahre würden uns davonlaufen. Konzentriert euch stattdessen auf die Tradition der essentiellen Instruktionen, die den essentiellsten Punkt so umschreibt: „Beschließe, wie die Natur des Geistes ist; stelle nicht die Charakteristika aller Belehrungen fest."

Die Tradition der essentiellen Instruktionen ist sehr wichtig. Es ist ein System weniger Worte, welche die essentielle Praxis in ihren entscheidenden Punkten zusammenfasst. Durch die mündlichen Traditionen des Mittleren Weges [Madhyamika], Mahamudra und Dzogchen und auch durch das als *Prajnaparamita*, transzendente Weisheit, bekannte System können wir diese essentiellen Instruktionen ganz persönlich anwenden und von Angesicht zu Angesicht die Buddhanatur treffen, die in uns präsent ist.

Der Unterschied in den Ebenen der Praxis hängt davon ab, in welchem Grad konzeptueller Geist involviert ist. Die Unterschiede zwischen den Fahrzeugen werden nicht durch die Verwendung derselben Terminologie ausgemacht, sondern durch die Verwendung zunehmend tieferer Ebenen der Bedeutung. Wie ich bereits erwähnte: Wenn man von oben herab analysiert, scheinen die niederen Yanas leichte Fehler zu beinhalten, da immer noch ein konzeptueller Rahmen präsent ist. Das, was uns endlos durch Samsara treibt, ist dualistisches Denken. Es heißt, dass die sich ersten acht Fahrzeuge noch innerhalb der Domäne des konzeptuellen Geistes befinden, obwohl sich diese Konzeptualität fortschreitend subtiler gestaltet. Der Unterschied zwischen diesen und Dzogchen, Mahamudra und Madhyamika ist, dass die ultimative Sichtweise, im Gegensatz zu den acht vorangehenden Fahrzeugen, frei ist von konzeptuellem Geist. Solange konzeptueller Geist vorhanden ist, ist die Sichtweise nicht ultimativ. Die ultimative Sichtweise ist frei von Fixierung. Durch konzeptuellen Geist können wir nicht erleuchtet werden; dieser Punkt wird von all den verschiedenen Schulen anerkannt. Die Sakyaschule zitiert Folgendes: „Wenn Fixierung präsent ist, hast du nicht die Sichtweise." Und auch die Gelugschule sagt, dass die höchste Sichtweise frei ist von konzeptuellem Geist. Letztlich kommt es einfach nur auf die Art und Weise an, wie die Auflösung des konzeptuellen Geistes angegangen wird.

Der Unterschied zwischen den Fahrzeugen liegt alleinig darin, wie grob oder subtil unser konzeptuelles Verstehen ist. Den ganzen Weg aufwärts, bis hin zum Fahrzeug des Anuyoga, ist immer noch eine konzeptuelle Geisteshaltung präsent. Nur die Sichtweise von Dzogchen oder Essenz Mahamudra ist gänzlich frei von konzeptuellem Geist. Aus eben diesem Grund heißt es, dass die anderen Fahrzeuge eine sehr lange Zeit benötigen, um einen zur Erleuchtung zu bringen. Die Shravakalehren benötigen unberechenbare Zeitalter. Das Bodhisattvafahrzeug benötigt eine so gewaltige Anzahl von Lebenszeiten, dass sie unmöglich zählbar sind. Die äußeren Tantras des Kriya, Upa und Yoga brauchen sechzehn oder dreizehn Lebenszeiten, um ihre Blüte zu erreichen. Nach den Lehren von Dzogchen oder Mahamudra heißt es, wenn nicht-duales Gewahrsein wahrhaftig aufgezeigt und korrekt erkannt wurde, so ist es, als würde einem der fehlerfreie Dharmakaya direkt in die Handfläche gelegt. Versucht die korrekte Sichtweise in die Praxis umzusetzen, vom Augenblick des Erwachens durch den ganzen Tag und den größten Teil der Nacht hindurch, mit Ausnahme von drei Stunden Schlaf. Dann werdet ihr nicht mehr als dreizehn Jahre benötigen, um vollständige Erleuchtung zu erlangen!

Erleuchtung ist möglich, wenn ein qualifizierter Meister einen würdigen, empfänglichen Schüler trifft, der die höchste Kapazität besitzt und dann die fehlerfreie Essenz des Geistes aufzeigt oder überträgt, sodass sie vom Schüler erkannt wird. Diese Essenz kann tatsächlich aufgezeigt werden; sie kann tatsächlich erkannt werden; und man kann sich tatsächlich in ihr üben. Wenn ein Schüler dies dreizehn Jahre lang praktiziert, so kann er oder sie ohne Zweifel vollständige Erleuchtung erlangen. Ein weiterer Unterschied zwischen den Fahrzeugen ist also auch die Länge der Zeit, die man benötigt, um vollständige Erleuchtung zu erlangen.

Vom Standpunkt des höchsten Fahrzeugs sind all die darunter liegenden Fahrzeuge wie jemand, der über den Mond redet, ohne ihn je gesehen zu haben. Er mag beschreiben, wie er aussieht, woraus er besteht, wie er zu- und abnimmt und so weiter, aber es ist alles nur Hörensagen. Um einen subtilen Unterschied aufzuzeigen, kann man dieses Beispiel mit der graduellen Herangehensweise des Mahamudrasystems in Verbindung bringen, in dem man auf dem Pfad fortschreitet mittels der Anwendung von vier Yogas. Der erste Yoga der *Eins-Gerichtetheit* ist Shamatha. Der zweite Yoga der *Simplizität* ist Vipashyana. Am Anfang von Simplizität steht ein Punkt, an dem der Praktizierende wie eine Person ist, der man am dritten Tag des Mondkalenders sagt: „Schau hinauf in den Himmel." Der Schüler schaut hinauf und sieht eine schmale Mondsichel. Obwohl die Sichel schmal ist, handelt es sich doch um den Mond. Dies wird genannt, der Moment des Erkennens der Essenz des Geistes. Man hat zum ersten Mal eine echte Erfahrung von Leerheit. Wenn die Natur des Geistes erst einmal aufgezeigt wurde, sieht man sie ganz direkt, frei von jedem Fehler oder Zweifel. Der Mond wird vom dritten bis zum fünfzehnten Tag immer voller und voller. Auf die gleiche Art und Weise wird man immer vertrauter mit der Essenz des Geistes, bis diese Erfahrung ununterbrochen andauert. Es gibt keinerlei Realisation über diese ungebrochene Erkenntnis der Buddhanatur hinaus. Bevor wir den Mond jedoch tatsächlich gesehen haben, können wir nur darüber reden. Wir können eine Zeichnung von ihm anfertigen und uns diese anschauen. Den wirklichen Mond sehen wir zum ersten Mal, wenn wir in die Sichtweise eingeführt werden.

Die drei Vajras

Atisha hat drei Ratschläge gegeben, die ich jetzt gerne erklären möchte. Sie sind bekannt als die Drei Vajras. Für eine sehr, sehr, sehr lange Zeit sind wir in Samsara umhergeirrt, von einem Leben zum nächsten. Wir sind gestorben, wurden wieder geboren und sind wieder gestorben, scheinbar endlos. Es ist, als würden wir uns durch einen riesigen Ozean bewegen. Der Buddha sagte: „Samsarische Existenz ist wie ein endloser Ozean des Leidens." Bemerkt, dass er nicht sagte, es sei ein Ozean von Glück und Freude: Samsara wird immer als ‚Ozean des Leidens' bezeichnet, niemals als ‚Ozean der Freude'.

Wenn wir diesen Umstand anerkennen und darin vertrauen, wenn wir wirklich frei werden wollen von diesem Leiden, was ist es dann, das uns befreien kann? Es ist weder der Herrscher des Landes, in dem wir leben, noch ist es unser Vater oder unsere Mutter. Es sind weder unsere Freunde noch unsere Bediensteten, weder unser Ruhm noch unser Reichtum – nichts von allen diesen kann uns aus der verwirrten samsarischen Existenz befreien. Nur die spirituellen Anstrengungen, denen wir uns selbst unterziehen, können dies tun. Sobald wir dies verstanden haben, sollten wir uns nicht mehr von unserem Pfad abbringen lassen oder auf ihm straucheln. Daher heißt der erste Ratschlag von Atisha: „Platziert vor euch den Vajra des Sich-nicht-abbringen-Lassens."

Vor sich den Vajra des Sich-nicht-abbringen-Lassens zu platzieren bedeutet: Lasse dich niemals von irgendjemandem – egal wer es sein mag, nicht einmal dein spiritueller Lehrer – entmutigen, den Dharma zu praktizieren. Ein wahrer Meister, der wünscht, dass du Befreiung erlangst, wird niemals sagen: „Befolge nicht den Dharma." Also – der allererste Schritt auf dem spirituellen Pfad ist es, eine unerschütterliche Einstellung zu formen: „Ich werde nichts und niemandem gestatten, mich von der Praxis des Dharma abzubringen." Wenn euer Lehrer euch sagt: „Folgt nicht eurer spirituellen Neigung", habt ihr wahrscheinlich einen Fehler in der Wahl eures Lehrers gemacht.

Ebenso gestattet niemandem, euch zu bestechen oder zu bedrohen, um euch von einem spirituellen Pfad fernzuhalten. Jemand könnte sagen: „Ich biete dir die Hälfte der Reichtümer dieser Welt, wenn du versprichst, den Dharma nicht mehr zu praktizieren. Gib diesen spirituellen Weg einfach auf und ich werde das Geld heranschaffen." Wir sollten uns von derlei Anreizen nicht verführen lassen. Auf der anderen Seite könnte man uns bedrohen. Jemand könnte uns ein Gewehr auf die Brust setzen und sagen: „Ich werde den Abzug durchziehen, wenn du nicht versprichst, jegliche religiöse Anstrengung aufzugeben." Natürlich sollten wir mit unserem Mund sagen: „Jawohl, ich gebe es auf", aber tief in unserem Inneren, in der Tiefe unseres Herzens, sollten wir uns niemals einverstanden erklären.

Es gibt einen weniger dramatischen, aber unmittelbar nachvollziehbaren Grund, warum ich diese Beispiele nenne. Oft hören wir das Sprichwort „Erscheinungen sind verführerisch und der Geist ist wankelmütig". Betörende Erscheinung bedeutet nichts anderes, als dass sich unser Geist augenblicklich angezogen fühlt, sobald wir schöne Formen sehen, angenehme Klängen hören, süße Düfte riechen, köstliche Speisen essen oder die Berührung weicher Stoffe auf unserem Körper spüren. Andererseits, wenn wir Unangenehmes wahrnehmen – hässliche Formen, harsche Klänge, faule Gerüche, ekelerregenden Geschmack oder raue Stoffe –, fühlen wir uns abgestoßen, ja vielleicht sogar aggressiv. Dualistischer Geist ist grundlegend instabil in dieser Hinsicht. Der Typ von Aufmerksamkeit, der leicht zu fangen oder abzustellen ist, ist von Natur aus unstet. Wenn dieser normale, instabile und wankelmütige Geisteszustand auf ein verlockendes Phänomen trifft, lässt er sich nur allzu leicht davontragen. Um zu vermeiden, ständig abgelenkt zu werden, müssen wir uns fest und unerschütterlich entscheiden. Dies ist der erste der drei Punkte: Der große Atisha rät uns diese feste Entscheidung zu treffen, den „Vajra des Sich-nicht-abbringen-Lassens" vor uns zu platzieren.

Der zweite der drei Vajras lautet: „Platziert hinter euch den Vajra Frei-von-Schamgefühl." Wenn wir damit beginnen, den Dharma zu praktizieren, verspüren wir den starken Wunsch, frei zu sein. Wir möchten jegliche weitere Involvierung in samsarischen Zuständen durch Spiritualität aufgeben. In Tibet gibt es jedoch ein bekanntes Sprichwort: „Der neue Meditierende gibt Gold dahin, der alte Meditierende hortet seine ausgetretenen Schuhsohlen." Mit anderen Worten, am Anfang haben wir das Gefühl, dass nichts auf der Welt wirklich wichtig ist; wir können einfach alles weggeben und denken: „Ich hafte an nichts!" Dann, langsam, aber sicher, zwei oder drei Jahre später, beginnen wir übersättigt und abgestumpft zu werden und selbst nutzlose alte Schuhsohlen nehmen eine ganz neue Wichtigkeit an. Wir mögen denken: „Man könnte sie zerschneiden und als Schnüre benutzen, um die Yaks zusammenzubinden." Wir beginnen an Dingen anzuhaften und alle möglichen späteren Verwendungen für sie zu planen.

Den Vajra Frei-von-Schamgefühl hinter sich zu platzieren bezieht sich auch auf den Eindruck, den wir auf uns selbst und andere machen. Wenn andere zum Beispiel wissen, dass wir einen spirituellen Pfad eingeschlagen haben, so geht damit auch eine gewisse Verantwortung einher. Wenn er oder sie diesen Pfad später aufgibt, so kann diese Handlung die reine Wahrnehmung in anderen zerstören, ja es kann den ganzen Dharma für sie ruinieren. Daher ist es besser, langsam zu beginnen und graduell auf dem Pfad fortzuschreiten als mit Pomp und Getöse, nur um dann später übersättigt und abgestumpft zu werden.

Wir sollten wie ein Reh in den Bergen sein, das sich in einer Schlinge verfangen hat. Wenn es ihm gelingt sich loszureißen, wird es eingerichtet an einen unbevölkerten Ort fliehen. Es ist das Beste, sich eine solche Einstellung zu Eigen zu machen. Dann wird es uns gelingen, in diesem Körper und in diesem Leben alle Anhaftung an unser Heimatland und unsere persönlichen Bindungen aufzugeben. An unbekannten Orten lebend, können wir wie ein Kind der Berge sein. Auf diese Art und Weise wird sowohl für uns selbst als auch für andere Nutzen entstehen. Andere werden sehen, dass die Belehrungen funktionieren und werden zu der Überzeugung kommen, dass man durch Praxis Samsara in diesem Leben hinter sich lassen kann und es möglich ist, Verwirklichung zu erlangen. Daher ist es wichtig, uns von Anfang an zu entscheiden und den Vajra Frei-von-Schamgefühl hinter uns zu platzieren. Tun wir dies, werden wir später keine Reue verspüren über das, was wir getan haben.

Der dritte Vajra lautet: „Verweile in der Gesellschaft des Vajra-der-reinen-Weisheit." Die reine Weisheit, auf die wir uns hier beziehen, ist die des ursprünglichen Gewahrseins. Das ist unsere Buddhanatur, die erleuchtete Essenz, auch *Rangjung Yeshe* genannt, selbstexistentes Gewahrsein. Dies sollten wir als Erstes erkennen, uns dafür entscheiden und Vertrauen erlangen in unsere Fähigkeit, alle Gedankenzustände befreien zu können. Nach dem Erkennen üben wir uns in der Kraft dieser Erkenntnis, bis wir schließlich Stabilität hergestellt haben. Die Entscheidung zu treffen, dies zu tun, ist der dritte Vajra – in der Gesellschaft des Vajra-der-reinen-Weisheit zu verweilen. Der Vajra-der-reinen-Weisheit ist selbstexistentes Gewahrsein, welches immer mit uns ist, weil es unsere Natur ist. Zu beschließen, „Ich werde meine eigenen Natur erkennen, so wie sie ist!", ist der letzte der drei Vajras.

Eine weitere Reihe von Ratschlägen Atishas heißt „Die Vier Ziele". Das Erste ist: „Ziele deinen Geist auf den Dharma." Das heißt, unser Geist sollte auf das ausgerichtet sein, was wahr und bedeutungsvoll ist, anstatt auf weltliche Vervollkommnung. Wenn wir unseren Geist auf den Dharma ausrichten, können wir Befreiung und Erleuchtung erlangen; wenn wir jedoch auf weltliche Ziele hinarbeiten, gibt es keinerlei Möglichkeit zum Erlangen von Befreiung und Erleuchtung.

Atisha sagte weiter: „Verfolge mit deiner Dharmapraxis ein einfaches Leben", und nicht etwa großen Reichtum. Es ist leichter, den Belehrungen zu folgen, wenn wir einfache Praktizierende sind. Wenn wir erst großen Reichtum angesammelt haben, bevor wir mit dem Praktizieren beginnen, glauben wir immer einen gewissen Lebensstandard aufrechterhalten zu müssen. Es bedarf immenser Mühe, unseren Reichtum zu vermehren, unsere Rücklagen zu schützen und sicherzustellen, dass sie nicht aufgebraucht werden. Eine Menge Mühe und Sorge ist damit verbunden, daher ist es das Beste, mit seiner Praxis ein einfaches Leben zu verfolgen.

Das dritte Ziel lautet: „Ziele darauf ab, dein ganzes Leben lang einfach zu leben." Denkt nicht: „In Ordnung, ich werde für eine Weile den Dharma als einfacher Schüler praktizieren. Aber später werde ich den großen Durchbruch erzielen und reich und wichtig werden." So sollte man nicht denken. Zielt stattdessen darauf ab, ein einfacher Praktizierender zu bleiben, euer ganzes Leben hindurch, bis zum Zeitpunkt des Todes.

Und schließlich sagte Atisha: „Ziele darauf ab, in Einsamkeit zu sterben." Das bedeutet, allein zu sterben, ohne Freunde, in einer Klausurhütte oder einem einsamen Ort, ohne von Bediensteten und Gefährten umringt zu sein. Dies waren „Die Vier Ziele".

Atisha riet uns auch „einen niedrigen Sitz zu behalten", das heißt, unauffällig zu bleiben. Strebt nicht danach, wichtig zu sein. Tragt einfache Kleidung, keine aufwendigen oder teuren Dinge; tragt, was immer ihr bekommen könnt. Weiterhin sagte er: „Lasst Nahrung, Kleidung und Ruf die Niederlage davontragen." Wenn zum Beispiel ein Disput beigelegt wird, verliert die eine Seite, während die andere gewinnt. Lasst Nahrung, Kleidung und Ruf den ‚Fall verlieren'. Mit anderen Worten, gestattet dem Geist, nicht von Nahrung, Kleidung, Ruhm oder Gedanken um die eigene Wichtigkeit abgelenkt zu werden.

Atisha sagte auch: „Sei dein eigener Lehrer." Sei dein eigener Führer. Verweile nicht in einer Situation, in der du ständig die Befehle anderer ausführen musst. Lebe auf eine Weise, die es dir gestattet, dich auf dich selbst zu verlassen. Wenn du so leben kannst, hast du die Möglichkeit, ein reiner Praktizierender zu werden.

Der große Meister Atisha hat selbst nach diesen Prinzipien gelebt und große Verwirklichung erlangt. Wir sollten unser Bestes geben, so viel wie möglich von seinen Ratschlägen in die Tat umzusetzen.

Wer sich einmal entschieden hat, den Dharma zu praktizieren, sollte es auch zum Ende bringen. Ansonsten ist es so, wie Paltrul Rinpoche gesagt hat: „Wenn wir jung sind, werden wir von anderen kontrolliert und können nicht praktizieren." Bis man siebzehn oder achtzehn Jahre alt ist, lebt man normalerweise bei seinen Eltern und ist von ihnen abhängig. Man geht zur Schule oder hat zu Hause zu tun und kann nicht einfach weggehen, um zu praktizieren. Paltrul Rinpoches Zitat geht weiter: „Wenn wir erwachsen sind, jagen wir den Objekten unserer Gelüste nach und können nicht praktizieren. Wenn wir alt sind, verlieren wir unsere physische Kraft und können nicht praktizieren. Ach, ach! Was tun wir nun?"

Wenn wir also praktizieren wollen, sollten wir uns darüber klar werden, wie wir dies tun wollen. Das Beste wäre, von ganzem Herzen ein perfekter, reiner Praktizierender zu werden. Sollte uns das nicht möglich sein, sollten wir zumindest versuchen, wenigstens die Hälfte von all dem vorgenannten zu verkörpern. Wenn auch das nicht möglich ist, sollten wir uns wenigstens einen der Ratschläge zu Herzen nehmen und ihn wirklich leben.

Der Buddha behandelte alle fühlenden Wesen ebenso rücksichtsvoll, wie er seine eigenen Eltern oder Kinder behandelt hätte. Wenn er sprach oder Ratschläge gab, tat er dies so ehrlich wie ein Vater oder eine Mutter, die, auf dem Sterbebett, ihren Söhnen oder Töchtern letzte Ratschläge erteilen. Auf diese Art und Weise kamen alle Belehrungen des Buddha von Herzen, so wie die letzten Worte eines sterbenden Elternteils.

Wenn wir die Lehren des Buddha anwenden, tun wir das in drei Schritten oder Stufen. Zuerst studieren wir sie gründlich. Dann reflektieren wir darüber, wir versuchen sie so klar wie möglich zu verstehen. Und schließlich üben wir uns in ihnen, wir machen das, was gelehrt wurde, zu unserer Erfahrung. All dies sollte einigen Effekt haben. Die Lehren des Buddha zu studieren heißt, etwas über gute und schlechte Handlungen zu erlernen. Wir verstehen, vor welcher Wahl wir stehen. Es wird uns klar, dass alles durch karmische Handlungen und unsere eigenen störenden Gefühle entsteht, und wir entdecken, wie wir diese reinigen und beseitigen können. Durch dieses Erlernen, Reflektieren und schließlich Anwenden sollte sich ein Ergebnis einstellen, ein Resultat. Es heißt, dass man durch Studieren und Reflektieren sanft und diszipliniert wird. Das Resultat von meditativer Übung ist es, dass störende Gefühle wie Aggression, Anhaftung und Stumpfheit ständig abnehmen. Dies ist das wahre Zeichen meditativer Praxis.

Der entscheidende Punkt

Wie ich bereits im ersten Kapitel erwähnt habe, verbreiteten sich die Dzogchenlehren zunächst in den göttlichen Bereichen namens Akanishta, Tushita und den Bereichen der 33 Götter, auf dem Gipfel des Berges Sumeru, bevor sie in unserer Welt erschienen. Akanishta ist in diesem Fall das symbolische Akanishta, in dem den Göttern Dzogchen gelehrt wurde, und befindet sich noch in Samsara. Dies steht im Gegensatz zum ultimativen Akanishta, welches der Bereich der Buddhanatur selbst ist. In diesem symbolischen Akanishta manifestierte sich der Dharmakayabuddha Samantabhadra aus dem spontanen Klang von Dharmata und lehrte die Dzogchentantras.

Die Lehrer der drei Kayas, im Kontext von Ati, sind bekannt als der Dharmakayabuddha Samantabhadra, der Sambhogakayabuddha Vajradhara und der Nirmanakayabuddha Vajrasattva. Vajrasattva war der Buddha, der die Dzogchenlehren an den ersten menschlichen *Vidyadhara* übertrug, den Wissenshalter Garab Dorje. Es heißt, dass er die 6 400 000 Dzogchentantras direkt von Vajrasattva erhielt.

Buddha Shakyamuni war der letzte der zwölf Halter der Dzogchenlehren. Aber derjenige, der sie tatsächlich in dieser Welt verbreitete, war der menschliche Vidyadhara Garab Dorje. Wie wurden diese Lehren nun übertragen? Es heißt, dass Vajradhara die Manifestation von Samantabhadra ist, jedoch mit allen Ornamenten. Er ist derselbe Buddha. Wenn er jedoch in der Form mit allen Ornamenten erscheint, ist er als Vajradhara bekannt. In dieser Form als Sambhogakaya-buddha übertrug er die Dzogchenlehren. Seine Emanation ist der Buddha Vajrasattva, der die Dzogchenlehren an Garab Dorje weitergab. Garab Dorje war das erste menschliche Wesen, welches diese Lehren verbreitete, aber wie bereits erwähnt, heißt dies nicht, dass Buddha Shakyamuni nicht auch diese Lehren hielt. Trotzdem, derjenige der die 6 400 000 Verse oder *Shlokas* der Dzogchentantras in unserer Welt wirklich verbreitete, war Garab Dorje. Er fasste sie alle in drei Sätze zusammen, die bekannt sind als *Die Drei Worte, die den Entscheidenden Punkt aufzeigen* – Erkenne deine eigene Natur, Entscheide dich für den einen Punkt und Erlange Vertrauen in Befreiung.

Im Atiyoga gibt es Unterteilungen wie die äußere Geist-Sektion, die innere Raum-Sektion und die geheime Instruktions-Sektion. Die vierte Unterteilung, bekannt als die innerste Unübertroffene Sektion oder manchmal auch die innerste Herz-Essenz genannt, besteht aus den außergewöhnlichen Dzogchenlehren. Es wird gesagt, dass die ultimative Sichtweise der Lehren, die vom Nirmanakayabuddha gegeben wurden, der Mittlere Weg ist, Madhyamika. Die höchste Sichtweise des Sambhogakayabuddha ist Mahamudra. Die höchste Sichtweise, die vom Dharmakayabuddha gelehrt wurde, ist Dzogchen, die Große Perfektion. Obwohl Buddha Shakyamuni natürlich die Natur aller neun Fahrzeuge realisiert hatte, lehrte er, in seiner Funktion als Nirmanakayabuddha, in der Öffentlichkeit die Lehren die für Shravakas, Pratyekabuddhas und Bodhisattvas angemessen waren. Die Hauptsichtweise war in diesem Fall der Mittlere Weg, Madhyamika. Garab Dorje legte den Schwerpunkt auf Atiyoga, im Speziellen die äußeren, inneren und innersten Sektionen von Geist, Raum und Instruktion. Er fasste alle Dzogchentantras in den drei bereits genannten Sätzen zusammen.

Der erste dieser drei Sätze instruiert uns, „unsere eigene Natur zu erkennen" – Buddhanatur selbst, die nicht anderes ist als ‚leeres Erkennen, durchdrungen von Gewahrsein'.

Diese Natur ist in ihrer Essenz leer und doch natürlich wahrnehmend. Diese beiden Aspekte sind untrennbar. Diese Einheit ist auch bekannt als unbegrenzte Kapazität. Die eigene Natur als das zu erkennen, was sie ist, ist der erste Satz von Garab Dorje.

Buddhanatur selbst ist die Basis oder Quelle, aus der alle Welten und lebenden Wesen entstehen. Was auch immer erscheint und existiert, entsteht aus ihr. Wie beschreiben wir die Buddhanatur? Sie ist in ihrer Essenz leer und in ihrer Natur wahrnehmend, und ihre Kapazität ist durchdrungen mit ‚selbst-existentem Gewahrsein'. Sie ist die universelle Basis, aus der alles entsteht. Wir sollten verstehen, das diese Natur nicht in irgendeine Kategorie fällt wie etwas, das existiert oder nicht existiert. Zu behaupten, dass diese Buddhanatur ein ‚Ding' ist, welches existiert, ist inkorrekt. Sie ist kein konkreter Gegenstand mit unterscheidbaren Charakteristika; stattdessen ist sie weit offen und undefinierbar, wie der Raum. Man kann aber auch nicht behaupten, sie sei nicht-existent, es gebe Buddhanatur *nicht*, da sie die Basis ist für alles, das erscheint und existiert. Buddhanatur fällt also nicht in irgendeine Kategorie wie Sein oder Nicht-Sein. Sie passt auch nicht in Kategorien wie ‚jenseits von Sein oder Nicht-Sein'. Sie befindet sich jenseits solcher Formulierungen.

Es heißt, dass die Buddhanatur dem Raum gleicht. Können wir sagen, dass Raum existiert? Können wir sagen, dass Raum nicht existiert? Das können wir nicht, denn Raum lässt sich nicht in solche Gedanken fassen. Konzepte, die man über den Raum haben mag, sind nur Konzepte. Raum, in sich selbst, ist jenseits jedweder Idee, die wir darüber haben mögen. Genauso ist die Buddhanatur. Wenn man sagt, dass Raum existiert, kann man ihn als eine konkrete, existente Einheit definieren? Zu sagen, dass Raum nicht existiert, ist jedoch inkorrekt, denn er ist das, was alles beinhaltet – die Welt und die Wesen. Und wenn wir behaupten, Raum sei jenseits von existent und nicht-existent, sprechen wir nicht über Raum, sondern nur über ein Konzept, welches wir darüber gebildet haben.

Der erste Punkt von Garab Dorje ist also, unsere eigene Natur zu erkennen und anzuerkennen, wie diese Natur ist. Nicht unsere konzeptbehaftete Version davon, sondern in Wirklichkeit.

Diese unsere Buddhanatur, die uranfänglich frei ist von den beiden Extremen von Sein und Nicht-Sein, wird mit dem Wort ‚Einheit' beschrieben. Was bedeutet Einheit in diesem Zusammenhang? In diesem Augenblick sind visuelle Formen, Klänge, Gerüche und so weiter sehr präsent in unserer Wahrnehmung. Wäre die Buddhanatur nicht-existent, könnten solche Wahrnehmungen nicht stattfinden. Wenn wir aber sagen, Buddhanatur existiert nicht, was ist es dann, das wahrnimmt? Können wir es definieren? Das können wir nicht, da es leer ist von jeglicher Identität, richtig? Daher lassen sich diese beiden – Wahrnehmen und Leer-Sein – nicht eingrenzen. Während des Wahrnehmens ist die Buddhanatur leer von einem Wahrnehmenden; obwohl sie leer ist, findet jedoch trotzdem Wahrnehmung statt. Sucht man nach dem Wahrnehmenden, ist da aber kein ‚Ding' zu finden. Es gibt keine Barriere zwischen den beiden [der Wahrnehmung und dem Wahrnehmenden]. Wenn das eine oder andere der Fall wäre, sollte es entweder einen konkreten Wahrnehmenden geben oder eine absolute Leere. Stattdessen ist das, was wahrnimmt, in dem Moment, in dem lebendige Wahrnehmung stattfindet, völlig leer. Das ist es, was man die Einheit von Erfahrung und Leerheit oder die Einheit von Gewahrsein und Leerheit nennt. Die Tatsache des Erfahrens eliminiert das Extrem des Nichts, während die Tatsache, dass das Erfahren leer ist, das Extrem konkreter Existenz eliminiert.

Auf diese Art und Weise können wir sagen, dass Existenz und Nicht-Existenz eine Einheit sind. Diese Einheit ist nicht etwas, das wir intellektuell herbeiführen können. Daher wird sie auch als die ‚Sichtweise jenseits von Konzepten' bezeichnet. Wir hören, dass die Sichtweise als *Soheit* bezeichnet wird – ‚nur das', einfach nur wie es ist. Buddhanatur ist nicht identisch mit Raum, welcher unfähig ist wahrzunehmen.

Und wir sind uns doch einig, dass Wahrnehmung stattfindet? Die Basis für Wahrnehmung ist die kognitive Qualität. Können diese beiden Aspekte – in der Essenz leer und von Natur aus kognitiv – getrennt werden? Wenn nicht, heißt das, dass sie eine Einheit sind. Diese Einheit ist es, was wir erkennen sollten, wenn wir unsere Buddhanatur erkennen. Dies zu erkennen ist es, was Garab Dorje meint, wenn er sagt: „Erkenne deine eigene Natur."

Garab Dorjes zweite Anweisung lautet: „Entscheide dich für den einen Punkt." Die leere Essenz ist Dharmakaya, während die kognitive oder wahrnehmende Natur Sambhogakaya ist. Die Einheit dieser beiden, die alles durchdringende oder unbegrenzte Kapazität, ist Nirmanakaya. Wenn wir unsere Buddhanatur einmal erkennen, sollten wir uns für diesen einen Punkt entscheiden. Das bedeutet, dass die drei Kayas aller Buddhas einfach hierin präsent sind. ‚Sich für den einen Punkt zu entscheiden' heißt, sich für einen Zustand frei von Unwissenheit und Täuschung zu entscheiden. Wir erkennen die Tatsache der Leerheit ganz direkt; es wird uns klar, dass unsere Natur nicht bestimmt werden kann. Die Tatsache, dass wir dies wissen, beweist die kognitive Qualität. Wir können diese beiden Aspekte – Leerheit und Wahrnehmung – nicht trennen weil sie eine Einheit sind. Auf diese Weise sind sie die Identität der drei Kayas. Es gibt nichts Höheres oder Überlegeneres als dies, wofür man sich entscheiden könnte.

Garab Dorjes dritte Anweisung lautet: „Erlange Vertrauen in Befreiung." Es heißt, dass nicht Meditation, sondern Befreiung das Wichtigste ist. Einfach nur Meditation, wie etwa der Zustand von stillem Verweilen in der Shamathapraxis, ist nicht notwendigerweise ein befreiter Zustand. Es ist nicht genug, konzentriert zu sein, während man weiterhin Täuschung unterworfen ist; denn sich in einem solchen Zustand zu üben führt nur zu einer Wiedergeburt in den *Dyhana*-Bereichen. Der Buddha hat definitiv bewiesen, dass meditative Konzentration allein nicht ausreicht, um Befreiung zu erlangen.

Durch Meditation allein endet man in den Bereichen der Meditationsgötter und in den formlosen Bereichen, Zustände, die aus sich selbst, definitiv nicht aus Samsara herausführen. Es gibt ein berühmtes Zitat: „Zu wissen, wie man meditiert, ohne zu wissen, wie man frei wird, ist das nicht wie die Meditationsgötter zu sein?" Also – es ist sehr wichtig zu wissen, wie man der Täuschung unterworfenes Denken befreit. Das ist der entscheidende Punkt.

Befreiung von Gedanken kann als auf verschiedene Weisen stattfindend beschrieben werden. Der große Meister Vimalamitra beschrieb drei Arten der Befreiung. Seine Beschreibung kann entweder auf den Fortschritt eines bestimmten Individuums oder auf die verschiedenen Kapazitäten diverser Typen von Praktizierenden angewandt werden. Im ersten Beispiel beschreibt er Befreiung als das Wiedersehen mit jemandem, den man bereits kennt; im zweiten Beispiel vergleicht er es mit einem Knoten in einer Schlange; und im dritten Beispiel mit dem Eindringen eines Diebes in ein leeres Haus.

Erkennt den Gedanken in dem Moment, in dem er sich einstellt, und er wird im Augenblick des Entstehens befreit. Das ist nicht zu vergleichen mit dem Gedankenstrom, der sich durch den Geist einer normalen Person bewegt. Dieser Zustand, oft ‚schwarze Zerstreuung' genannt, ist ein ungutes Muster von Zerstreuung, in dem keinerlei Bewusstheit darüber vorhanden ist, wer denkt, woher der Gedanke kommt und wohin er verschwindet. Man hat noch nicht einmal einen Anflug von Gewahrsein; es sind ausschließlich ungute Gedankenmuster aktiv, sodass man vollkommen geistlos von einem Gedanken zum nächsten mitgerissen wird. Dies ist definitiv kein Pfad, der zur Befreiung führt!

Am Anfang, wenn wir unsere Natur auch nur einmal kurz erkannt haben, haben wir einen kleinen Geschmack davon erhalten. Wenn wir einmal diesen ‚Geschmack' kennen, werden wir damit vertraut wie mit jemandem, den wir bereits kennen. Wenn wir einen Freund treffen, müssen wir nicht erst zweifeln, wer er ist. An diesem Punkt werden Gedanken in Augenblick des Erkennens befreit, so wie sich eine Zeichnung im Wasser auflöst.

Durch Praxis können wir uns mehr und mehr vertraut machen mit dieser Tatsache. Wenn ein Praktizierender eine sofortige Erkenntnis der Buddhanatur erlangt, ist es überhaupt nicht notwendig, noch irgendeine andere Technik anzuwenden. Im gleichen Moment, in dem ein Gedanke entsteht, wird er durch sich selbst befreit. Es ist wie ein Knoten in einer Schlange, der nicht von irgendjemandem entknotet werden muss, da sie es selbst tut. Dies beschreibt, wie man mehr Stabilität durch Übung erlangt.

Im dritten Beispiel der Befreiung von Gedanken wird es mit dem Eindringen eines Diebes in ein leeres Haus beschrieben. Dies nennt sich Stabilität oder Perfektion in der Übung. Ein Dieb, der in ein leeres Haus eindringt, gewinnt nichts und das Haus verliert nichts. Jegliche Gedankenaktivität wird natürlich befreit, frei von jeglichem Schaden oder Nutzen. Genau das ist die Bedeutung von „Erlange Vertrauen in Befreiung".

Darüber hinaus gibt es die so genannten vier Arten von Befreiung: selbstbefreit, befreit im Moment des Entstehens, direkt befreit und uranfänglich befreit. Diese sind nicht exakt eine direkte Sequenz, sondern eher zu verstehen als verschiedene Aspekte oder Modi von Befreiung. Der vierte Aspekt zum Beispiel, uranfängliche Befreiung, bezieht sich auf den erwachten Zustand von *Rigpa*, der bereits frei ist; er muss nicht erst befreit werden. Das ist die Idee. In einer der Zeilen des *Tsigsum Nedeg*, der *Drei Worte, die den Entscheidenden Punkt aufzeigen*, heißt es: „Im Erkennen des Dharmakaya in dem, was frei ist, wie in der Analogie einer Zeichnung auf dem Wasser, ist unaufhörliche selbst-entstehende Selbst-Befreiung."

‚Uranfänglich frei' meint einen Zustand, der nicht wieder befreit werden muss, da er bereits frei ist. ‚Direkt befreit' wird mit Unmittelbarkeit assoziiert, mit Augenblicklichkeit. ‚Natürlich frei' heißt, frei von etwas, das befreit werden muss; es gibt kein Ding oder eine Essenz oder Identität, die man befreien müsste. ‚Selbstbefreit' bedeutet, sogar frei von der Notwendigkeit eines Gegenmittels. ‚Frei im Moment des Entstehens' bezieht sich auf Gedanken, die sich in dem Moment, in dem man den erwachten Zustand erkennt, auflösen.

Manchmal werden fünf Arten von Befreiung erwähnt. Die zusätzliche, *Ta-Dröl*, ‚universell frei', bedeutet, dass unabhängig von Ausdruck oder Zustand Befreiung immer auf die gleiche Art und Weise entsteht. Daher ‚universell frei'. Mit anderen Worten, es macht keinen Unterschied, welche Emotion oder welcher Gedanke sich einstellt, alle werden befreit durch das Erkennen von Rigpa. ‚Universell frei' heißt, dass alles befreit ist. Es ist nicht so, dass nur eine Art von Emotion im Entstehen befreit wird und andere nicht. Alle 84 000 Arten von störenden Emotionen werden augenblicklich in einem einzigen Moment befreit, ohne das geringste Überbleibsel. Man könnte diese verschiedenen Arten der Befreiung als eine Sequenz mit zunehmender Subtilität betrachten. Von einem anderen Standpunkt aus betrachtet, sind sie nur verschiedene Modi, verschiedene Ausdrücke desselben Gesichts. ‚Uranfänglich frei' bezieht sich auf den erwachten Zustand. Wenn man jedoch über dualistischen Geist spricht, wird man feststellen, dass er nicht ‚uranfänglich frei' ist. Er muss befreit werden. Der Moment, in dem sich dualistischer Geist einstellt, muss aufgelöst und bereinigt werden. Der erwachte Zustand ist nicht so; er ist bereits rein und vollkommen perfekt. Er muss nicht mehr perfektioniert werden[2].

Wenn man eine Reflexion in einem Spiegel sieht, muss man sich diese nicht erst vorstellen, sie ist deutlich präsent. Auf die gleiche Weise muss man sich auch grundlegendes Gewahrsein nicht erst vorstellen; es ist natürlich präsent.

---

[2] Rinpoche spielt hier mit den beiden Worten *Sang* oder ‚gereinigt' und *Gye*, ‚perfektioniert', die zusammen das Wort *Sangye* ergeben, das tibetische Wort für Buddha.

Wenn ein Meister die Ermächtigung des erleuchteten Geistes ausführt, die Ermächtigung des nicht-dualen Gewahrseins auf unseren dualistischen Geist überträgt, so wird unsere Gedankenaktivität als ‚selbst-entstehende Selbst-Befreiung' betrachtet. Jegliche Gedankenaktivität findet statt als der Ausdruck unseres Gewahrseins. Durch das Erkennen der Quelle löst sie sich auf – in den Zustand des Gewahrseins selbst.

Gedanken entstehen als ein Ausdruck unserer Essenz, als nichts anderes. Sie entstehen nicht aus den fünf Elementen, aus den fünf Sinnesorganen, aus Fleisch, Blut, Temperatur, der Wärme unseres Körpers oder dem Atem – nichts dergleichen. Sie sind einfach nur der Ausdruck der uranfänglich reinen Essenz. Hat man einmal die eigene Essenz als uranfänglich rein erkannt, dann lösen sich die Gedanken, die aus uns selbst entstehen, in uns selbst auf, in der Weite der eigenen Natur. Sie gehen nicht an irgendeinen anderen Ort. Das ist es, was ‚selbst-entstehende Selbst-Befreiung' bedeutet. Kennt man seine Essenz nicht, dann löst sich das, was aus einem selbst entsteht, nicht wieder in einem selbst auf. Anstatt befreit zu werden, verläuft es sich in den sechs Bereichen von Samsara.

Genau das ist der entscheidende Punkt hier. Das Denken des dualistischen Geistes entsteht oder findet statt als Ausdruck von [unerkanntem] Gewahrsein. Wenn man dieses grundlegende Gewahrsein erkennt, verliert dieses Spiel der Gedanken jegliche Macht und löst sich einfach in der Weite der Buddhanatur auf. Das ist der Grund, warum man die Essenz des Geistes erkennen sollte.

Woher kommen Gedanken? Sie stellen sich lediglich als Ausdruck der eigenen Natur ein; sie kommen nicht aus irgendeiner anderen Quelle. Untersucht diesen Umstand für eine Milliarde von Jahren, und ihr werdet niemals einen Gedanken aus Erde, Wasser, Feuer oder Luft entstehen sehen. Oder etwa aus einem Körper – selbst eine Leiche besteht aus Fleisch, Blut etc. Da gibt es die Hohlräume im Körper, Fleisch, Blut,

Wärme und so weiter, aber keine dieser Komponenten bringt Gedanken hervor. Gedanken entstehen auch nicht aus den Objekten, die man wahrnimmt, seien es visuelle Formen, Klänge, Gerüche, Geschmack oder mit dem Tastsinn erfahrbare. Wir haben die fünf Sinnesobjekte und unsere fünf Sinnesorgane, die als Mittler fungieren. Auch eine Leiche hat Sinnesorgane: sie hat Augen, aber sie sieht nicht. Sie hat Ohren, aber sie hört nicht. Sie hat eine Zunge, aber sie schmeckt nicht. Sie hat eine Nase, aber sie riecht nicht. Sie hat einen Körper, aber sie fühlt nicht. Eine Leiche bemerkt gar nichts. Können wir also daraus nicht den Schluss ziehen, dass die Basis für jede Erfahrung unser eigener Geist ist? Ist es nicht nur der Geist, der erfährt?

Das, was erfährt, ist – essentiell – leer. Es ist von Natur aus kognitiv und seine Kapazität ist unbegrenzt. Versucht dies für euch selbst zu erkennen und versteht, dass eure Essenz genau so ist. Gedanken entstehen aus euch selbst und verschwinden in euch selbst. Sie entstehen nicht aus euch selbst und verschwinden irgendwo anders hin. Gedanken entstehen aus euch selbst, und wenn ihr ihre Quelle erkennt, verschwinden sie auch in euch selbst. Also, was wird erkannt, wenn wir sagen ‚erkenne'? Es bedeutet, zu sehen, dass die Natur des Geistes unbegrenztes leeres Gewahrsein ist. Das ist der wirkliche Zustand, der natürliche Zustand der drei Kayas.

Realisiert dies als den tatsächlichen Zustand aller Dinge, wie sie wirklich sind, nicht nur wie sie scheinen. Dieser Anschein wird von unseren normalen rigiden und fixierenden Gedanken hervorgerufen. Erkennt den wahren Zustand, und der Schein löst sich auf. Dies sind die beiden Aspekte: die Realität und der Anschein, der Ultimative und der Relative. Die Realität ist eure Essenz; der Anschein sind eure Gedanken. Sobald man den wahren Zustand erkennt, verschwindet der Anschein spurlos. Er kollabiert, löst sich auf, verschwindet vollkommen. Das ist es, worum es bei aller Übung geht.

Wie ich bereits zuvor bemerkte, der Moment des Erkennens von nicht-dualem Gewahrsein wird als die Identität der drei Kayas bezeichnet. Unsere Essenz, Natur und Kapazität sind Dharmakaya, Sambhogakaya und Nirmanakaya. Sie sind auch die drei Vajras – der Vajrakörper, die Vajrarede und der Vajrageist aller Buddhas –, die wir erlangen sollten. Dieser reale und authentische Zustand ist, in sich selbst, leer – der Dharmakaya. Seine kognitive Qualität, ist das nicht der Sambhogakaya? Seine unbegrenzte Einheit, ist das nicht der Nirmanakaya? Diese untrennbare Einheit der drei Kayas wird ‚Essenzkörper' genannt, *Svabhavikakaya*. Habt ihr also die drei Kayas nicht direkt in eurer eigenen Hand? Warum solltet ihr irgendwo anders danach suchen wollen? Diese drei Vajras sind auch die Basis für den Körper, die Rede und den Geist aller anderen Wesen. Es gibt kein fühlendes Wesen, das ohne Körper, Rede und Geist wäre.

Es ist unser Denken, durch das wir in Samsara verbleiben. Der Augenblick, in dem man die Identität der drei Kayas erkennt, ist frei von Gedanken. Darin sollten wir Vertrauen erlangen. Anfangs ist die wahre Erkenntnis der Natur des Geistes nur ein kurzer Moment, aber dieser Moment ist tatsächlich frei von Gedanken. Wenn dieser Zustand unaufhörlich wird, wie könnten da die drei Gifte existieren? Gibt es eine größere Qualität als diese? Dieses ursprüngliche Gewahrsein wird of mit diesen Worten beschrieben: „Frei von Gedanken, und doch ist alles bekannt." Gäbe es diese wache Qualität nicht, wäre es sinnlos, frei von Gedanken zu sein; es wäre nichts weiter als ein leerer, stumpfer Zustand.

All die großen Qualitäten von Buddhaschaft – die Weisheit, das Mitgefühl und die Fähigkeit, anderen zu nutzen –, alle entstehen aus diesem ursprünglichen Gewahrsein. Lasst uns zu dem Wort *Sangye* zurückkehren, dem tibetischen Wort für ‚Buddha', welches wörtlich ‚gereinigte Perfektion' bedeutet. Von den fünf Giften verunreinigtes dualistisches Bewusstsein ist gereinigt, während die natürliche Fülle von Weisheitsqualitäten perfektioniert ist. Dies wird auch Erwachen oder Erleuchtung genannt.

Dies ist, in Kürze, die Essenz oder das Herz der ‚Drei Worte, die den Entscheidenden Punkt aufzeigen'. Wenn ihr mehr Details wissen wollt, könnt ihr den ganzen *Tripitaka* lesen, die 100 000 Nyingmatantras und so weiter. Ein großer Meister hat einmal gesagt: „All die Tausenden von Büchern und Schriften werden aus einem einzigen Grund gelehrt; um die Drei Worte zu realisieren." Der Buddha gab nur zu einem einzigen Zweck Belehrungen. Um es uns zu ermöglichen, unsere leere, kognitive Natur zu erkennen, um uns darin zu üben und um Stabilität darin zu erlangen.

Ein Schmied mag seinen Hammer in alle möglichen Richtungen schwingen, aber er muss immer auf dem Amboss landen. Auf die gleiche Art und Weise gab der Buddha alle mögliche Arten von Belehrungen, aber sie kommen alle in einem Punkt zusammen. Obwohl ein Schmied seinen Hammer durch die Luft umherschwingen mag, beabsichtigt er nur einen bestimmten Punkt auf dem Amboss zu treffen. Der Hammer, der diesen einen bestimmten Punkt auf dem Amboss trifft, ist wie die ‚Drei Worte, die den Entscheidenden Punkt aufzeigen'.

Was bedeutet nun dieser entscheidende Punkt? Wenn wir jemanden töten wollen, so gibt es bestimmte Punkte am Körper, die man treffen muss, zum Beispiel das Herz. Wenn wir der Täuschung unterworfenes Denken töten wollen, seine Lebenskraft abschneiden wollen, so gibt es keine andere Methode, als die Buddhanatur zu erkennen. Wie tötet man jemanden? Arme oder Beine abzutrennen tötet nicht unbedingt. Ihn in den Fuß zu stechen wird die Person auch nicht töten. Wenn man jedoch direkt ins Herz sticht, ist das Opfer bereits tot, wenn wir das Messer herausziehen. Wenn wir die Täuschung von Samsara töten wollen, sind die Drei Worte unsere Waffe.

In Kham gibt es ein Sprichwort über einen Berg namens Ngomo Langtang, der am Ende einer sehr weiten Ebene steht. Wenn man auf diesen Berg zugeht, scheint er immer direkt vor einem zu sein, egal wie weit man geht. „Nach einem Tagesmarsch ist Ngomo Langtang sichtbar, nach zwei Tagesmärschen ist Ngomo Langtang immer noch sichtbar."

Die Distanz ist so gewaltig, dass man nie näher zu kommen scheint. Genauso verhält es sich, wenn ich Belehrungen gebe. Ich spreche immer nur über diesen einen Punkt. Und wenn ich eine weitere Belehrung gebe, spreche ich auch wieder nur über diesen einen Punkt. Es ist wie mit dem Zwitschern eines kleinen Spatzen. Ein Spatz zwitschert immer dasselbe. Meine Belehrung ist immer dieselbe. Ich zwitschere am einen Tag, und am nächsten Tag zwitschere ich dasselbe.

Raum

Zwei grundlegende Prinzipien der innersten Dzogchenlehren sind Raum und Gewahrsein, im Tibetischen *Ying* und *Rigpa*. Ying wird als nicht konstruierter Raum, frei von Konzepten definiert, während Rigpa das [Er]kennen dieses grundlegenden Raums bedeutet.

Im Zusammenhang mit der dreifachen Himmelspraxis wird äußerer Ying als klarer Himmel, frei von den drei Defekten von Wolken, Nebel und Dunst, definiert. Dieser äußere Himmel dient als Beispiel für den inneren Ying und wird als Stütze genutzt, um diesen Zustand zu erkennen. Der innere Ying ist die Natur des Geistes, ein Zustand, der bereits leer ist. Und der innerste Ying, oder grundlegender Raum, ist die Erkenntnis der Buddhanatur. Der innerste Ying ist tatsächlich Rigpa, nicht-duales Gewahrsein selbst.

Wir benutzen den wolkenlosen äußeren Raum als Beispiel, weil er frei von jeglicher Stütze ist. In diesem Raum ist nichts, auf das der Geist sich fixieren kann, nichts, das er ergreifen kann. Raum ist, im Gegensatz zu allen anderen Elementen, frei von jeglicher Basis. Ein klarer blauer Himmel ist ideal für diese Praxis: Weil er weit und offen ist, ist er frei von jeglicher Stütze für Gedanken. Es heißt jedoch, dass auch der Ozean oder ein großer See benutzt werden kann, vorausgesetzt die Oberfläche ist ruhig. Ein großes Gewässer kann ebenfalls als Objekt ohne Stütze dienen.

Der Grund, warum der Himmel klar sein sollte, ist, dass es nichts geben sollte, worauf sich der Geist fokussieren kann. Es ist ein wenig anders, wenn der Himmel bewölkt ist, aber es macht keinen wirklichen Unterschied, da es sich nur um ein Beispiel handelt. Der Raum oder Himmel vor uns, selbst wenn er von einem winzigen Zimmer begrenzt ist, hat keine Stütze. Raum ist essentiell offen und frei. Da sowohl der Himmel als auch der See nur als Beispiele dienen, ist ihre spezielle Form nicht wirklich wichtig, solange man die Bedeutung versteht.

Um es noch einmal zu wiederholen, äußerer Raum ist der klare Himmel. Innerer Raum ist die uranfängliche Reinheit der leeren Essenz des Geistes. Innerster Raum ist das Wissen oder die Erkenntnis darüber, das nicht-duale Gewahrsein selbst. Wenn ihr mit Raum übt, verweilt nicht in Gedanken: verweilt in Gewahrsein.

Ying impliziert ebenfalls ‚Nicht-Entstehen, Nicht-Verweilen und Nicht-Aufhören'. Letztlich sind alle Phänomene, welche Erscheinung wir auch immer wahrnehmen, jenseits von Entstehen, Verweilen und Aufhören oder Vergehen. Der Geist, der wahrnimmt, wird ebenfalls *Ying* genannt, in dem Sinne, dass Geist in sich selbst leer ist. Er ist jenseits von Entstehen, Verweilen und Aufhören. Er kommt nicht von irgendwoher, er verweilt nirgendwo, er geht nirgendwohin. Dies beschreibt den inneren Ying.

Alles, was als Objekt wahrgenommen wird, ist letztlich ‚Ying', grundlegender Raum. Überflüssig zu erwähnen, dass uns die meisten Dinge nicht so erscheinen. Daher werden die anderen Elemente Erde, Wasser, Feuer und Wind nicht als Beispiele benutzt. Nur der Raum selbst, da es einfach ist, ihn als leer zu begreifen. Aber auch die anderen vier Elemente sind ihrer Natur nach leer. Wenn wir untersuchen, wo Erde, Wasser, Feuer und Wind herkommen, werden wir keine Quelle finden. Schaut genau hin: Gibt es einen Ort, wo Erde herkommt? Wo Wasser herkommt? Gibt es einen Ort, wo Feuer und Wind ursprünglich herkommen? Und jetzt, in diesem Augenblick, gibt es einen ultimativen Ort, wo die vier Hauptelemente lokalisiert sind? Versucht diesen Ort zu finden. Gibt es einen bestimmten Ort, an den die vier Elemente verschwinden? Können wir sagen: „Sie verschwinden an diesen oder jenen Ort"? Sie sind tatsächlich jenseits von Entstehen, Verweilen und Aufhören. Dies beschreibt den äußeren Ying, den grundlegenden Raum von allem, was wahrgenommen wird. Wenn wir entdecken, dass alle externen Objekte, die aus den vier Elementen zusammengesetzt sind, nicht von irgendwoher entstehen, nicht irgendwo verweilen und nicht irgendwohin verschwinden – dass alles vollkommen jenseits ist von Entstehen, Verweilen und Aufhören –, dann wird dies bezeichnet als das ‚Entdecken des grundlegenden Raums äußerer Phänomene'.

Ebenso wenn wir in den Geist schauen: Wo ist der Schauende? Wo kommt er her? Wo verweilt er? Wohin verschwindet er? Auf diese Art und Weise werden wir erkennen, dass auch der innere Raum völlig jenseits ist von Entstehen, Verweilen und Aufhören. Nun: Wenn sowohl äußerer als auch innerer Raum jenseits von Entstehen, Verweilen und Aufhören sind, wie können wir dann einen Unterschied zwischen den beiden machen? Jegliche Trennung ist lediglich eine Sache von zwei verschiedenen Namen.

Alles, was wir wahrnehmen, besteht aus visuellen Formen, Klängen, Düften, Geschmäckern und Texturen. Betrachtet diese und untersucht. Wo entstehen diese? Wo verweilen sie? Wohin gehen sie? Wenn wir dies wirklich analysieren, werden wir sehen, dass es weder ein In-Erscheinung-Treten gibt, noch ein Verweilen oder Verschwinden. Alles wird als jenseits von Entstehen, Verweilen und Aufhören erkannt. Auf einer groben Ebene die Hauptelemente von Erde, Wasser, Feuer und Wind und auf einer subtileren Erfahrungs- oder Wahrnehmungsebene alle Objekte der Form, des Klangs, des Geruchs, des Geschmacks und des Tastsinns. Wenn sowohl das wahrgenommene Objekt als auch das wahrnehmende Subjekt als jenseits von Entstehen, Verweilen und Aufhören erkannt werden – als vollkommen leer –, dann ist alles grundlegender Raum. Das ist es, was als Ying bezeichnet wird. Das Wort in Sanskrit lautet *Dhatu*.

Ying und *Yeshe*, grundlegender Raum und Weisheit[3], sind uranfänglich untrennbar, da unser grundlegender Zustand die Einheit von Leerheit und Wahrnehmung ist. Dies ist bekannt als die Einheit von Raum und Weisheit. Die kognitive Qualität in dieser Einheit ist als Rigpa bekannt – Gewahrsein.

Dieser grundlegende Zustand, die Einheit von sowohl ‚Leer-Sein' als auch ‚Wahrnehmend-Sein', ist die Essenz aller fühlenden Wesen. Er ist zu jedem Zeitpunkt natürlich präsent im Denken aller fühlenden Wesen. Alle Wesen besitzen diese Natur, die Einheit von Raum und Weisheit, aber da sie es nicht wissen, hilft es ihnen nicht. Anstatt von Gewahrsein, das sich selbst [er]kennt, durchdrungen zu sein, verstricken sich fühlende Wesen im Konzeptualisieren von Subjekt und Objekt und kreieren dadurch, ständig und endlos, neue Zustände von Samsara. All dies geschieht, weil sie ihre eigene Natur nicht [er]kennen.

Diese Einheit von Raum und Weisheit wird manchmal Samantabhadra genannt, der uranfängliche Schützer. Manche denken, dieser grundlegende Raum sei völlig unbesetzt und Bewusstsein sei etwas davon Getrenntes. Aber das ist nicht wahr. Grundlegender Raum und Weisheit sind ursprünglich eine untrennbare Einheit. Der grundlegende Raum ist wie Wasser und die Weisheit ist wie die Nässe des Wassers. Wer könnte Nässe von Wasser trennen? Wenn Raum eine Flamme wäre, dann wäre Weisheit ihre Hitze. Wer könnte die Hitze von einer Flamme trennen? Auf dieselbe Art und Weise wird grundlegender Raum immer von grundlegender Weis-

---

3 Anmerkung des Übersetzers: Der tibetische Terminus *Yeshe* kann im Englischen sowohl mit *wisdom* [Weisheit] als auch *wakefulness* [Wachsamkeit] übersetzt werden, wobei Letzteres im Zusammenhang mit den Dzogchenlehren angebrachter ist. Da die Bedeutung von ‚Wachsamkeit' im Deutschen jedoch eine völlig andere ist, macht es hier kaum Sinn, diese Übersetzung beizubehalten. Daher habe ich mich entschieden, bei Weisheit zu bleiben. Der Leser möge mir diese Ungenauigkeit nachsehen.

heit begleitet. Man kann das eine nicht ohne das andere haben. Dies zu denken wäre ein Missverständnis. Um es noch weiter zu verdeutlichen: Wenn Raum wie Zucker wäre, dann wäre die Weisheit seine Süße. Sie sind auf immer untrennbar. Dieser *Dhatu*, oder grundlegender Raum, ist die Einheit von Leerheit und Gewahrsein. Ebenso ist Rigpa die Einheit von Leerheit und Gewahrsein.

Das [Er]kennen dieser Natur, die jenseits von Komplexität und Konstrukten liegt, wird Rigpa genannt. Buddhas sind leere Wahrnehmung, durchdrungen von Gewahrsein, der wissenden Qualität, wohingegen der Geisteszustand fühlender Wesen leere Wahrnehmung, durchdrungen von Unwissenheit, ist, von Nichtwissen. Wir können nicht sagen, dass es auch nur ein einziges fühlendes Wesen gibt, dessen Geist, in seiner Essenz, nicht die Einheit von Leerheit und Gewahrsein ist. Aber durch das Nichterkennen dieser Einheit wird ihr Geist zu einem Zustand von leerer Wahrnehmung, durchdrungen von Unwissenheit.

Es gibt zwei Wege, diese Sichtweise zu verstehen: Schlussfolgerung und direkte Wahrnehmung. Mit Schlussfolgerung ist ein intellektuelles Verständnis der Sichtweise gemeint. Sprechen wir über die so genannten Entstehungs- und Vollendungsstufen, so entspricht die Entstehungsstufe der Schlussfolgerung, während die Vollendungsstufe der direkten Wahrnehmung entspricht. Durch freies Ruhen, durch völliges Loslassen, wird die leere und wahrnehmende Einheit, durchdrungen von Gewahrsein, ganz lebendig präsent. ‚Lebendig' heißt hier ‚direkt', nicht von dualistischer Fixierung bestimmt.

Lasst uns nun zur dreifachen Himmelspraxis zurückkehren. Zuallererst einmal ist der äußere leere Raum einfach die Offenheit direkt vor euch. Der innere Raum des leeren Geistes ist die leere Qualität eures Geistes. Der innerste Raum des leeren Rigpa, nicht-duales Gewahrsein, ist der Augenblick, von dem traditionell als ‚vier Teile ohne drei' gesprochen wird. Letzteres ist das, was vom Lehrer aufgezeigt wird. Zu versuchen, dies zu praktizieren, ohne die Instruktion des Aufzeigens erhalten zu haben und ohne Rigpa erkannt zu haben, heißt nur, zwei anstatt drei Arten von Raum zu vermischen. Es gibt dann nur zwei Arten von Raum, denn, ob man es nun erkennt oder nicht, der äußere Raum ist immer leer. Der Raum des Geistes ist immer und für immer leer. Darüber gibt es keine Frage. Ist äußerer Raum aus etwas gemacht? Ist unser Geist aus etwas Konkretem gemacht? Das, was ohne Konkretheit ist, wird ‚leer' genannt. Sich darin zu üben, ohne Rigpa erkannt zu haben, ist lediglich ein Vermischen von zweifachem, nicht dreifachem Raum. Es ist das, was passiert, wenn sich eine normale Person entspannt und dabei in den Himmel schaut.

Aber die Praxis, die wir hier besprechen, wird ‚das Vermischen des dreifachen Raums' genannt, nicht nur des zweifachen Raums. Sobald man Rigpa erkannt hat, ist es möglich den äußeren, inneren und innersten Raum miteinander zu vermischen. Ansonsten wird es nur eine intellektuelle Gedankenübung, in der man denkt: „Da ist außen der leere Himmel. Und hier ist der leere Himmel innen. Jetzt brauche ich den Raum von Rigpa. Und nun vermische die drei miteinander." So verhält es sich überhaupt nicht. Sich auf diese Art und Weise zu üben wird auch ‚das Vermischen von drei Konzepten' genannt. Da ist zunächst das Konzept eines Himmels da draußen, ein zweites Konzept von leerem Geist im Inneren, und schließlich ein drittes Konzept von leerem Rigpa, das irgendwie erscheinen muss. Aber tatsächlich verhält es sich so: Man muss keine Kontrolle über äußeren Raum erlangen. Man muss auch den inneren Raum nicht unter seine Kontrolle bringen. Verleugnet einfach alle drei vollkommen – äußeren, inneren und innersten Raum von Rigpa. Es ist nicht so, dass diese drei absichtlich vermischt werden müssten; sie sind es bereits.

Unsere Augen müssen eine Verbindung mit dem Raum herstellen. Richtet deshalb euren Blick nicht nach unten auf den Boden, sondern nach oben in den Raum. Es ist sicher, dass der Geist natürlich leer ist, daher belasst diesen leeren Geist in Rigpa. Dies nennt man ‚den dreifachen Raum schon vermischt zu haben'. In diesem Zustand ist es möglich, von Fixierung frei zu sein, aber jeder bewusste Versuch, die drei Arten von Raum zu vermischen, ist immer Fixierung – an den äußeren Raum zu denken, an den inneren Raum zu denken und dann: „Ich sollte diese beiden vermischen und dann Rigpa hinzugeben." Wir sollten dies nicht als ‚Vermischen des dreifachen Raums' bezeichnen, sondern als ‚Vermischen der drei Konzepte'. Und wenn wir diese drei Konzepte mit Rigpa gleichsetzen, dann erscheinen Konzepte wichtiger als nicht-duales Gewahrsein, Rigpa.

Warum sollten wir uns in der dreifachen Himmelspraxis üben? Raum ist, in sich selbst, vollkommen unbegrenzt. Es gibt keine Mitte und keine Begrenzung, in welche Richtung man auch schauen mag. Seinen Blick mitten in den leeren Raum zu richten ist eine Hilfe, um den ebenso unbegrenzten und alles durchdringenden Zustand von Rigpa zu erfahren.

Äußerer Raum übersteigt Entstehen, Verweilen und Aufhören: Er ist das Beispiel für alles durchdringendes und leeres Gewahrsein, welches, wie der Raum, kein Ende hat. Vermischt Methode und Wissen. Belasst einfach den Geisteszustand, den ihr erkannt habt, in unbegrenztem äußerem Raum. Die Methode ist Raum, der Himmel; Wissen ist das Gewahrsein, welches vom Meister aufgezeigt wurde. Wenn man es einfach so belässt, braucht man nicht zu versuchen, Raum und Gewahrsein zu vermischen – sie sind es bereits.

Im ultimativen Sinn sind Raum und Gewahrsein eine Einheit. Unfixiertes Gewahrsein in ungestützten Raum zu platzieren dient als Vertiefung der Sichtweise. Deswegen heißt es, dass man im Freien praktizieren sollte. Am besten ist es, sich auf einen hohen Berggipfel zu begeben, sodass man, wenn man um sich schaut, sogar unterhalb des eigenen Standortes den Himmel sehen kann. Ein weiter, offener Blick ist von großem Nutzen für das Verständnis der Sichtweise. Der große Drugpakagyü Meister Lorepa verbrachte dreizehn Jahre auf einer Insel in einem der vier großen Seen Tibets. Er sagte, die Oberfläche des Wassers, die keinen Fixpunkt bot, auf den er sich hätte stützen können, war ihm sehr hilfreich.

Um es noch einmal zu wiederholen, Wahrnehmungen und Erscheinungen sind leer. Der Wahrnehmende, also der Geist, ist ebenfalls leer. Daraus folgt, dass Ying und Rigpa eine Einheit sind. Im Augenblick haben wir jedoch Ying und Rigpa zweigeteilt in ‚dieses hier' und ‚jenes dort' und sehen ihre Einheit nicht. Ist es nicht so, dass uns Erscheinungen und Gewahrsein als zwei verschiedene Dinge erscheinen? Im Moment erscheint uns alles als dualistisch – wahrgenommene Objekte und wahrnehmender Geist – und diese Wahrnehmung besteht fort, solange wir konzeptuellem Denken unterworfen sind. Deswegen gibt es so viele Hinweise auf die Einheit von Raum und Gewahrsein im tibetischen Buddhismus.

Wir sollten Ying im Sinne von sowohl äußerem als auch innerem Raum verstehen. Die vier Hauptelemente sind jenseits von Entstehen, Verweilen und Aufhören. Der Geist oder das Bewusstsein ist ebenfalls jenseits von Entstehen, Verweilen und Aufhören. Da beide frei sind von Entstehen, Verweilen und Aufhören, sind sie eine Einheit. Wie können wir das verstehen? Denkt an das Beispiel des Raums innerhalb und außerhalb einer Vase. Dann stellt euch vor, was passiert, wenn die Vase zerschlagen wird. In dem Gebet, in dem es heißt: „Mögen wir die Einheit von Raum und Gewahrsein realisieren!", ist also eine sehr wichtige Bedeutung enthalten.

Alles mit konkreter Substanz wird als ‚Form' bezeichnet, und alle Formen sind die Einheit von Erscheinung und Leerheit: Das ist es, was mit Vajrakörper gemeint ist. Alle Klänge erklingen und sind doch leer: Das ist die Vajrarede. Wenn wir Gewahrsein erkennen, realisieren wir, dass es frei von Entstehen, Verweilen und Aufhören ist: Das ist der Vajrageist. Genau das ist mit dem berühmten Zitat aus dem *Chöying Dzö* gemeint, wo es heißt: „Alles Gesehene, Gehörte und Gedachte ist der Schmuck des Raumes und erscheint als die

Kontinuität von Körper, Rede und Geist." Um es kurz zu machen, alles – nicht einmal das kleinste Staubpartikel ausgenommen – hat die Natur der drei Vajras.

Nehmt meine Mala als Beispiel. Man kann sie gegen den Tisch werfen und es scheint, als habe sie eine physische Form. Ebenso scheinen Erde, Wasser, Feuer und Wind eine physische Form zu haben. Aber ‚Form ist Leerheit', wie der Buddha sagte. Obwohl es scheint, als ob Formen existierten, haben sie keine wahre Existenz, sie sind leer davon. Ein grundlegender Fakt ist, dass sie alle zerstört werden können. Alles wird am Ende zerstört werden, die ganze Welt mit all ihren verschiedenen Elementen. All diese wurden an einem bestimmten Punkt geformt, sie verweilen für eine gewisse Zeit und werden schließlich wieder auseinander fallen, gefolgt von einer Periode völliger Leere. Diese vier Perioden von Formierung, Verweilen, Auflösung und Leere sind von gleicher Dauer.

Selbst jetzt, wenn wir darüber nachdenken, was uns alles als Form erscheint, ist der Beweis für ihre Leerheit die Tatsache, dass sie sich auflösen werden. ‚Form ist Leerheit' bedeutet, dass alles, was wir wahrnehmen, alles, was eine solide Form zu haben scheint, nichts weiter ist als leere Form. Form, leer von jeglichem ihr innewohnendem Wesen. Das Nächste, was der Buddha sagte, war: ‚Leerheit ist auch Form', was bedeutet, dass, obwohl alle Dinge leer sind, diese doch als Form erscheinen. Dies mag uns unglaubhaft vorkommen. Es scheint im völligen Gegensatz zu stehen zu dem, was wir wahrnehmen, und ist nicht einfach zu verstehen. Aber alle Dinge sind tatsächlich bereits leer. Letztlich entstehen die Dinge nicht, sie verweilen nirgendwo und daher hören sie auch nicht auf zu sein – das heißt, sie sind jenseits von Entstehen, Verweilen und Aufhören.

Ein weiteres Zitat lautet: „Sinnesobjekte sind bloße Wahrnehmung und haben daher keine konkrete Existenz." Es ist sehr wichtig, sich an dieses Zitat zu erinnern. Alle Sinnesobjekte sind ‚bloße Wahrnehmung', daher existieren sie nicht.

Was auch immer aufgrund von Ursachen und Bedingungen erscheint, ist letztlich nichts weiter als ein Augenblick bloßer Wahrnehmung. Wahrnehmung entsteht niemals wirklich, sie verweilt niemals und hört daher niemals auf zu sein. Daher ist alles *Ying*, grundlegender Raum, jenseits von Entstehen, Verweilen und Aufhören. Alle äußeren Objekte, die wir wahrnehmen, sind in Wirklichkeit Raum, der weder entsteht noch verweilt noch aufhört. Gleichzeitig ist der wahrnehmende Geist ebenfalls jenseits von Entstehen, Verweilen und Aufhören. Er ist kein ‚Ding‘, das entsteht, verweilt oder aufhört. Es ist also nicht nur der Geist, der leer ist, während Objekte real oder konkret sind. Wenn dem so wäre, könnte es kein Vermischen von Raum und Gewahrsein geben. Sowohl das Außen als auch das Innen, sowohl wahrgenommene Objekte als auch wahrnehmendes Subjekt sind bereits jenseits von Entstehen, Verweilen und Aufhören. Daher *ist* es möglich, sich im Vermischen von Raum und Gewahrsein zu üben.

Samaya

Wie ihr wisst, gibt es verschiedene Fahrzeuge für Shravakas, Bodhisattvas und solche, die dem Geheimen Mantra folgen. Ein jedes hat seine speziellen Regeln oder Grundsätze, Übungen und Samayas. Wenn man diese auf ihre Essenz reduziert, so ist die Essenz aller Samayas in den vier Samayas der Dzogchen-Sichtweise enthalten – Nichtexistenz, Allgegenwärtigkeit, Einheit und spontane Perfektion – sowie in den drei Wurzelsamayas von Körper, Rede und Geist.

Als Praktizierende des Vajrayana befolgen wir alle drei Prinzipien. Wenn wir zum Beispiel am Beginn einer Ermächtigung Zuflucht nehmen, tun wir dies nach den Grundsätzen der Shravakas. Danach entwickeln wir den Erleuchtungsgeist, Bodhicitta, und erhalten damit die Bodhisattvagelübde. Und in Bezug auf das Geheime Mantra, in dem Moment, in dem wir das ‚Samayawasser' trinken, die Wassertropfen aus der Muschel, die vor der eigentlichen Ermächtigung ausgegeben werden, verwandelt sich dieses Wasser in Vajrasattva, der dann in unserem Herzen verweilt. Wenn wir die Samayas halten, sind wir niemals getrennt von Vajrasattva.

Eine gute Methode, um die Vajrayanasamayas zu beschreiben, ist das Beispiel von der Schlange in einem Bambusrohr. Die Schlange kann weder nach links noch nach rechts; sie muss entweder nach oben oder nach unten kriechen. Nach oben zu gehen entspricht dem, was die ‚aufwärts gerichtete Direktheit' genannt wird. Es deutet an, dass wir bereit sind, in ein Buddhafeld einzutreten. Auf der anderen Seite gibt es jedoch auch die ‚abwärts gerichtete Direktheit'. Sie bezieht sich auf jemanden, der die Samayagelübde bricht. Ich hasse es, das sagen zu müssen, aber eine solche Person kann nur in den niederen Bereichen wiedergeboren werden. Genau das ist gemeint, wenn von dem ungeheuer großen Nutzen der Vajrayanasamayas gesprochen wird, aber auch den immensen Risiken, die damit einhergehen.

Um ein Praktizierender des Vajrayana zu sein, muss man die vier Ermächtigungen, die in sich selbst das Herz des Geheimen Mantrapfades sind, erhalten haben. Wir haben den Vajrayanapfad einfach durch das Erhalten dieser vier Ermächtigungen betreten. Mit anderen Worten, die Schlange ist bereits in das Bambusrohr hineingekrochen. Wenn ihr die Samayas haltet, erlangt ihr höchste Verwirklichung. Wenn nicht, verwandelt sich das, welches in eurem Herzen als Vajrasattva verweilte, solange ihr die Samayas rein gehalten habt, in einen „wilden Yaksha", eine [selbstzerstörerische] Kraft, die euer Leben verkürzt und die ‚lebenswichtige Essenz eures Herzblutes verschlingt'. Auf diese Art und Weise treibt man sich am Ende seines Lebens unwiderruflich in die ‚abwärts gerichtete Direktheit'.

Die Praxis des Geheimen Mantra ist eine Abkürzung, der schnellste Weg zum Erreichen der unermesslichen gewöhnlichen und höchsten Verwirklichungen. Während man durch die verschiedenen Fahrzeuge hindurch aufsteigt, wird der ‚enge Hohlweg' des Pfades von Samaya immer begrenzter; es gibt immer weniger und weniger Bewegungsspielraum. Seid also auf der Hut. Im Falle eines Shravaka oder Bodhisattva ist es einfacher fortzuschreiten. Bleibt tugendhaft und diszipliniert in Gedanken, Wort und Tat – hütet euch vor unheilsamem Verhalten und nehmt an, was gut ist. Die Samayas des Vajrayana bedeuten auf der anderen Seite, mit dem Körper niemals davon abzuweichen, die Gottheit zu sein, mit der Rede niemals davon abzuweichen, dass sie Mantra ist, und den Geist niemals vom Zustand von Samadhi abweichen zu lassen.

Wenn man in der Lage ist, das zu tun, dann ist dies das Halten der ultimativen Samayas von Körper, Rede und Geist der Siegreichen. Von einer solchen Person kann man sagen, dass sie wahrlich die heiligen Samayas des Vajrayana besitzt. Wer dies nicht tut, sollte sich darüber klar sein, dass die Samayas des Geheimen Mantra extreme Risiken bergen.

Dann gibt es auch noch die Samayas mit dem Vajrameister: weder seine körperliche Präsenz zu verunglimpfen, seine Anweisungen zu missachten noch seine Gefühle zu verletzen. Lasst mich noch einmal die verschiedenen Samayas zusammenfassen. In Bezug auf den Vajrameister seid nicht respektlos gegenüber seiner körperlichen Präsenz, seinem Wort oder seinen Gefühlen. Darüber hinaus trennt nicht euren Körper davon, die Gottheit zu sein, die Rede davon, Mantra zu sein, und trennt nicht euren Geist von Samadhi. Bezüglich der so genannten ‚Vajrageschwister', gibt es drei Arten: entfernte, nahe und sehr nahe. Die sehr nahen Brüder und Schwestern sind solche, mit denen zusammen man Instruktionen über die Essenz des Geistes zu Füßen desselben Meisters empfangen hat. Nahe Vajrageschwister sind diejenigen, mit denen zusammen man Ermächtigungen und mündliche Unterweisungen erhalten hat. Entfernte Geschwister sind zum Beispiel Leute, die ebenfalls bei einer großen Dharmaversammlung oder Ermächtigungszeremonie, die manchmal Tausende von Teilnehmern haben kann, anwesend waren. Wir müssen die Samayas mit all diesen Brüdern und Schwestern halten und sollten uns davor hüten, sie als unvollkommen zu betrachten, Vorbehalte gegen sie zu haben, sie zu verspotten oder herablassend über sie zu sprechen, sie hinter ihrem Rücken zu kritisieren oder Ähnliches. Wenn ihr euch davon völlig rein und unbefleckt halten könnt, kann man sagen, dass ihr reines Samaya besitzt.

Um letztlich vollkommen frei zu sein von jeglichen Fehlern in euren Gelübden und Samayas, ist es notwendig, in der Kontinuität der vier Samayas der Dzogchen-Sichtweise zu verweilen – Nichtexistenz, Allgegenwärtigkeit, Einheit und spontane Perfektion. Wenn ihr fähig seid, dies zu erfüllen, steht ihr über jeder Übertretung und über jedem Bruch der Samayas. Nichtexistenz und Allgegenwärtigkeit sind die beiden Samayas von Trekchö, während Einheit und spontane Perfektion die Samayas von Tögal sind. Um dies zu erreichen, muss man fähig sein, den dualistischen Geist in nicht-dualem Gewahrsein, Rigpa, aufzulösen.

Dieses nicht-duale Gewahrsein ist die wahre Identität der drei Kayas des erwachten Zustands von Buddhaschaft. Alle drei – Dharmakaya, Sambhogakaya und Nirmanakaya – sind darin vollkommen. Die drei Vajras aller Buddhas – der unveränderliche Vajrakörper, die unaufhörliche Vajrarede und der fehlerfreie Vajrageist – sind darin ebenfalls vollkommen. Wenn man im vierfachen Samaya von Nichtexistenz, Allgegenwärtigkeit, Einheit und spontaner Perfektion verweilt, ist keine einzige Übertretung oder Beschädigung von Samaya möglich, nicht einmal um Haaresbreite. Bis zu diesem Punkt jedoch lassen sich Samayabrüche nicht vermeiden, seien sie nun grober oder subtiler Natur.

In den generellen Klassifizierungen von Samaya findet man vier Stufen namens Verstoß, Übertretung, Verletzung und Bruch [wörtlich: Zuwiderhandeln, Beschädigen, Brechen und Vergehen]. Diese Kategorien hängen zum Teil davon ab, wie viel Zeit seit dem Beschädigen des Samayas vergangen ist. Wenn man sich innerhalb von drei Jahren nicht entschuldigt hat, gibt es keine Möglichkeit mehr, das Samaya zu bereinigen. An diesem Punkt ist es vollständig übertreten und somit irreparabel.

Die Gelübde und Samayas im Sutrasystem, sowohl im Hinayana als auch im Mahayana, sind schwer zu reparieren, wenn sie einmal beschädigt sind. Sie sind wie ein Tonkrug, der auf den Boden gefallen und zerbrochen ist. Im Vajrafahrzeug des Geheimen Mantra heißt es jedoch, wenn man einen Samayabruch ernsthaft bereinigen will, so ist es wie das Reparieren einer Beule in einer goldenen Vase. Ein Kratzer oder eine Beule in einer silbernen oder goldenen Vase kann sofort ausgebessert werden, aber kann man einen zerbrochenen Tonkrug wieder zusammensetzen? Im unvorsichtigen Umgang mit Samayas liegt eine immense Gefahr. Wenn man jedoch den Schaden ernsthaft und nachdrücklich beheben will, so ist er wie die Beule in einem goldenen Gefäß; er kann leicht behoben werden.

Am wichtigsten ist das Samaya mit dem Lehrer, dann folgt das Samaya mit den Vajrabrüdern und -schwestern. Ein jeder, sowohl Meister als auch Schüler, muss seine Samayas halten. Wenn dies auf korrekte und reine Art und Weise getan wird, ist das Resultat extrem tiefgründig. Ein Sprichwort, das unter vergangenen Meistern kursierte, lautet: „Samayaübertretung ist mein schlimmster Feind; der Meister ist mein bester Freund." Der wirkliche Feind ist das Brechen von Samayas; es kann die Gesundheit und das Leben des Meisters angreifen. Samayabrüche unter engen oder entfernten Vajrabrüdern und -schwestern können ebenfalls negatives Karma und unglückliche Umstände hervorrufen.

Gebrochene Samayas haben tatsächlich eine Auswirkung auf Meister wie auch auf Schüler. Sie kreieren Unglück und Aufruhr, die einen davon abhalten, im Zustand von Samadhi zu verweilen. Mit anderen Worten, beschädigte Samayas behindern das Üben in Samadhi und bringen Hindernisse für Lernen, Reflektieren und Meditation hervor. Gebrochene Samayas sind definitiv schädlich für Gesundheit, Glück und alle anderen positiven Qualitäten.

„Samayaübertretung ist mein schlimmster Feind; der Meister ist mein bester Freund." Dieses Zitat der großen Kagyümeister bedeutet, dass der einzige Feind, mit dem sie es nicht aufnehmen können, Personen sind, die durch die Verunreinigung gebrochener Samayas verdorben sind, und dass die höchsten Gefährten ihre qualifizierten Meister sind. Ist das nicht der Unterschied, den Samaya macht?

Kurz gesagt, der beste Weg, um Samayas intakt zu halten, ist die rechte Sichtweise, Meditation und rechtes Verhalten. Wenn dies nicht vollständig möglich ist, so ist Geduld eine starke Basis zum Halten von Samayas. Es heißt: „Vergelte nicht mit Zorn, wenn du mit Rage attackiert wirst. Vergelte nicht mit Beschimpfung, wenn du verunglimpft wirst. Vergelte nicht mit Kritik, wenn du öffentlich beschuldigt wirst. Vergelte nicht mit Schlägen, wenn du mit körperlicher Gewalt bedroht wirst." Seid geduldig, selbst wenn euch jemand tatsächlich schlägt. Wenn ihr auf solche Weise nachsichtig sein könnt, werdet ihr über den Feind gebrochener Samayas triumphieren. Wenn jedoch jeder Angriff mit Rache beantwortet werden muss, wenn jedes verletzende Wort mit einem weiteren gehässigen Wort beantwortet wird, hört der Kreislauf niemals auf. Man mag denken „Ich habe Recht!" und etwas erwidern. Aber die andere Person wird denken „Du bist im Unrecht!" und mit mehr Beschimpfung reagieren, und so weiter.

Ein osttibetisches Sprichwort sagt: „Worte sind die Quelle allen Streits." Das ist der Hauptgrund, warum man in stiller Klausur verbleibt. Die Stimme ist die Anstifterin von Streit. Niemand kann wissen, was ihr denkt, nur Buddhas und Bodhisattvas. Aber die Zunge, gemein wie sie ist [Rinpoche lacht], will niemals stillstehen, und so beginnen alle Arten von Streitigkeiten.

Der wichtigste Punkt ist es daher, sein eigener Lehrer zu sein. Wenn euch jemand angreift, schlagt nicht zurück, auf welche Weise auch immer. Bleibt so still wie ein Stein. Das wird euch erlauben, über Zank und Streit zu triumphieren. Was macht es wirklich aus, was andere Leute sagen? Die Art weltlicher Menschen ist es, nach dem Prinzip ‚Wie du mir, so ich dir' zu handeln, Gleiches mit Gleichem zu vergelten. Jemand greift euch an, also schlagt ihr zurück. Der beste Weg ist es wirklich, seinen Mund so fest geschlossen zu halten wie ein zusammengepresster Ball Tsampa.

Das Vajrafahrzeug des Geheimen Mantra hat das Potential für großen Gewinn, aber auch für große Gefahr. Der große Gewinn ist es, dass uns die authentische Praxis der mündlichen Unterweisungen in die Lage versetzt, vollständige Erleuchtung auf der so genannten vereinigten Stufe eines Vajrahalters zu erlangen, in diesem Körper und in diesem Leben. Die große Gefahr liegt darin, dass nichts riskanter ist als die Samayas. Ist es nicht so? Wenn ‚die Schlange einmal im Schaft ist', gibt es nur zwei Öffnungen, aus denen sie wieder herauskann. Die obere oder die untere. Es gibt keine dritte Alternative. Wenn wir einmal Ermächtigungen erhalten haben, sind wir gefangen im Bambusrohr der Samayas. Und ist es nicht so, dass es, um Praktizierende des Vajrayana zu sein, keinen Weg gibt, der um das Empfangen von Ermächtigung herumführt?

Nun gibt es manche Leute, die sich als Praktizierende des Vajrayana bezeichnen, aber fälschlicherweise glauben, sie müssten sich an keine der Regeln individueller Befreiung, die Bodhisattvaübungen oder die Vidyadharasamayas des Geheimen Mantra halten. Wie kann das korrekt sein? Gibt es irgendeine Ermächtigungszeremonie, die nicht das Nehmen der Zuflucht beinhaltet? In dem Moment, in dem man sich den drei Juwelen anvertraut – ob dies nun im Detail beschrieben wird oder nicht –, erhält man explizit die Hinayanagelübde. Wiederholt man nicht auch dreimal die Worte des Bodhisattvagelübdes? Die gesamte Fülle der Bodhisattvaübungen ist im Prinzip darin enthalten, wenn auch nicht wortwörtlich.

Die Vasenermächtigung des Geheimen Mantra autorisiert uns, die Entstehungsstufe zu praktizieren. Durch die geheime Ermächtigung und die Weisheits-Wissensermächtigung werden wir autorisiert, uns in den beiden Vollendungsstufen mit Charakteristika zu üben. Und schließlich werden wir durch die kostbare Wortermächtigung autorisiert, den vollständigen Pfad von Trekchö und Tögal, von uranfänglicher Reinheit und spontaner Präsenz, zu praktizieren. Hat man diese vier Ermächtigungen einmal empfangen, so ist man tatsächlich autorisiert, den gesamten Pfad zu praktizieren. Wenn man im Prinzip den gesamten Körper der Lehren empfangen hat, wie kann man dann sagen „Ich muss mich an keinerlei Regeln halten!"? Um diese Regeln zu befolgen, muss man definitiv die Samayas einhalten.

Auf der anderen Seite ist es für Laien als „Samaya" ausreichend, wenn er oder sie sich an die zehn tugendhaften Handlungen hält. Aber vielleicht möchte man über den Status einer gewöhnlichen Person hinauswachsen und ein nobles Wesen werden. All die Werkzeuge, all die Regeln und Samayas hierfür sind in den Ermächtigungsritualen des Vajrayana enthalten. Man muss Zuflucht nehmen, man muss den Erleuchtungsgeist, Bodhicitta, entwickeln und man muss die vier Ermächtigungen empfangen.

Hat man einmal Ermächtigung empfangen, so möchte man die Verbindung damit aufrechterhalten, indem man die damit verbundenen Regeln einhält, auch wenn man kein sonderlich großer Praktizierender ist. Aber wenn es uns gelingt, unsere Samayas intakt zu halten, so haben wir die so genannten sechs Erinnerungen, wenn wir nach dem Tod den Bardozustand durchstreifen. Diese beinhalten, sich an den Meister zu erinnern, die mündlichen Unterweisungen, die Yidamgottheit und so weiter. Im Gegensatz dazu hat jemand, der seine Samayas beschädigt und dann gebrochen hat, die Erfahrung, von dichtem Nebel umgeben und völlig verwirrt zu sein. Er oder sie wird nicht wissen, was zu tun ist, wem man trauen oder wohin man im Bardo gehen soll. Ein solches Individuum wird, bezüglich der sechs Erinnerungen, definitiv unfähig sein sich zu erinnern, auf was es ankommt.

Es mag sein, dass ihr noch nicht viel ausführliche Meditation auf die Yidamgottheit oder Mantrarezitation praktiziert habt. Selbst wenn dem so sein sollte, wenn ihr aufrichtiges Vertrauen aufrechterhalten und eure Samayas nicht verunreinigt habt, so könnt ihr trotzdem aus der vierfachen Befreiung im Bardo Nutzen ziehen und auf einem höheren Pfad fortfahren. Diese vier sind Befreiung durch Sehen, Hören, Erinnern oder Berühren. Für jemanden, der all die heiligen Verpflichtungen der Samayas wegwirft und großspurig kundtut: „Ich bin ein Meditierender, ich habe Verwirklichung", ist dies unmöglich. Die vier Befreiungen sind ohne Frage von der Reinheit der Samayas abhängig. Daher ist es das Beste, ein einfacher Praktizierender zu sein, der seine Samayas nicht beschädigt hat, selbst wenn man keine sonderlich hohe Sichtweise oder tiefe Meditation besitzt. Durch reines Samaya wird es ihm oder ihr möglich sein, den direkten Pfad der Befreiung von Samsara bis hin zur vollständigen Erleuchtung zu beschreiten.

Wenn wir uns umschauen, werden wir sehen, dass die Konsequenzen der Handlungen der Menschen und ihr Halten oder Brechen von Samayas nicht etwas sind, das sofort sichtbar wird. Es ist durchaus möglich zu denken: „Meine Gelübde sind vollständig und intakt; ich habe nichts gebrochen; ich bin rein und sauber; ich bin eine rechtschaffene Person!" Wenn wir diese Täuschung weiterhin aufrechterhalten, werden wir völlig unfähig sein, unsere Fehler zu sehen. Unglücklicherweise übertreten und beschädigen wir unsere Samayas jedoch ständig. Wir müssen unsere Fehler [an]erkennen und in der Lage sein, sie zu bereinigen; das ist wichtig.

Kommt zu euch und denkt gut darüber nach. Versteht, dass euch beschädigte Samayas in zukünftigen Leben schaden werden. Um sich mit diesem Thema zu befassen, muss man seine eigenen Unzulänglichkeiten [an]erkennen, oder etwa nicht? Ohne sich seine eigenen Fehler einzugestehen, ist es wie in Jamgön Kongtruls *Den Lama aus der Ferne rufen*: „Obwohl meine eigenen Fehler so groß sind wie ein Berg, verstecke ich sie im Inneren. Obwohl die Fehler anderer so winzig sind wie Senfsamen, proklamiere ich sie weit und breit. Obwohl ich keinerlei gute Qualitäten besitze, gebe ich vor, eine tugendhafte Person zu sein." Die meisten Menschen werden Opfer dieser Unzulänglichkeit.

Gampopa sagte: „Wenn der Dharma nicht korrekt praktiziert wird, wird er eine Ursache für die Rückkehr in die niederen Bereiche." Das ist sehr wahr. Den Dharma korrekt zu praktizieren heißt, seine Samayas reinzuhalten, Hingabe zu denen, die über uns stehen, zu entwickeln, Mitgefühl für diejenigen zu entwickeln, die tiefer stehen als wir, und zu allen Zeiten fleißig und gewissenhaft zu sein. Die höchste

Übung ist es, den wunscherfüllenden Juwel des eigenen Geistes zu erkennen. Wenn man all dies tut, wird man in der Lage sein, den Bardo sicher zu durchqueren. Durch die Güte der vier Befreiungen wird man bei der Durchquerung des Bardo erfolgreich sein.

Man wird im Bardo niemanden finden, zu dem man großspurig sein kann, den man belügen oder betrügen kann. Es ist wie mit der Metapher vom ‚enthüllenden Spiegel', der klar unsere Taten zeigt. Niederlage oder Erfolg im Bardo hängen letztlich von der Integrität unserer Samayas ab. Solche, die ihr Samaya rein gehalten haben, werden, durch die oben genannten vier Befreiungen, definitiv dem weiteren Durchstreifen der drei niederen Bereiche entfliehen.

Man mag eine erstaunlich hohe Stufe von Sichtweise und Realisation erlangt haben; man mag eine gewisse Stufe von Verwirklichung erlangt haben und im Besitz völlig ungehinderter Voraussicht sein. Aber in dem Moment, in dem ihr eure Samayas brecht, es tut mir Leid, das sagen zu müssen, fallt ihr sofort wieder herab. Es gibt keinen Weg, der darum herumführt, der Weg nach oben ist versperrt.

Untersucht ständig eure eigenen Unzulänglichkeiten. Ignoriert die Fehler anderer Menschen. Haltet euch an die Einstellung: „Ob die anderen rein sind oder nicht, es geht mich nichts an." Seid euer eigener Lehrer; untersucht euch ständig selbst. Das ist ausreichend! Wenn ihr so handelt, kann sich kein einziger Fehler einschleichen.

Vielleicht möchtet ihr aber an einen Ort gehen, der in der Sutratradition als die Hölle der unaufhörlichen Qual und im Geheimen Mantra als Vajrahölle bekannt ist. Die einzige Möglichkeit, dorthin zu gelangen, ist es, seine Samayas zu brechen. Gewöhnliche negative Handlungen, selbst sehr negative, reichen dazu nicht aus. Man kann dort nicht hingehen, es sei denn man bricht seine Samayas. Dies ist ein kompromissloser Fakt der Samayas. Möchte man also auf eine Besichtigungstour der Vajrahölle gehen, muss man zunächst fleißig seine Samayas brechen, denn normale Missetaten und Verdunklungen reichen nicht aus, um einen dorthin zu bringen! [Rinpoche lacht] Dann bekommt man die Vajrahölle zu sehen und die anderen 18 Höllenbereiche gibt es umsonst dazu. Wenn man das Dharmadathubuddhafeld von Akanishta besuchen will, muss man seine Samayas rein halten. Dies ist die ernste Wahrheit über das Halten und Brechen von Samayas.

Nachdem ihr den Pfad der vier Ermächtigungen des Vajrayana betreten habt, übt euch in selbstexistentem Gewahrsein. Darüber hinaus triumphiert darüber, auch nur vom subtilsten Bruch eurer Samayas beschmutzt zu sein. Wenn ihr dies vollbringen könnt, werdet ihr durch die ‚aufwärts gerichtete Direktheit' fortschreiten. Das heißt, ihr werdet den Zustand vollständiger Erleuchtung in eurem jetzigen Körper erlangen. Auf der anderen Seite mögt ihr Vajrayanalehren erhalten haben, aber die Zeit verfliegen lassen, während ihr die Heiligkeit der Samayas völlig ignoriert habt. In diesem Fall werdet ihr erfolgreich das tiefste Loch der Vajrahölle besuchen. Genau das ist gemeint, wenn es heißt, es gebe keine dritte Alternative.

Es wird gesagt, dass die Buddhas beim Lehren des Vajrafahrzeugs des Geheimen Mantra sowohl geschickt als auch mitfühlend sind. Dies impliziert, dass es die Möglichkeit der Reinigung durch Entschuldigung und Entschlossenheit gibt. Durch Entschuldigung, die aus der Tiefe des Herzens kommt, und durch die Entschlossenheit, niemals wieder eine Übertretung zu begehen, kann jede Missetat, Verdunklung, Verletzung oder jeder Bruch von Samaya bereinigt werden. Dies muss geschehen, bevor drei Jahre vergangen sind, ansonsten wird es sehr schwierig. Das ist die einzige und primäre Qualität von schlechten Handlungen: die Tatsache, dass sie durch Entschuldigung und Entschlossenheit bereinigt werden können.

Dass man negative Handlungen durch Entschuldigung bereinigen kann, ist eine der speziellen Qualitäten des Vajrayana. Betrachtet zum Beispiel jemanden, der die ‚fünf Handlungen mit sofortigem Resultat' begangen hat.⁴ Selbst diese können bereinigt werden. Um dies zu tun, ist es notwendig, dass eine solche Person das Mandala der friedvollen und zornvollen Buddhas arrangiert; einen Meister mit der entsprechenden Anzahl von Schülern einlädt; und ihnen Respekt und großzügige Opferungen darbringt. Dann muss er in ihrer Mitte mit lauter Stimme kundtun: „Ich habe dieses und jenes Übel begangen! Ich habe die fünf Taten mit sofortigem Resultat begangen! Ich habe meine Mutter getötet, meinen Vater getötet, einen Arhat getötet und auch all die anderen Handlungen begangen! Es gibt niemand schlechteren als mich! Bitte helft mir, meine Untaten zu bereinigen!" Nach dem er dies ausgerufen hat, muss er sich, in Gegenwart der Versammlung und des Mandalas der friedvollen und zornvollen Gottheiten, seiner Kleider entledigen und volle Niederwerfungen machen, während er dabei das Hundertsilbige Mantra einhundertundacht Mal rezitiert. Dann wird sogar das Karma dieser fünf Handlungen bereinigt. Das ist es, was gemeint ist, wenn gesagt wird, dass das Vajrayana unglaublich geschickt und mitfühlend ist.

Durch das einfache Empfangen auch nur einer Ermächtigung haben wir alle bereits das Tor zum Vajrayana durchschritten. Ob diese Ermächtigung eine berühmte war oder nicht, macht keinen Unterschied; durch die Teilnahme an jeder Zeremonie, bei der die vier Ermächtigungen gegeben werden, erhält man die Gelübde und Samayas.

Gegen die ‚versprochene Disziplin' zu verstoßen, den Schwur, die Vajayanagelübde zu halten, ist wesentlich schlimmer als das ‚unformulierte Übel'. Unformuliertes Übel ist das,

---

4 Die fünf Taten mit den schwersten karmischen Auswirkungen: seine Mutter zu töten; seinen Vater zu töten; einen Arhat zu töten; eine Spaltung in der Sangha der Mönche zu bewirken; und das Blut eines Tathagata mit böser Absicht fließen zu lassen. Diese Handlungen werden auch ‚die sofortigen' genannt, da ihr karmischer Effekt sofort nach dem Tode zur Reifung kommt, ohne Zeit zu lassen, durch den Bardo zu gehen.

was wir begehen, ohne uns darüber klar zu sein – wenn wir eine gewöhnliche Person ohne jegliche Gelübde oder Versprechen sind. Es gibt nichts Schlimmeres, als es zu versäumen, das Versprechen, das man gegeben hat, zu halten, da es Samayaübertretung ist, die wahrlich die Lebenskraft von Befreiung abschneidet.

Samayas beinhalten die Verbindung mit entfernten Vajrabrüdern und -schwestern, jene, die an einer Ermächtigungszeremonie teilnehmen, die ein großer Meister einer Menge von Tausenden geben mag. Sie beinhalten auch die Verbindung mit engen Vajrageschwistern – jenen, die im selben Kloster leben, unter der Leitung desselben Lehrers. Und schließlich gibt es die extrem engen Vajrageschwister, diejenigen, mit denen zusammen wir Belehrungen über die Essenz des Geistes empfangen haben. Die Samayas mit diesen sind die kompromisslosesten: es gibt niemand Vertrauteren als diese extrem engen Vajrageschwister. Wir sollten sie als so kostbar wie das Herz in unserer Brust oder die Augen in unserem Kopf betrachten.

Die Untaten und Verdunklungen aus zahllosen vergangenen Leben müssen durch Entschuldigung bereinigt werden. Es gibt auf der ganzen Welt keine Möglichkeit, dass sie von selbst verschwinden. Diese negativen Muster sind als gewohnheitsmäßige Tendenzen, die sich früher oder später in unserem dualistischen Geisteszustand manifestieren, latent. Sie müssen durch Entschuldigung bereinigt werden, was immer möglich ist, wie ich bereits bei der Definition der einzigen Qualität von negativen Handlungen erwähnt habe. Genau dies ist die Absicht des Hundertsilbigen Mantra in den vorbereitenden Übungen. Dadurch entschuldigen wir uns nicht nur für die negativen Handlungen, die wir in diesem Leben und Körper begangen haben, sondern für alle negativen Handlungen, die wir seit anfangsloser Zeit bis zum heutigen Tage begingen.

Wenn wir diesen dualistischen Geisteszustand nicht aufgeben, werden die Spuren von Untaten und Verdunklungen als gewohnheitsmäßige Tendenzen darin verbleiben, die sich innerhalb dieser dualistischen Einstellung wieder einstellen. Ansonsten werden sie nicht verschwinden. Das ist der Grund, warum wir so oft von der Notwendigkeit der Reinigung hören. Durch die Methode der vier Kräfte der Vajrasattvapraxis kann man definitiv alles bereinigen. Euer negatives Karma mag so groß sein wie der Berg Sumeru, aber es kann doch durch Entschuldigung gereinigt werden. Stellt euch einen Haufen trockenes Gras vor, so groß wie ein Berg. Brennt nicht alles nieder, wenn man es anzündet?

Es heißt auch: „Realisation stellt sich automatisch ein, wenn Missetaten bereinigt sind." Wenn eure angeborene Buddhanatur frei von jeglichem Schleier ist, ist sie natürlich in sich selbst stabil. Aber normalerweise ist sie durch unheilsame Tendenzen verschleiert. Machen es die Wolken, die den Himmel bedecken, nicht unmöglich, die Sterne und Planeten klar zu sehen?

Solange wir uns unseres natürlichen Gewahrseins nicht gewahr sind und versäumen, es zu erkennen, oder solange wir daran zweifeln, selbst wenn wir es erkannt haben, solange ist es unmöglich, uns darin zu üben und damit vertraut zu werden. Auf der anderen Seite, wenn man einmal vollkommen bei Nicht-Abgelenktheit angelangt sind, dem König aller Samayas, dann übersteigt man die Trennungslinie zwischen Halten und Brechen von Samayas. Auf dieser Stufe gibt es keinerlei Samaya zu halten. Bis dies passiert, gibt es jedoch keinen Weg, der um das Halten von Samayas herumführt, da wir noch von dualistischem Geist kontrolliert werden.

Dieser dualistische Geisteszustand ist es, von dem wir frei werden müssen. Nicht-duales Gewahrsein ist das Resultat dieser Freiheit. Wie ich bereits früher erwähnt habe, koexistieren diese beiden Aspekt im Moment. Aber so, wie wir unsere karmischen Missetaten und Verdunklungen fortschreitend reinigen, so stellt sich spontane Realisation ein. Realisation heißt in diesem Sinne, dass der Strom konzeptuellen Denkens zu selbst-entstehender Selbst-Befreiung wird, bis unser Geisteszustand schließlich wie ein klarer, wolkenloser Himmel ist. An diesem Punkt, an dem es keinerlei Ablenkung mehr gibt, ist konzeptuelles Denken natürlich befreit. Und das ist der Punkt, an dem man die Trennungslinie zwischen Halten und Brechen von Samayas übersteigt. Es ist auch der Punkt, an dem man die vier Samayas der Dzogchen-Sichtweise realisiert: Nichtexistenz, Allgegenwärtigkeit, Einheit und spontane Perfektion. Ihr müsst nicht versuchen, diese individuell zu verstehen, da sie eine untrennbare Einheit sind. Bis sich diese Realisation jedoch einstellt, ist da die Behauptung „Ich breche keine Samayas!" nicht großspuriger Selbstbetrug?

Anwendung

Buddhistische Praxis besteht aus drei Schritten, bekannt als intellektuelles Verständnis, Erfahrung und Realisation. Intellektuelles Verständnis stellt sich ein, wenn wir zum Beispiel hören, dass Leerheit, also leere Wahrnehmung, unsere Natur ist. Die mentale Idee, die wir dazu entwickeln, wird als ‚Verständnis' bezeichnet. Im Falle von Erfahrung wird uns gesagt, wie wir Leerheit erkennen können, um also exakt sehen zu können, wie diese leere Wahrnehmung ist. Wir bekommen einen Geschmack davon, vielleicht nicht mehr als einen flüchtigen Einblick, aber wir machen trotzdem eine Erfahrung dazu, was ‚das Erkennen der Essenz des Geistes' genannt wird. Das ist es, was in diesem Zusammenhang mit ‚Erfahrung' gemeint ist. Wenn diesem flüchtigen Einblick Übung folgt, wiederholtes Erkennen der Natur des Geistes und das Vermeiden von Gedanken abgelenkt zu werden, dann werden wir graduell mehr und mehr vertraut mit dieser Erfahrung. Durch das Erkennen der leeren Natur lösen wir uns von ihrem Ausdruck, dem Strom des Täuschung unterworfenen Denkens. Jedes Mal, wenn sich dieser Ausdruck in den Zustand von Gewahrsein auflöst, machen wir Fortschritte und Realisation stellt sich schließlich ein. Ultimative Realisation ist dann erreicht, wenn Täuschung völlig in sich zusammengebrochen ist und sich keinerlei diskursives Denken mehr einstellt.

Gedanken sind wie Wolken und verschwinden ebenso, wie sich Wolken natürlich im Raum auflösen. Der Ausdruck, also die Gedanken, ist wie die Wolken, während Rigpa wie von der Sonne erleuchteter Raum ist. Ich benutze die Metapher des von der Sonne erleuchteten Raums, um zu illustrieren, dass Raum und Gewahrsein untrennbar sind. Wir verwirklichen oder kreieren den von der Sonne erleuchteten Himmel nicht. Wir können die Wolken nicht wegschieben, aber wir können es den Wolken der Gedanken gestatten, sich Stück für Stück aufzulösen, bis schließlich alle Wolken verschwunden sind. Wenn es einfacher wird zu erkennen und wenn Erkennen sich selbst aufrechterhält, dann kann man das Realisation nennen. Ultimative Realisation stellt sich ein, wenn keinerlei Spur von Wolken mehr vorhanden ist.

Es ist nicht so, als ob wir entscheiden müssten: „Ich hasse diese Gedanken. Ich will nur den erwachten Zustand. Ich muss erleuchtet werden." Diese Art von Festhalten und Drängen wird niemals der Erleuchtung Platz machen. Dadurch, dass man dem Ausdruck der Gedankenaktivität wieder und wieder gestattet, natürlich abzunehmen, wird die Dauer der Augenblicke von echtem Rigpa automatisch und natürlich länger. Wenn keinerlei Gedanken mehr vorhanden sind, ist man ein Buddha. An diesem Punkt sind sowohl der gedankenfreie Zustand als auch die Fähigkeit, allen Wesen von Nutzen zu sein, mühelos. Aber bis dahin hilft es nicht, einfach nur zu denken, man sei ein Buddha. Wir müssen uns durch Übung an dieses natürliche Auflösen von Gedanken gewöhnen, so als würden wir etwas auswendig lernen. Wenn wir damit vertraut sind, stellt sich der gedankenfreie Zustand automatisch ein.

Dieser Erklärung zuzuhören ist nichts weiter, als eine Idee davon zu bekommen. Intellektuell verstehen wir, dass Leerheit leer und doch wahrnehmend ist und dass diese beiden Aspekte untrennbar sind. Es ist, als ginge man an ein Büffet, ohne etwas zu probieren. Als würden wir an einer Führung teilnehmen, bei der uns erklärt wird: „Dies ist ein indisches Gericht, dort ein chinesisches. Da drüben haben wir französische Küche." Ohne etwas zu essen, wird unsere Kenntnis der Gerichte nur eine intellektuelle bleiben. Wenn wir endlich das Essen in den Mund nehmen, das ist Erfahrung. Wenn unser Bauch voll ist, das ist Realisation. Realisation ist der totale und permanente Zusammenbruch von Verwirrung.

Leeres Gewahrsein ist unsere Natur. Wir können den einen Aspekt nicht vom anderen trennen. Leer heißt ‚aus nichts, was auch immer gemacht'; unsere Natur war schon immer so. Während sie leer ist, hat sie indes die Kapazität, zu erkennen, zu erfahren, wahrzunehmen. Dies zu verstehen, die Theorie, dass diese leere Wahrnehmung Buddhanatur ist, selbstexistente Weisheit, ist nicht so schwierig. Aber es dabei zu belassen ist, als ob man das Büffet betrachtet, ohne etwas davon zu essen. Von der Buddhanatur erzählt zu bekommen, ohne sie jemals zur eigenen Erfahrung zu machen, hilft nicht. Es ist, als bliebe man hungrig. Erst wenn wir das Essen in den Mund nehmen, wissen wir wirklich, wie es schmeckt. Das illustriert die Trennungslinie zwischen Idee und Erfahrung.

Auf die gleiche Art und Weise werden wir, wenn wir ein korrektes Verständnis haben, in dem Moment, in dem wir anwenden, was unser Meister lehrt, unsere Natur erkennen. Wir erkennen, dass es keinerlei Ding gibt, das ‚Leerheit' genannt werden könnte. Die Fähigkeit, zu erkennen, dass die Essenz des Geistes leer ist, wird ‚Wahrnehmung' genannt. Wenn diese Essenz nur ausdrucksloser, nackter Raum wäre, wer oder was könnte wissen, dass sie ‚ausdruckslos' oder ‚leer' oder ‚nichts' ist? Es gäbe kein Wissen. Diese beiden Aspekte, leer und wahrnehmend, sind untrennbar. Dies wird in dem Moment offensichtlich, in dem wir hinschauen; es ist nicht länger verborgen. Es ist dann nicht mehr nur eine intellektuelle Idee von Leerheit und wie sie ist; es wird Teil unserer Erfahrung. An diesem Punkt kann Meditationsübung wahrlich beginnen.

Wir nennen diese Übung ‚Meditation', aber es handelt sich nicht um einen Akt des Meditierens im herkömmlichen Sinn des Wortes. Man kann die Essenz des Geistes nicht entleeren, indem man versucht, einen künstlich hervorgerufenen leeren Zustand aufrechtzuerhalten. Warum? Weil die Essenz des Geistes bereits leer ist. Ebenso wenig müssen wir diese leere Essenz wahrnehmend machen, sie ist es bereits. Alles, was zu tun ist, ist, sie so zu belassen, wie sie ist. Tatsächlich gibt es überhaupt nichts zu tun, daher können wir es noch nicht einmal als einen Akt des Meditierens bezeichnen. Es gibt eine anfängliche Erkenntnis und von da an müssen wir nicht besonders clever sein oder versuchen, diese in irgendeiner Weise zu verbessern. Diese Erkenntnis einfach so natürlich zu belassen, wie sie ist – das ist es, was Meditation genannt wird, oder genauer ‚Nicht-Meditation'. Das Entscheidende ist, auch nicht für einen einzigen Augenblick abgelenkt zu sein. Wenn Erkenntnis einmal stattgefunden hat, dann ist unabgelenkte Nicht-Meditation der Schlüsselpunkt der Praxis.

‚Abgelenkt' heißt, das sich Gedanken und Emotionen einstellen können, wenn sich die Aufmerksamkeit löst oder nachlässt: „Ich will dieses oder jenes tun. Ich bin hungrig. Ich möchte an diesen oder jenen Ort gehen. Ich frage mich, was ich dieser oder jenen Person sagen soll. Ich werde dies oder das sagen." Ablenkung ist die Rückkehr all dieser Arten von Gedanken, in der die Kontinuität von nicht-dualem Gewahrsein verloren geht. Die Übung liegt einfach darin, *wieder* zu erkennen. Sobald sich Erkenntnis einstellt, gibt es nichts weiter zu tun; lasst die Essenz des Geistes einfach sein. Auf diese Weise werden sich die Wolken Stück für Stück auflösen.

Der ultimative Zustand ist vollkommen frei von jeglicher Verdunklung, wie der kurze Moment des Erkennens. In Letzterem besteht jedoch immer noch die Tendenz für eine Rückkehr der Verdunklung. Der Zustand von Realisation, vollkommene Erleuchtung, bedeutet, dass keine Wolke jemals zurückkehren kann; die Ursachen dafür sind völlig und permanent beseitigt. Wenn die Wolken einmal verflogen sind, was könnte die Sonne dann noch verschleiern? Das ist die finale oder ultimative Realisation – strahlender, reiner Sonnenschein, der den ganzen Raum durchdringt, frei von jeglicher Verdunklung durch Wolken. Mit anderen Worten, alles, was beseitigt werden musste, wurde beseitigt, alles, was realisiert werden musste, ist bereits präsent. Der leere Himmel und der strahlende Sonnenschein wurden nicht von uns geschaffen. Sie waren immer da und werden realisiert, wenn die Wolkendecke beseitigt ist. Was auch immer aufgegeben werden musste, ist, zu diesem Zeitpunkt, aufgegeben. Was auch immer realisiert werden musste, ist realisiert. Also, was bleibt uns noch?

Höchste Realisation, der dritte Punkt, wird durch das ständige Wiederholen des kurzen Augenblicks der Erkenntnis erlangt. Wenn diese Erkenntnis kontinuierlich während des Tages anhält, hat man die Stufe eines Bodhisattva erreicht. Wenn sie kontinuierlich während des Tages und der Nacht anhält, hat man Buddhaschaft erlangt.

Hier ist eine weitere Illustration des Unterschieds zwischen intellektuellem Verständnis, Erfahrung und Realisation. Stellt euch vor, ihr lauft im Ort umher und sagt: „Alle Dinge sind die Einheit von leerer Wahrnehmung." Stellt euch vor, ihr steht auf dem Marktplatz und ruft dies laut und klar in die Menge. Manche Leute werden denken: „Diese Person ist verrückt. Wie können alle Dinge die Einheit von leerer Wahrnehmung sein? Das ist völliger Unsinn! Er ist verrückt!" Aber eine Person wird vielleicht denken: „Nein, dass ist kein Unsinn. Er spricht darüber, wie der Geist ist. Es gibt nichts, was vom Erfahrenden, dem Geist selbst, getrennt ist. Geist ist die Einheit von leerer Wahrnehmung. Daher sind alle Dinge die Einheit von leerer Wahrnehmung. Er hat Recht!" Darin liegt der Unterschied, ob man korrekt verstanden hat oder nicht.

‚Alle Dinge' heißt im Sanskrit *Sarva Dharma*. *Sarva* heißt alle, unzählig, mannigfaltig und *Dharma* bedeutet Erscheinungen, Phänomene – all das, was unsere Erfahrung beinhaltet wie Ansichten, Klänge, Gerüche, Geschmäcker, Texturen und so fort. Nun, gewöhnliche Personen können unmöglich verstehen, wie all die Dinge die ‚da draußen' sein sollen, leere Wahrnehmung sein können. Es macht keinen Sinn. Sie werden sich also natürlich darüber wundern, worüber der Verrückte auf dem Marktplatz plapperte; das ist eine normale Reaktion. Aber eine Person mit einem gewissen Grad an Verständnis wird sagen: „Dinge kennen sich nicht selbst. Es gibt nichts anderes als den Geist, der die Dinge kennt. Dinge existieren, weil sie von einem wahrnehmenden Geist wahrgenommen werden. Dieser Geist ist leer und wahrnehmend, daher sind alle Dinge die Einheit von leerer Wahrnehmung." Ein solches Verständnis ist korrekt. Es ist jedoch nach wie vor nur ein intellektuelles Verstehen.

Der zweite Schritt, Erfahrung, ist etwas persönlicher und nicht nur eine bloße Idee. Ihr habt nicht einfach nur gehört, dass die Essenz des Geistes leer und wahrnehmend ist; ihr erkennt vielmehr diese leere Essenz in ihrer Realität, wenn sie von einem Meister aufgezeigt wird, und dann wieder, wenn ihr euch daran erinnert. Dieses Gefühl, sowohl erwacht als auch leer zu sein – das ist Erfahrung.

Im Augenblick der Erfahrung ist das, was erkannt wird, nicht etwas Neues. Leere Wahrnehmung war schon immer präsent. Sie wird oft bezeichnet als ‚selbstexistente Weisheit', *Rangjung Yeshe*. Sie wird nicht durch das bloße Erkennen ihrer selbst kreiert. Auch nicht durch die Instruktion des Aufzeigens. Es ist eure eigene Natur selbst, euer natürliches Gesicht. Was ein Meister tut, ist, uns lediglich zu zeigen, wie wir schauen oder betrachten müssen. Er zeigt es nur auf; *wir* erkennen und erfahren es. Manche Menschen weigern sich jedoch, dies zu verstehen. Sie denken: „Erst muss ich diesen widerlichen alten dualistischen Geist loswerden. Ich muss ihn wegwerfen, damit der großartige Buddhageist von oben in mich herabkommen kann, wie ein wunderschöner Gott, der mit mir verschmilzt. Dann, da bin ich sicher, wird irgendetwas Spektakuläres passieren. Das ist es, was Erkenntnis der Buddhanatur ist, nicht einfach nur Nichts sehen." Auf diese Weise weigern sich manche Menschen einfach, ihre

Natur zu erkennen. Sie denken: „Wie kann dieser ordinäre Geisteszustand irgendetwas Spezielles sein? Da muss doch irgendwann etwas Wunderbares passieren – vielleicht nicht jetzt, aber in der Zukunft." Wenn man darauf wartet, dass sich eine wunderbare Vision oder Ähnliches einstellt, kreiert man lediglich die Umstände dafür, dass man vielleicht von irgendeiner Art von dämonischer Kraft heimgesucht wird. In Bezug auf die Buddhanatur wird sich nichts Spezielles ereignen, weil der wahre, echte Zustand bereits präsent ist. Er ist nichts Neues.

Versteht bitte, dass es drei Schritte gibt: Erkennen, Üben und Erlangen von Stabilität. Der erste dieser Schritte, Erkennen, ist wie das Anschaffen eines Blumensamen. Wenn man den Samen einmal in seinen Händen hält und erkennt, dass es sich um eine Blume handelt, kann man ihn einpflanzen und pflegen. Wenn Blumen vollständig ausgewachsen sind, erblühen sie, der Same braucht jedoch die richtigen Umstände. Aber zuerst müssen wir erkennen, dass es sich tatsächlich um einen Blumensamen handelt. Auf die gleiche Weise solltet ihr das nackte Gewahrsein, das euer Meister aufzeigt, als eure Natur erkennen. Dies Erkenntnis muss durch die richtigen Umstände gehegt und gepflegt werden. Um einen Samen zu kultivieren, muss er Wärme und Feuchtigkeit bekommen. Dann wird er sicherlich sprießen. Auf die gleiche Weise muss man sich, wenn man den natürlichen Zustand erkannt hat, darin üben. Der kurze Moment des Erkennens muss viele Male wiederholt werden. Als Unterstützung für diese Übung braucht man Hingabe zu erleuchteten Wesen und Mitgefühle für nicht erleuchtete. Hingabe und Mitgefühl sind ein universelles Allheilmittel, die einzig ausreichende Technik. Ein berühmtes Zitat sagt: „Im Moment der Liebe erscheint die nackte Natur der Leerheit." Die ‚Liebe', die hier erwähnt wird, beinhaltet sowohl Hingabe wie Mitgefühl.

Übung ist nichts anderes als kurze Momente der Erkenntnis, die viele Male wiederholt werden, unterstützt von

Hingabe und Mitgefühl. Darüber hinaus gibt es Praktiken, die Entstehungs- und Vollendungsstufe genannt werden. All diese Praktiken fördern Nicht-Abgelenktheit. Gibt man einem sprießenden Samen Wasser, Wärme und Schutz, so wird er weiterwachsen. Und ebenso schreitet man durch wiederholtes Üben in Nicht-Abgelenktheit in der Praxis der Geistesnatur fort.

Schließlich kommt die Stufe der Stabilität. Wenn der Augenblick von Nicht-Abgelenktheit unaufhörlich andauert, Tag und Nacht, wie wird das sein? Wenn die drei Gifte vernichtet und die Qualitäten von Weisheit vollkommen manifest sind, werden wir gewöhnliche menschliche Wesen sein oder sind wir dann über diesen Zustand hinausgewachsen? Die Flamme einer einzigen Kerze kann die Seite eines ganzen Berges in Brand setzen. Versucht euch vorzustellen, wie es wäre, wenn unsere gegenwärtige Erfahrung dieses wachen, weit offenen Augenblicks, frei von Gedanken, niemals aufhören würde. Gibt es etwas Höheres, als im Besitz aller Weisheitsqualitäten zu sein und vollkommen frei zu sein von den drei Giften?

Aus all dem können wir also folgern, dass Üben eine Notwendigkeit ist. Wir müssen aufwachsen wie ein neugeborenes Baby. Und die Methode, mit der wir dies tun, ist Üben. Ein Kind, das heute geboren wird, und der erwachsene Mensch 25 Jahre später sind essentiell dieselbe Person, nicht wahr? Es handelt sich nicht um jemand anderen. In diesem Augenblick ist unsere Natur die Buddhanatur. Wenn wir vollständig erleuchtet sind, wird es auch die Buddhanatur sein. Unsere Natur ist ungeschaffene Natürlichkeit. Sie ist aus sich selbst heraus so: wie der Raum, der auch nicht erst erschaffen werden muss. Müssen wir uns den Raum in unserem Zimmer erst vorstellen oder ihn kreieren? Ebenso verhält es sich mit der Buddhanatur. Wir müssen es der Erfahrung von Buddhanatur nur gestatten, sich durch ungeschaffene Natürlichkeit fortzusetzen.

Ein weiteres Beispiel für unsere Natur, die nichts anderes ist als ungeschaffene Natürlichkeit, ist die scheinende Sonne.

In gewöhnlichen Wesen wird dieser Sonnenschein zu konzeptuellem Denken, das die Sonne verdunkelt. Die Wesen werden von ihren Gedanken mitgerissen. Wenn wir es so belassen, wie es natürlich ist, ohne zu versuchen zu modifizieren, gibt es keine Möglichkeit für Fehler, keine Möglichkeit, von der Sichtweise abzuweichen. Künstlich wird es nur, wenn wir versuchen, etwas zu fabrizieren oder irgendetwas zu tun. Untersucht dies für euch selbst. Ist der Augenblick, den man seine ‚Natur' nennt, etwas, das man erst erschaffen und dann künstlich aufrechterhalten muss? Oder ist es ausreichend, es einfach so zu belassen, wie es natürlich ist? Das ist etwas, was ihr für euch selbst untersuchen solltet.

Wenn ihr während der Praxis zu denken beginnt: „Nun, dieser Zustand ist nicht genau richtig. Er muss ein wenig anders sein," oder „Ich nehme an, das ist es. Vielleicht aber auch nicht", oder „Jetzt habe ich es!" oder „Gerade hatte ich es! Jetzt ist es mir wieder entglitten", dann ist das nicht das, was ich mit ungeschaffener Natürlichkeit meine.

Ein Zeichen dafür, dass man sich in Rigpa übt, ist einfach, dass konzeptuelles Denken, das Gegenteil von Rigpa, weniger und weniger wird. Die Zwischenräume zwischen Gedanken werden länger und stellen sich immer öfter ein. Der Zustand von ungeschaffenem Gewahrsein, in den Tantras als ‚kontinuierlicher Augenblick des Nicht-Erschaffens' bezeichnet, verlängert sich mehr und mehr. Diese Kontinuität von Rigpa ist nicht etwas, das wir vorsätzlich aufrechterhalten müssen. Dadurch dass wir mit diesem Zustand immer vertrauter werden, sollte er sich spontan einstellen. Sobald wir mit dem echten Zustand von ungeschaffenem Rigpa vertraut sind, wird er automatisch länger und länger andauern.

Was ist also mit Stabilität gemeint? Um Stabilität zu erlangen, müssen wir zunächst wahres Rigpa erkannt haben. Wir sollten den wahren Zustand klar festgestellt haben. Durch Üben sollten wir einen gewissen Grad an Stabilität darin erreicht haben, sodass wir nicht mehr von [äußeren] Umständen mitgerissen werden. Solche Umstände können sowohl positiver als auch negativer Natur sein. Negative Umstände wie Schwierigkeiten, Zwischenfälle oder Krankheiten sind wesentlich einfacher zu erkennen und es ist einfacher, sich nicht von ihnen übermannen zu lassen. Daher ist es einfacher, in schwierigen Zeiten zu praktizieren, als in solchen, in denen man erfolgreich ist. Das größte Hindernis für einen Praktizierenden ist es, wenn sich Mengen von Anhängern ansammeln, die sagen: „Du bist so wundervoll, du bist so ein großer Praktizierer. Du bist etwas ganz Besonderes. Bitte gib uns Belehrungen. Bitte leite uns an." Anzufangen, eine große Zahl von Anhängern zu haben, ist das schwierigste Hindernis, denn so man nicht zur höchsten Art von Praktizierenden gehört, denkt man vielleicht: „Hey, vielleicht bin ich ja etwas Besonderes. Vielleicht ist ja etwas dran an dem, was sie sagen." Nur die höchste Art von Praktizierenden wird sich nicht von solcherlei ‚positiven' Umständen mitreißen lassen. Wenn wir den Punkt erreichen, an dem wir weder von positiven noch von negativen Umständen mitgerissen werden, dann haben wir eine gewisse Stabilität erlangt.

Es gibt Zeichen der Verwirklichung wie zum Beispiel gute Gesundheit, langes Leben oder etwa berühmt und einflussreich zu werden, aber diese gehören zu den oberflächlichen Zeichen. Die wahren, unverwechselbaren Anzeichen für Verwirklichung, wie sie von den Meistern der Linie festgelegt wurden, sind, Mitgefühl, Hingabe und einen ausgeprägten Sinn für Vergänglichkeit zu haben. Mit diesen kombiniert, werden unsere Gedanken weniger und weniger und der wahre erwachte Zustand dauert zunehmend länger an.

Alle Zweifel und Unsicherheiten bezüglich der Sichtweise von Rigpa sollten aufgeklärt sein. Wenn wir frei von Zweifeln sind, gibt es nichts zu klären. Zweifel ist das Hindernis, dass die Sichtweise verdunkelt. Wenn es kein Hindernis gibt, ist auch nichts zu beseitigen. Jigme Lingpa sagte: „Wenn du die natürliche Stabilität von Gewahrsein nicht verlierst, selbst wenn du von hundert großen Meistern oder tausend großen

Gelehrten befragt wirst, dann gibt es keinen Zweifel mehr zu beseitigen."

An einem gewissen Punkt auf dem Pfad zur Erleuchtung verschwindet die Täuschung während des Tages. Schließlich fällt man auch in der Nacht nicht mehr in die Muster des Täuschung unterworfenen Denkens zurück. Alle Phänomene und konzeptuellen Zustände lösen sich in den uranfänglich reinen Zustand von Dharmata auf. Das ist der Dharmakaya selbst, aus dem sich die beiden Rupakayas, Sambhogakaya und Nirmanakaya, spontan zum Wohle der fühlenden Wesen manifestieren, grenzenlos und endlos. Aber bis das passiert, muss man sich weiterhin der Übung unterziehen.

Wir müssen uns Stück für Stück von unserem konzeptuellen Denken lösen. Am besten wäre es natürlich, wenn wir hier und jetzt einen Schnitt machen könnten und nie wieder mit Gedanken zu tun hätten. Aber sind wir in der Lage, sie so einfach wegzuwerfen? Im Augenblick von ungeschaffenem Gewahrsein haben Gedanken keinerlei Kraft zu verweilen, weil dieser Moment völlig frei ist von der Dualität des Wahrnehmenden und Wahrgenommenem. In der Flamme des nicht-dualen Gewahrseins kann das Haar des konzeptuellen Denkens nicht bestehen. Ebenso wenig wie ein normales Haar in einer normalen Flamme bestehen kann, ist es einem Gedanken möglich, in der Erkenntnis des erwachten Zustands zu bestehen. Das, was wir *Sem* nennen, dualistischen Geist, ist ständig damit beschäftigt, die Konzepte von Wahrnehmendem und Wahrgenommenem aufrechtzuerhalten. Rigpa jedoch ist von Natur aus frei von Dualität. Die einzige Basis für die Kontinuität von konzeptuellem Denken ist Dualität. Wenn die Konzepte von Wahrnehmendem und Wahrgenommenem nicht weiter aufrechterhalten werden, bricht Dualität in sich zusammen und es gibt keine Möglichkeit für konzeptuelles Denken, weiter zu bestehen.

Unser konzeptuelles Denken ist wie ein Dieb, der uns nur im Geheimen berauben kann. Versucht dies: Ladet einen

Dieb am hellen Tage zu einer Versammlung von vielen Menschen ein, zu stehlen, was immer er möchte. Er wird nicht in der Lage sein, irgendetwas mitgehen zu lassen.

Unterm Strich ist es das Wichtigste, zu versuchen, so viel wie möglich im Zustand der natürlichen Stabilität des nichtdualen Gewahrseins zu verweilen, in diesem kontinuierlichen Zustand des Nichts-Fabrizierens. Kreiert oder konstruiert absolut nichts; erlaubt einfach dem Augenblick von Rigpa, sich wieder und wieder einzustellen. Wenn ihr euch darin mit größtem Fleiß übt, könnt ihr den Zustand von Erleuchtung nach nur wenigen Jahren vollständig erlangen. Selbst wenn ihr nicht zu diesem Kaliber von Praktizierenden gehört und eher moderat praktiziert, werdet ihr wenigstens in der Lage sein, ohne Bedauern zu sterben.

Ein intellektuelles Verständnis des Dharma zu erlangen ist nicht schwierig. Wie es heißt: Reden ist billig. Jeder kann darüber reden. Man kann ganz einfach sagen: „Der erwachte Zustand ist ganz erstaunlich. Er ist mit allen perfekten Qualitäten ausgestattet, frei von jeglichen Fehlern. Tatsächlich kann nichts dem Zustand von Rigpa Schaden zufügen. Er ist völlig frei von Verunreinigung." Ebenso einfach ist es zu sagen: „Alles ist Illusion. Die ganze Welt ist nur einen Illusion. Nichts hat eine unabhängige oder wahre Existenz. Es sind alles nur magische Tricks." Wir können solche Worte ganz einfach aussprechen, aber das reicht nicht, um den Zustand von Verwirrung zu zerstören, um die Täuschung in sich zusammenfallen zu lassen. Um das zu tun, brauchen wir die echte Erfahrung.

Erfahrung bedeutet, die Essenz, die wie der Raum ist, zu erkennen. Im Moment von Rigpa wird jeder Täuschung unterworfener Zustand als frei von jeglicher Basis, als illusionär und wurzellos erkannt. Die falsche Natur von Gedanken wird vollkommen offensichtlich, auf eine sehr direkte und persönliche Weise, die nicht nur wie eine Idee ist, von der wir einmal gehört haben. In diesem Augenblick erfahren wir direkt die Wahrheit all dieser Äußerungen. Durch das

Erlangen von Stabilität in dieser direkten Erfahrung konnten die großen Meister der Kagyülinie Äußerungen machen wie diese: „Dieser Felsen hier ist völlig transparent. Alles ist ein magischer Trick der Illusion." Aufgrund des Grades ihrer Realisation konnten diese Meister durch soliden Fels hindurchgehen, sich in den Boden bohren, auf dem Wasser wandeln oder durch die Luft fliegen und so weiter. Das kam nicht, weil sie durch ihre Praxis besondere Kräfte erlangt hatten oder besonders stark oder stur waren, sondern einfach nur deswegen, weil alles von Anbeginn an irreal ist. Aufgrund der Realisation der nicht-substantiellen Natur der Dinge, so wie sie ist, waren Praktizierende in der Lage, solcherlei Zeichen von Verwirklichung zu manifestieren. Natürlich kann jeder die Lehren studieren und tiefgründige Dinge sagen wie: „Es gibt nichts im Bardo, worüber man sich Sorgen machen müsste. Alles, was erscheint, ist eine Illusion; es ist nichts Reales daran." Aber wenn wir dann schließlich in den Bardozuständen angelangt sind, sind wir völlig gefangen im tosenden Fluss unserer Angst.

Lasst mich die drei Stufen nochmals wiederholen, intellektuelles Verständnis, Erfahrung und Realisation. Intellektuelles Verständnis ist zum Beispiel, vom erwachten Zustand gehört zu haben. Theorie ist natürlich wichtig und wir sollten definitiv die Absicht der Lehren kennen. Jedoch sollten wir es nicht dabei belassen. Wir müssen alle drei zusammenbringen: Theorie, Erfahrung und Realisation.

Dann gibt es Erkennen, Üben und das Erlangen von Stabilität. Unter diesen dreien ist ‚Erkennen' wie das Identifizieren des authentischen Samens einer schönen Blume. ‚Üben' ist wie das Einpflanzen des Samens in fruchtbare Erde, das Bewässern und so weiter – eben nicht den Samen auf einem nackten Stein liegen lassen. Der Samen braucht die richtigen Bedingungen, um heranwachsen zu können. Wenn man diese geschickten Mittel anwendet, kann nichts die Pflanze davon abhalten, zu wachsen. Auf die gleiche Art und Weise müssen wir üben, um die Kraft der Erkenntnis der Geistesnatur zu entwickeln. Wenn wir also die Pflanze bewässern und positive Bedingungen schaffen, wird die Pflanze ganz sicher immer größer werden. Schließlich wird sie vollkommen erblühen, mit wunderschönen leuchtend gefärbten Blumen. Dieses Potential ist bereits im Samen enthalten. Aber es passiert nicht alles auf einmal. Auf dieselbe Weise hören wir von den außergewöhnlichen großartigen Qualitäten von Buddhaschaft, wie der vierfachen Angstlosigkeit, den achtzehn einmaligen Qualitäten der Buddha, den zehn Mächten, den zehn Kräften und so weiter. Wir mögen uns dann fragen: „Wo sind diese Qualitäten? Wie kommt es, dass sie nicht in einem Moment der Erfahrung des erwachten Zustands offenbar sind? Was mache ich falsch?" Das kann auf folgende Weise verstanden werden. In einer nur wenige Sekunden andauernden, flüchtigen Erfahrung des Zustands von Rigpa werden diese Qualitäten nicht auf dieselbe Weise erfahren, als wenn sich die Erkenntnis stabilisiert hat. Obwohl von Natur aus in unserer Natur präsent, haben diese Qualitäten nicht die Zeit, sich vollständig zu manifestieren. So wie der Samen zweifelsfrei die Ursache für die voll erblühte Blume ist, so ist der Augenblick des Erkennens des erwachten Zustands definitiv die Basis für Buddhaschaft selbst.

Wenn der Blumensamen eingepflanzt und gepflegt wird, wird er ohne Frage wachsen. Aber erwartet nicht, dass der Moment von Rigpa eine außergewöhnliche oder spektakuläre Erfahrung ist. Tatsächlich gibt es einen Aspekt des erwachten Zustands, der wahrlich außergewöhnlich ist – der Fakt, dass konzeptuelles Denken und die drei Gifte vollkommen abwesend sind. Wenn wir uns umschauen, was außer Rigpa kann das Denken, den eigentlichen Erschaffer von Samsara, wahrlich beenden? Wir können eine Million Atombomben auf diese Welt werfen und alles in Stücke sprengen. Wenn konzeptuelles Denken und Täuschung dadurch beendet werden, nur zu! Aber es hilft nichts. Es wäre phantastisch, wenn wir all die verwirrten samsarischen Bereiche einfach in die Luft sprengen und damit dauerhaft beenden könnten, aber unglücklicherweise ist das nicht möglich. Gibt es irgendetwas in dieser Welt, das getäuschtes Denken beenden kann? Nichts anderes als der Moment des Erkennens des erwachten Zustands kann den Strom getäuschten Denkens wahrlich stoppen. Das ist wirklich außergewöhnlich. Erwartet nicht, dass sich der eigentliche Augenblick von Rigpa in irgendeiner Weise dramatisch gestaltet. Aber diese spezielle Qualität von Rigpa ist etwas wahrhaftig Außergewöhnliches!

In der Vergangenheit haben Meister wie Kyungpo Naljor, Tilopa und Naropa Uddiyana besucht und die Visionen beschrieben, die sie dort von Vajrayoginis reinem Bereich hatten, der voll von Friedhöfen und ewig brennenden Feuern und dergleichen ist. Vor nicht ganz so langer Zeit ging eine Gruppe normaler Leute dorthin. Nach ihrer Rückkehr berichteten sie, dass sie nur einige große Felsen und einen kleinen Teich gesehen haben. „Wir haben nichts gesehen, es ist ein ganz normaler Ort", berichteten sie einem Meister namens Gendün Chöpel, der vor einigen Jahrzehnten verstarb. Er erwiderte: „Wenn ihr noch nicht einmal die unveränderliche Natur des Geistes, die untrennbar von euch ist, sehen könnt, wie könntet ihr jemals Visionen von Gottheiten durch Sadhanapraxis haben?" Mit anderen Worten, wenn ihr unfähig seid zu sehen, was ihr bereits kontinuierlich besitzt, wie könnt ihr erwarten, den reinen Bereich von Vajrayogini wahrzunehmen?

Fühlende Wesen sind niemals auch nur für einen Moment von dieser natürlichen innewohnenden Natur des Geistes getrennt, aber sie sehen es nicht. So wie die Natur von Feuer Hitze ist und die Natur von Wasser Feuchtigkeit, so ist die Natur des Geistes Rigpa, nicht-duales Gewahrsein. Obwohl wir niemals davon getrennt sind, erkennen wir es nicht. Wie können wir dann erwarten, irgendwelche speziellen Visionen zu haben? Wir müssen erst wohlgefestigt sein in Dharmata, erst dann ist es möglich, den reinen Bereich von Vajrayogini zu sehen. Wenn wir die Buddhanatur nicht hätten, wem könnte es zum Vorwurf gemacht werden, sie nicht zu bemerken? Aber so wie Wasser immer nass ist und Feuer immer heiß, so ist die Natur unseres Geistes immer die Weisheit von Gewahrsein. Wir können von unserer angeborenen Natur nicht getrennt werden.

Hingabe und Mitgefühl

Vollkommene Erleuchtung erreichen wir durch die Vereinigung von Methode und Weisheit, *Prajna* und *Upaya*. Entsprechend den verschiedenen Fahrzeugen, variiert die Definition dieser beiden Aspekte. In den Sutralehren ist die Methode Mitgefühl, während die Weisheit Leerheit ist. Durch die Vereinigung von Mitgefühl und Leerheit erlangen wir wahre und vollständige Erleuchtung.

Die Lehren des Tantra setzen den Aspekt der Methode mit der Entstehungsstufe gleich und den Weisheitsaspekt mit der Vollendungsstufe. Durch die Vereinigung dieser beiden Stufen erlangen wir wahre und vollständige Erleuchtung.

Nach dem Mahamudrasystem besteht der Aspekt der Methode aus den sechs Doktrinen von Naropa, während der Weisheitsaspekt die Praxis von Mahamudra selbst ist. Diese beiden werden als *der Pfad der Mittel* und *der Pfad der Befreiung* bezeichnet. Durch die Vereinigung von Mitteln und Befreiung erlangen wir wahre und vollständige Erleuchtung.

Im Madhyamikasystem, dem Mittleren Weg, ist der Aspekt der Methode die relative Wahrheit; der Weisheitsaspekt ist die absolute Weisheit. Durch die Vereinigung dieser beiden Wahrheiten erlangen wir wahre und vollständige Erleuchtung.

Und in den Dzogchenlehren schließlich wird der Aspekt der Methode ‚spontan präsente Natur' genannt, während der Weisheitsaspekt als ‚uranfänglich reine Essenz' bezeichnet wird. Durch die Vereinigung von uranfänglicher Reinheit und spontaner Präsenz, Trekchö und Tögal, erlangen wir wahre und vollständige Erleuchtung.

Um einen weiteren Aspekt dieser Einheit zu illustrieren, lasst uns das Beispiel eines Flugzeugs nehmen. Um durch die Luft fliegen zu können, braucht ein Flugzeug sowohl die vollständige Ansammlung aller mechanischer Komponenten als auch eine Person, die in der Lage ist, diese zusammenzubauen und die Maschine zu fliegen. Wenn man einen geschickten Ingenieur oder Piloten hat, aber die richtigen Teile fehlen, wird das Flugzeug nicht fliegen. Ebenso ist es nicht ausreichend, all die Teile und Ausrüstung zu haben, aber keinen Ingenieur oder Piloten. Erst wenn die Faktoren von Mitteln und Wissen vereint sind, wird das Flugzeug fliegen können.

In einem früheren Kapitel habe ich erwähnt, dass die Buddhanatur seit anfangsloser Zeit in allen Wesen präsent ist. Sie ist nicht etwas Neues, dass wir durch Anstrengung und Meditation erlangen. Vielmehr ist sie etwas, das uranfänglich präsent ist als unsere eigentliche Natur. Diese Buddhanatur war niemals, auch nicht für einen Augenblick, getrennt von unserem Geist. Einzig durch unser Nicht-Anerkennen dieses Fakts wandern wir durch samsarische Existenzen. Dieses Umherwandern aufgrund von Unwissenheit über unsere Natur dauert nicht erst seit einigen Lebenszeiten an, sondern seit anfangsloser Zeit. Bis jetzt war unsere Natur, die erleuchtete Essenz, von dicken Schichten von Unwissenheit und störenden Emotionen verhüllt. Wir müssen jetzt diese Natur erkennen, so wie sie ist, frei von allen Verdunklungen. Aber bloßes Erkennen unserer Natur ist nicht genug. Wir müssen diese Erkenntnis durch Anwendung in der Praxis stabilisieren. Wenn wir uns jedoch nicht mit unserer Buddhanatur vertraut machen, werden wir unvermeidlich immer wieder unter den Einfluss von störenden Emotionen fallen. Es wird gesagt: „Du magst deine Essenz erkennen, aber wenn du dich nicht vertraut machst mit ihr, werden sich deine Gedanken als Feinde manifestieren und du wirst so hilflos sein wie ein Baby auf einem Schlachtfeld."

In einer anderen Belehrung heißt es: „Sich auf andere Methoden als das Ansammeln der beiden Arten von Verdienst und den Segen eines qualifizierten Meisters zu verlassen, ist Täuschung." Die Absicht des Ansammelns der beiden Arten von Verdienst ist es, unsere Verdunklungen zu bereinigen. Und die Methode zur Erlangung der Realisation der Buddhanatur setzt Hingabe, die aus dem tiefsten Herzen kommt, voraus – nicht nur Plattitüden oder Lippenbekenntnisse, sondern wahre und echte Hingabe an die Drei Juwelen. Im Buddhismus wird viel über Leerheit gesprochen. Man betrachtet sie als ein sehr wichtiges und tiefgründiges Thema. Solange man sie jedoch nicht zur eigenen Erfahrung und sich zunehmend damit vertraut macht, kann unsere Idee von Leerheit von Jahr zu Jahr stark variieren, abhängig von unseren gerade vorherrschenden intellektuellen Phantasien, und wir werden keine großen Fortschritte machen. Wie können wir also in unserer persönlichen Erfahrung echten Fortschritt machen? In erster Linie durch Hingabe an die Drei Juwelen. Die mitfühlende Aktivität der Buddha ist wie ein Haken, der nur darauf wartet, fühlende Wesen, die bereit und offen und für dieses Mitgefühl empfänglich sind, einzufangen. Wenn wir Vertrauen und Hingabe haben, sind wir wie ein Eisenring, in den dieser Haken eingehängt werden kann. Wenn wir uns jedoch verschließen und weder Vertrauen noch Hingabe besitzen, dann sind wir wie eine eiserne Kugel. Nicht einmal die ‚Haken' der Buddhas können sich in eine solche Kugel einhängen.

Es ist nicht so, als hätten die Buddhas für bestimmte Wesen kein Mitgefühl oder als würden sie diese ignorieren. Das Mitgefühl der Buddhas ist unparteiisch und alles durchdringend, wie die Sonne, die am Himmel scheint. Aber wenn wir in einer Höhle sitzen, die nach Norden gewandt ist, wird uns der Sonnenschein darin niemals erreichen. Um mit der mitfühlenden Kraft der Buddhas eine Verbindung herzustellen, müssen wir Vertrauen und Hingabe besitzen. Besitzen wir diese Qualitäten nicht, können wir uns dieser Verbindung nicht öffnen und es gibt keinen Weg, wie die Buddhas uns helfen könnten.

Der Zustand von Erleuchtung ist vollkommen jenseits von Konzepten. Es gibt darin weder Freude noch Leid, so als ob man glücklich ist, wenn man zufrieden ist, oder unglücklich, wenn man schlecht behandelt wird. Der Zustand von Buddhaschaft ist jenseits von alldem. Aus diesem Grund machen Buddhas keinen Unterschied zwischen fühlenden Wesen; ein jedes ist wie ihr eigenes Kind. Der mitfühlende ‚Haken' ihrer erleuchteten Aktivität ist völlig unparteiisch und alles durchdringend, wie der Sonnenschein, der von der Sonne ausstrahlt.

Das Mitgefühl des erwachten Zustands ist jenseits von sowohl Parteilichkeit als auch Distanz. Es ist wie der Sonnenschein insofern, als es vollkommen unvoreingenommen ist. Es ist nicht so, dass die Sonne auf manche Länder scheint und auf andere nicht. Die Sonne ist frei von Konzepten wie „Ich werde auf diesen Fleck scheinen und diesen anderen in Dunkelheit lassen". Das Mitgefühl der Buddhas übersteigt auch jegliche Distanz. Stellt euch vor, ihr hättet einen Spiegel so positioniert, dass er der Sonne zugewandt ist. Im Augenblick, in dem dies geschehen ist, werden die Strahlen der Sonne augenblicklich reflektiert. Ebenso verhält es sich mit den Buddhas: im selben Augenblick, in dem wir an sie denken, ‚blicken' sie auf uns und die Strahlen ihres Mitgefühls berühren uns.

Der Zustand von Erleuchtung ist jenseits von Zeit und Raum. Seine Kapazität ist derart, dass ein Moment, so kurz wie ein Fingerschnippen, in ein ganzes Zeitalter transformiert werden kann, und ein Zeitalter in einen kurzen Augenblick. Wir sind niemals ausgeschlossen von dem Blick erleuchteter Wesen. Wir sind niemals außerhalb ihres Blickfelds. Der erleuchtete Zustand aller Buddhas und Bodhisattvas, der Dakas und Dakinis und so weiter, ist der Dharmadhatu selbst. Dieser Zustand der Erleuchtung wird bezeichnet als von ‚einem Geschmack', identisch in seiner essentiell reinen

Natur. All die verschiedenen Buddhas sind wie verschiedene Butterlampen, die in einem Raum angezündet sind. Die individuellen Flammen sind separat und deutlich zu erkennen, aber die Natur des Lichtes selbst ist unteilbar.

Der Zustand des Geistes aller Buddhas ist der Dharmakaya. Die Natur unseres Geistes ist ebenfalls Dharmakaya. Diese Tatsache, dass wir dieselbe Essenz haben, dient als direkte Verbindung zwischen uns und allen erleuchteten Wesen. Ohne Vertrauen und Hingabe zu sein ist, als wäre die Dharmakayanatur unseres Geistes von Verdunklungen eingeschlossen. Aber in dem Moment, in dem man sich in Hingabe öffnet, erhält man den Segen der Buddhas.

Der Dharmakaya von erleuchteten Wesen ist eine Butterlampe, deren Flamme hell brennt. Die Dharmakayanatur der fühlenden Wesen ist wie eine Butterlampe, deren Docht noch nicht angezündet ist. Daher ist es sehr wichtig, dass wir es dem Mitgefühl und Segen erleuchteter Wesen gestatten, in uns einzudringen. Die Verbindung zwischen uns und dem erleuchteten Zustand ist Vertrauen und Hingabe. Nur zu denken: „Ich werde mich einzig um die Erkenntnis der Geistesessenz sorgen", ohne Vertrauen in den authentischen erleuchteten Zustand zu entwickeln, wird uns bei unserem Fortschritt nicht sehr förderlich sein.

Um in der Praxis der Erkenntnis der Geistesessenz fortzuschreiten, ist es von allergrößter Wichtigkeit, Vertrauen zu und Hingabe an erleuchtete Wesen zu entwickeln und Mitgefühl gegenüber jenen, die nicht erleuchtet sind. Ein Grund für Mitgefühl ist die Tatsache, dass alle fühlenden Wesen, ohne eine einzige Ausnahme, in früheren Leben unsere Mütter waren. Stellt euch vor, wir könnten irgendwie die ganze Welt in kleine Kügelchen rollen und diese zählen. Die Anzahl dieser Kügelchen wäre immer noch geringer als die Anzahl von Müttern, die wir in unseren früheren Leben hatten. Unter all den sechs Klassen von fühlenden Wesen gibt es nicht ein einziges, das nicht einmal unsere Mutter war. Das ist der Grund, warum es in den Belehrungen immer wieder heißt: ‚alle fühlenden Wesen, meine Mütter …' oder ‚meine Mütter, alle fühlenden Wesen …'. Tatsächlich sind alle fühlenden Wesen unsere Mütter aus früheren Leben.

Warum ist eine Mutter so speziell? Wenn wir geboren werden, sind wir völlig hilflos und unfähig, für uns selbst zu sorgen. Wir sind vollkommen abhängig von unserer Mutter. Sie ist diejenige, die sich am Anfang weitaus mehr um uns kümmert, als es unser Vater tut. Natürlich kann ein Vater sehr liebevoll und gütig sein, aber nicht auf dieselbe Weise wie eine Mutter. Eine Mutter gibt ihrem Kind konstante, bedingungslose Liebe und Fürsorge. Sie achtet mehr auf das Baby als auf sich selbst. Tatsächlich rettet sie kontinuierlich das Leben des Babys. Wenn sie es einfach verlassen würde, könnte es nicht überleben. Derart hilflos ist ein Neugeborenes.

Manche Leute sind von der Natur von Mitgefühl befremdet und wollen wissen, was mit diesem Ausdruck gemeint ist. Hier ist ein Beispiel: Stellt euch vor, eure Mutter stünde vor euch, umgeben von Schlachtern, die ihr die Hände, Arme und Beine abschlagen. Sie reißen ihr die Augen heraus, schneiden ihr Ohren und Nase ab und enthaupten sie schließlich. Wie würdet ihr euch fühlen, wenn ihr mit ansehen müsstet, wie eure Mutter derart in Stücke geschlagen wird? Würdet ihr euch nicht verzweifelt und abgrundtief traurig fühlen? Diese Emotion ist Mitgefühl. Im Augenblick mögen wir nur an unsere gegenwärtige Mutter denken. Aber tatsächlich waren alle Wesen unsere Mütter, egal wer oder was sie sind – selbst Tiere. Unsere gegenwärtige Trennung von ihnen ist nur eine Sache von Zeit und Raum. Wenn wir uns dies wirklich zu Herzen nehmen, wie können wir dann nicht Mitgefühl für alle fühlenden Wesen empfinden?

Alle fühlenden Wesen wollen nur Glück. Niemand möchte leiden. Aber durch Anhaftung, Zorn und Verwirrung kreieren sie nur negatives Karma für sich selbst und bereiten sich damit den Weg, der geradezu direkt in die niederen Bereiche führt. In der Vergangenheit sind die fühlenden Wesen, unsere Mütter, diesen Weg gegangen; in diesem

Augenblick tun sie es wieder und in der Zukunft werden sie fortfahren, diesen schmerzvollen Pfad zu beschreiten. Wenn wir uns dies vergegenwärtigen, wie können wir da nicht Mitgefühl empfinden? Die Emotion, die dadurch hervorgerufen wird, ist das, was mit Mitgefühl gemeint ist. Wenn wir all dem unseren Rücken zukehren und all unsere Mütter zugunsten unseres eigenen Wohlergehens und Nutzens im Stich lassen, und denken: „Ich werde ein wenig Meditation praktizieren, Erleuchtung erlangen und glücklich sein", was für eine Art Mensch wären wir dann? Wäre das nicht ein völlig herzloses Benehmen? Ohne fruchtbaren Boden kann ein Same nicht zu einer Blume heranwachsen. Mitgefühl ist wie dieser fruchtbare Boden. Der Segen des Vertrauens ist wie der Regen, der von oben herabfällt. Wenn der Same der Übung in Geistesessenz in den fruchtbaren Boden des Mitgefühls eingepflanzt und vom Regen des Segens durch Hingabe bewässert wird, dann wird er automatisch wachsen.

Eine wahrhaftig mitfühlende Person ist von Natur aus ehrlich und anständig und scheut davor zurück, andere durch negative Handlungen zu verletzen. Daher wird er oder sie automatisch Fortschritte machen und viele Qualitäten hervorbringen. Wenn wir Mitgefühl haben, werden wir ganz natürlich die Ursachen und Wirkungen unserer Taten bedenken. Wir werden vorsichtig sein. Jemand ohne Mitgefühl kann schnell zu einem totalen Scharlatan werden, der sich um niemanden sonst kümmert. Ein solcher Hochstapler nutzt andere nur aus. Er oder sie wird definitiv keinerlei Fortschritte machen können.

Kein Vertrauen in erleuchtete Wesen zu haben ist, als würde man einen Samen in trockene Erde pflanzen. Wie soll er wachsen können? Wenn der Same jedoch mit fruchtbarer Erde und Regenwasser zusammenkommt, kann ihn niemand davon abhalten, zu sprießen und zu gedeihen. Im Gegensatz dazu wird sich ein Same, der auf nacktem Fels liegt, ohne fruchtbare Erde und Feuchtigkeit, niemals verändern. Er wird Jahr für Jahr so bleiben, wie er ist, ohne Unterschied oder Fortschritt.

Zu praktizieren, indem man sitzt und sich sagt: „Leer, leer. Dieser Geist ist leer!", ist nicht genug. Wir wollen echten Fortschritt machen. Um dies zu tun, sind Vertrauen und Hingabe essentiell und Mitgefühl ist unerlässlich. Ohne Hingabe und Mitgefühl sind wir so verhärtet wie jemand, der einen Buddha am Himmel vorbeifliegen sieht und sagt: „Na und?" Oder wie jemand, der zusieht wie ein lebendes Wesen in Stücke geschnitten wird, mit heraushängenden Gedärmen, und sagt: „Geht mich nichts an!" Wenn es so ist, dann ist unsere Praxis wie der Same, der auf nacktem Fels liegt. Sie wird niemals wachsen. Wenn ein derart abgestumpfter und vertrauensloser Mensch einen Buddha am Himmel vorbeifliegen sieht, denkt er sich etwas wie: „Die halten wahrscheinlich nur die Luft an oder haben sonst einen Trick." Ebenso wird er, wenn er sieht, wie ein anderer Mensch in Stücke geschlagen wird, etwas sagen wie: „Das ist sein Karma. Es geht mich nichts an. Mir geht es gut hier. Das Leiden anderer ist deren Problem." Mit einer solchen Einstellung wird es niemals wahren Fortschritt in der Meditation geben.

Hier ist ein anderes Beispiel für jemandem, dem Vertrauen fehlt. Lasst uns annehmen, wir erzählen vom amerikanischen Lebensstil, von den schönen Häusern und anderen Annehmlichkeiten und so weiter. Die andere Person könnte erwidern: „Ich glaube dir kein Wort. Ich war niemals dort und habe sie nie gesehen, also kann es diese Dinge nicht geben. Du lügst. Was auch immer ich nie gesehen habe, existiert nicht." Das mag absurd klingen, aber viele, viele Leute haben gesagt: „Ich sehe keine Buddhabereiche, also gibt es sie nicht. Ich sehe keine Höllenbereiche, also kann es solche Orte auch nicht geben."

Der Grund, warum ich nicht so denke, liegt darin, dass ich meinem Hauptlehrer, dem Buddha Shakyamuni, vertraue. Er konnte die drei Zeiten und sechs Bereiche von Wesen sowie die Buddhabereiche in allen Richtungen klar sehen. Aufgrund der Weite und Tiefgründigkeit seiner Weisheit nehme ich alles, was er sagte, als vollkommen wahr und fehlerfrei an.

Zwischen dem Buddha Shakyamuni und mir selbst gab es eine lange Linie von großen Meistern, in die ich ebenfalls völliges Vertrauen habe. Dieses Vertrauen erstreckt sich bis zu meinem Wurzellehrer, in den ich vollkommenes Vertrauen aus der Tiefe meines Herzens habe. Ich habe völliges Vertrauen in alle diese Wesen; ich denke nicht, dass auch nur eines von ihnen jemals eine Lüge ausgesprochen hat.

Seit dem Buddha Shakyamuni gab es zahllose andere Praktizierende, die dasselbe Vertrauen in die Lehren der Erleuchteten hatten. Durch diese Qualitäten war es ihnen möglich, große Verwirklichung zu erlangen. Sie konnten durch die Luft fliegen, durch feste Materie hindurchgehen und in einem Leben vollständige Erleuchtung erlangen. Wenn wir den Buddhas misstrauen, weil wir solche Dinge mit unseren Sinnen nicht wahrnehmen können, dann sind wir wie jemand, der auf den Hinweis „Hinter diesem Hügel liegen einige Dörfer" erwidert: „Nein, da sind keine Dörfer denn ich habe sie nicht gesehen." Wie hört sich das an? Hört es sich nicht dumm an?

Die vielen Praktizierenden der Vergangenheit vertrauten dem Buddha, wenn er sagte: „Oberhalb gibt es Buddhabereiche und unterhalb die niederen Bereiche; und dazwischen befinden sich die Auswirkungen unserer eigenen karmischen Handlungen." Sie hatten Vertrauen in die Worte des Erleuchteten, der Bodhisattvas und in die mündlichen Unterweisungen ihrer eigenen Wurzellehrer. Von diesem Vertrauen inspiriert, setzten sie Belehrungen in die Praxis um und erlangten auf diesem Wege Realisation. Ja, sie konnten es gar nicht vermeiden, Verwirklichung zu erlangen. Ebenso wie sie es nicht vermeiden konnten, zahllosen anderen Wesen von Nutzen zu sein. Dies ist nicht nur eine alte Geschichte aus der Vergangenheit; es passiert noch heute.

Wenn wir uns nur auf unsere eigene begrenzte Erfahrung als das Maß aller Dinge verlassen, dann können wir sicherlich sagen: „Ich sehe keine Buddhabereiche, daher gibt es auch keine. Ich sehe keine Höllenbereiche, daher gibt es sie nicht.

Wenn ich jetzt etwas Negatives tue, werde ich nicht plötzlich in den niederen Bereichen enden. Es passiert überhaupt nichts. Daher haben meine Handlungen keinerlei Effekt." Aber glücklicherweise können wir uns auf mehr als unser begrenztes Wissen verlassen, wenn wir solche Äußerungen bewerten. Wir haben sowohl die Worte des vollständig Erleuchteten als auch die Linie großer Meister. Es gab und gibt in der Tat immer noch unzählige Praktizierende, die in der Lage waren, durch ihr Vertrauen in die Buddhas Verwirklichung zu erlangen. Das ist der Grund, warum wir völliges Vertrauen in diese Lehren haben *können*.

Ich selbst habe in diesem gegenwärtigen Körper nie irgendwelche Buddhabereiche besucht und könnte deshalb sagen, dass es nach meiner Erfahrung keine Buddhabereiche gibt. Ebenso wenig habe ich in diesem Körper die Höllenbereiche besucht und könnte daher behaupten, es gäbe sie nicht. Ich könnte auch sagen, dass meine Handlungen keine karmischen Konsequenzen haben. Ich könnte sicherlich im Zweifel sein über all diese Dinge, wenn es nicht die drei Arten von perfektem Maß gäbe. Da sind die Worte des Buddha, die der großen Bodhisattvas und die mündlichen Unterweisungen unserer eigenen Wurzellehrer. Aus diesem Grund kann ich sagen, dass ich bezüglich dieser Dinge keinerlei Zweifel habe und stattdessen volles Vertrauen in diese Lehren. Diese Art von Vertrauen macht Verwirklichung durch Dharmapraxis möglich. Wenn wir hingegen weiterhin zögerlich sind und immer weitere Zweifel bezüglich der Lehren des Buddha hervorbringen, dann wird Verwirklichung nicht möglich sein.

Nehmt dieses Beispiel: In der einen Hand halte ich einen riesigen Diamanten, in der anderen ein Stück Glas. Ich sage: „Eines von diesen beiden ist der Diamant. Würdet ihr ihn gerne für einen guten Preis kaufen?" Nun, ihr seid nicht wirklich sicher, welches der beiden Stücke der Diamant und welches das Glas ist. Aufgrund dieses Zweifels müsstet ihr sagen: „Ich weiß nicht", und wärt nie in der Lage, den Diamanten zu kaufen, egal was für ein gutes Geschäft es wäre. So ist das, wenn man Zweifel hat. Zweifel behindert jede Aktivität, die wir in dieser Welt unternehmen, egal welcher Art.

Um es auf den Punkt zu bringen: Wir brauchen Hingabe an erleuchtete Wesen und Mitgefühl für solche, die es nicht sind. Wenn man im Besitz dieser beiden ist, was ist dann die Hauptübung? Es ist das Aufrechterhalten von Nicht-Abgelenktheit. Wenn wir die Essenz des Geistes vergessen und uns mitreißen lassen, dann liegt bereits der Dämon Ablenkung auf der Lauer. Aber mit Hingabe und Mitgefühl wird die Praxis des Erkennens der Geistesessenz automatisch fortschreiten. Viele Menschen kommen zu mir und sagen: „Ich habe jahrelang versucht zu meditieren, aber nichts ist passiert. Ich mache keinen Fortschritt." Das liegt daran, dass sie die effektive Methode nicht benutzen, die richtigen Mittel. Wir mögen im Besitz des Wissensaspekts des Erkennens der Geistesessenz sein, aber ohne diesen mit den Mitteln von Vertrauen und Mitgefühl zu kombinieren, werden wir nicht weiter kommen. Wir mögen wissen, wie man ein Auto zusammenbaut und fährt, aber ohne die nötigen Teile werden wir niemals irgendwohin fahren.

Bitte haltet diese Belehrung im Zentrum eures Herzens; nicht am Rand oder an der einen oder anderen Seite, sondern mitten im Zentrum. Bitte denkt: „Dieser alte Tibeter sagte, Hingabe und Mitgefühl sind essentiell. Deshalb will ich es im Zentrum meines Herzens bewahren." Ich wollte dies seit langer Zeit sagen, aber mir scheint, dass die Leute erst jetzt willens sind, mehr zuzuhören. Weil es von extremer Wichtigkeit ist, fühlte ich, es sollte gesagt werden.

Ich sage euch die Wahrheit. Ich bin ehrlich mit euch. Ich belüge euch nicht. Wenn ihr so praktiziert, wie ich es hier beschrieben habe, werden jeder Monat und jedes Jahr Fortschritte bringen. Und am Ende wird niemand in der Lage sein, euch zurückzuziehen oder euch davon abzuhalten, Erleuchtung zu erlangen.

Der qualifizierte Meister

Bevor wir uns auf den Pfad der Befreiung und Erleuchtung begeben, müssen wir einen wahrlich qualifizierten Meister treffen. Um eine solche Person zu finden, müssen wir die Charakteristika verstehen die ein solches Individuum auszeichnen. Wenn wir zur Schule gehen, brauchen wir einen guten Lehrer. Wenn der Lehrer ein völliger Schwachkopf ist, ohne jegliche Fähigkeiten, wie könnte man dann etwas von ihm lernen? Auf die gleiche Weise muss der spirituelle Lehrer, nach dem wir suchen, eine Person sein, die uns den ganzen Weg zu Befreiung und dem allwissenden Zustand der Erleuchtung weisen kann. Ist es nicht so?

‚Befreiung' heißt, nach diesem Leben Wiedergeburt in einem reinen Buddhabereich anzunehmen. Der ‚allwissende Zustand der Erleuchtung' ist die vollkommene Buddhaschaft, ausgestattet mit allen perfekten Qualitäten und völlig frei von jeglichen Defekten. Wir sollten nach der Art Lehrer suchen, der uns sicher zu diesem Zustand führen kann. Der meistqualifizierte Lehrer wird als ein ‚Vajrahalter, der im Besitz der drei Gelübde ist' bezeichnet. Er oder sie sollte die perfekten Qualitäten eines besitzen, der äußerlich mit den Gelübden der individuellen Befreiung, auch *Pratimoksha* genannt, ausgestattet ist, während er innerlich die Übung eines Bodhisattva besitzt. Auf der innersten Stufe muss der qualifizierte Meister im wahren Zustand von Samadhi kompetent sein.

Eine Person, die nur die Gelübde individueller Befreiung besitzt, die der Hinayanapraxis entsprechen, wird als

‚tugendhafter Führer' bezeichnet. Wenn eine Person zusätzlich die Bodhisattvaübungen besitzt, wird sie als ‚spiritueller Lehrer' bezeichnet. Wenn eine Person, zusammen mit diesen Gelübden und Übungen, die Praktiken des Vajrayana gemeistert hat, so nennt man ihn oder sie *Dorje Lobpön* oder Vajrameister.

Ein echter Vajrameister sollte sich selbst bereits durch Realisation befreit haben. Das bedeutet die Aktualisierung des authentischen Zustands von Samadhi. Darüber hinaus sollte er oder sie in der Lage sein, andere durch Mitgefühl und liebende Güte zu befreien; das ist eine weitere essentielle Qualität.

Um einige Charakteristika eines qualifizierten Vajrameisters zu illustrieren, werde ich euch von meinem Lehrer erzählen. Mein Lehrer war mein Onkel, Samten Gyatso. Samten Gyatso war der ältere Bruder meines Vaters und die vierte Inkarnation von Ngawang Thrinle. Der erste Ngawang Thrinle war einer von drei Brüdern. Die anderen beiden hießen Sönam Yeshe und Namgyal Tulku. Diese drei wurden bekannt als die ‚drei wunscherfüllenden Söhne'. In den folgenden Inkarnationen war Ngawang Thrinle immer unter demselben Namen bekannt, Ngaktrin. Abhängig davon, wo er geboren wurde, war er als Arge Ngaktrin, Terse Ngaktrin und schließlich Tsangsar Ngaktrin bekannt. Diese vierte Inkarnation aus der Familienlinie der Tsangsar war mein Onkel. Ich fühle mich ein wenig verlegen, wenn ich diese Geschichte erzähle, da es keinen Weg gibt, wie ich es vermeiden kann, meinen Onkel zu preisen. Ich möchte wirklich nicht, dass der Eindruck entsteht, ich würde mich selbst indirekt anpreisen, indem ich ein Familienmitglied preise. Wie auch immer, es gibt ein etwas derbes Beispiel, mit dem ich dies illustrieren kann. Mein Lehrer war exzellent und ich bin mit ihm verwandt. Verwandt auf dieselbe Art und Weise, wie das Exkrement mit dem sehr guten Essen, das es ursprünglich war, verwandt ist. Bitte versteht dieses Beispiel. Ich bin nur ehrlich mit euch. Obwohl ich die

Wahrheit sage, ist es doch etwas beschämend, da ich jemanden aus meiner eigenen Linie preisen muss.

Samten Gyatsos Hintergrund, sowohl der Familienlinie als auch der Dharmalinie, war Baram Kagyü. Diese Linie entstand mit einem Meister namens Baram Dharma Wangchuk, einem Schüler von Gampopa. Gampopas Lehrer war Milarepa. Milarepas Lehrer war Marpa, der Übersetzer. Marpas Lehrer war Naropa. Naropas Lehrer war Tilopa. Tilopas Lehrer war Vajradhara. Damit haben wir die Linie nach oben verfolgt. Um sie nun nach unten zu verfolgen, Baram Dharma Wangchuk hatte einen Schüler namens Tishi Repa. Tishi Repas Schüler war Sangwa Repa Karpo, dessen Schüler wiederum Tsangsar Lüme Dorje war, einer meiner Familienvorfahren. Sein Hauptschüler war Tsangsar Jangchub Shönnu, der sein Neffe war.

Die Baram-Kagyü-Linie wurde durch zehn Generationen hindurch von Vater auf Sohn weitergegeben, bis hin zu Tsangsar Lhatsün, der den Regenbogenkörper erlangte. Diese Männer waren die Könige von Nangchen[5]. Zusätzlich hielten sie politische und religiöse Ämter namens *Tishi*, *Pakshi* oder *Gushi*, die ihnen vom chinesischen Kaiser übertragen wurden. Als das Königreich Nangchen schließlich in zwei Teile aufgeteilt wurde, gab meine Familie ihr Anrecht auf den Thron auf und sie wurden *Ngakpas*, die weiße Roben trugen. Die Familienlinie setzte sich fort, aber die Familienmitglieder waren nicht länger die Könige des Landes. Während dieser Zeit bestand das, was man später Großtibet nannte, aus diversen Regionen, die Zentraltibet und die östlichen Königreiche Derge und Nangchen beinhalten. Nachdem Tsangsar Lhatsün den Regenbogenkörper erlangt hatte, folgten sieben weitere Generationen bis hin zu meinem Vater.

5 Anmerkung des Übersetzers: Nangchen, ein Teil oder eine Provinz von Kham/Osttibet. Die osttibetische Provinz Kham besteht hauptsächlich aus den Provinzen Derge und Nangchen, die wiederum zahlreiche kleinere Fürstentümer enthielten.

Ich erwähne das nicht, um mich mit einem speziellen Familienhintergrund zu brüsten, sondern um aufzuzeigen, dass die Lehr- und Familienlinie eins waren. Wie ich bereits erwähnt habe, stammte mein Onkel, mein Wurzellehrer, aus der Familienlinie der Tsangsar. Samten Gyatsos Mutter, Könchok Paldrön, war die Tochter des Tertön Chokgyur Lingpa. Samten Gyatso hielt damit auch die Linie, die als Chokling Tersar bekannt ist, die Neuen Schätze des Chokgyur Lingpa.

Innerhalb der Baram-Kagyü-Linie wurde Samten Gyatso als Emanation des vierarmigen Mahakala angesehen. Die zweite Inkarnation von Chokgyur Lingpa hatte einmal eine reine Vision von Samten Gyatso, in der er ihn als Emanation von Vimalamitra sah. Äußerlich hielt Samten Gyatso die Vinayagelübde sehr strikt und rein. In seinem ganzen Leben nahm er niemals Alkohol zu sich und aß auch kein Fleisch. Innerlich, in Einklang mit den Bodhisattvaübungen, war er immer sehr bescheiden. Er putzte sich niemals heraus; stattdessen trug er die Roben eines gewöhnlichen Mönchs. Er schmückte sich niemals mit etwas Speziellem wie Brokat oder Ähnlichem.

Die Leute sagten, dass er eine sehr hohe Sichtweise oder Realisation besaß, aber er selbst sprach nie darüber. Einmal jedoch sagte er zu mir: „In jungen Jahren wurde ich in die Essenz des Geistes eingeführt. Seitdem und bis heute hatte ich nie große Probleme, die Sichtweise aufrechtzuerhalten; tatsächlich scheint es keinerlei Unterschied zwischen Tag und Nacht zu geben." Um es noch einmal zu wiederholen, ein ‚Vajrahalter, der im Besitz der drei Gelübde ist' hält die äußeren Gelübde, welche die moralische Disziplin der individuellen Befreiung ausmachen. Er hält ebenso die inneren Gelübde, die der Bodhisattvaübungen, und die innersten Vajrayanagelübde, die als Samayas bekannt sind. Samten Gyatso hatte alle drei perfektioniert.

Seine Lehrer waren Karme Khenpo Rinchen Dargye, Chokgyur Lingpas Sohn Tsewang Norbu und der 15. Karmapa

Khakyab Dorje. Neben diesen erhielt Samten Gyatso auch Belehrungen von vielen anderen Meistern. Später kam die Übertragung des Chokling Tersar, welche die meisten der heutigen großen Meister empfangen haben, durch Samten Gyatso.

Er übertrug den gesamten Chokling Tersar an den 15. Karmapa, an Drukchen Rinpoche, das Oberhaupt der Drukpa-Kagyü-Schule, und an Taklung Tsetrul Rinpoche im Hauptsitz der Taklung-Kagyü-Schule in Zentraltibet. Samten Gyatso wurde auch ins Kloster Tsechu nach Nangchen eingeladen, das Hauptkloster des Königreichs. Dort gab er die Übertragung des Chokling Tersar an den König von Nangchen und wurde somit einer der Lehrer des Königs.

Einmal wurde Samten Gyatso nach Palpung eingeladen, einem der Hauptklöster im Königreich Derge, welches von Situ Pema Wangchok Gyalpo geleitet wurde, dem Vorgänger des heutigen Situ Rinpoche. Er übertrug Teile des Chokling Tersar an Situ Pema Wangchok Gyalpo und wurde deshalb als einer seiner Lehrer gezählt.

Dzongsar Khyentse, die Reinkarnation von Jamyang Khyentse Wangpo, kam in Samten Gyatsos Bergklause namens Randza Dzong Go. Dort erbat Dzongsar Khyentse die Übertragung der Sektionen des Chokling Tersar, die von Khakyab Dorje, dem 15. Karmapa, verfasst wurden und die er noch nicht erhalten hatte.

Es heißt, dass Vertrauen in den Dharma die Erfahrung anderer Menschen beeinflusst. Da Samten Gyatso diese Courage besaß, hatte er niemals Angst vor irgendjemandem. Er trug immer gewöhnliche simple Kleidung. Er zog sich niemals speziell an, egal wer in besuchen kam oder wen er aufsuchte, obwohl er einige der größten Meister Tibets traf. Obwohl er sich niemals in auffallender Pracht kleidete, machte man ihm immer Platz, wann immer er einen Raum betrat. Selbst wenn es sich um wichtige Würdenträger handelte, waren die Leute immer völlig verängstigt. Sie sprangen immer sofort zur Seite, um ihm Platz zu machen.

Selbst der Karmapa hatte ein wenig Angst vor Samten Gyatso. Er sagte einmal zu jemandem: „Dieser Lama jagt mir Angst ein. Ich weiß nicht, warum, aber er ist wirklich zum Fürchten." Selbst ich musste mir immer wieder sagen: „Ich muss keine Angst haben, schließlich ist er mein Onkel." Aber jeden Morgen, wenn ich vor seiner Tür stand, zögerte ich und überlegte zweimal, bevor ich mich traute, die Tür zu öffnen. Natürlich gab es nichts, wovor man sich hätte ängstigen müssen. Aber jeder, ich selbst eingeschlossen, war irgendwie eingeschüchtert von Samten Gyatso. Er besaß bemerkenswerte Qualitäten, eine äußerst beherrschende Präsenz.

Einer von Samten Gyatsos Lehrern, Karme Khenpo Rinchen Dargye, wurde als Sohn von Samten Gyatsos Schwester wiedergeboren. Er wurde Khentrul genannt, was so viel bedeutet wie Inkarnation von Karme Khenpo. Diese junge Inkarnation sagte einmal zu mir: „Warum sollten wir uns vor ihm fürchten? Samten Gyatso ist unser Onkel." Der junge Khentrul war sehr couragiert und auf bemerkenswerte Weise eloquent. Wenn wir uns jedoch in die Gegenwart von Samten Gyatso begaben und seinen kahlen Kopf sahen, vergaß Khentrul, was er sagen wollte. Er senkte seinen Blick und begann immer ganz leicht zu zittern.

Da er ein Lehrer des Königs war, wurde Samten Gyatso oft in den Palast gerufen, wo er dann den verschiedenen religiösen Zeremonien vorstand. Er wohnte dann im alten Palast, während der König und seine Familie im neuen Palast residierten. Im neuen Palast gab es eine Versammlungshalle die man die Quadratische Halle nannte. In dieser Halle saßen die wichtigen Klanchefs, Minister und Würdenträger mit ihrem überheblichen Gehabe. Der König, der ziemlich exzentrisch war, gestattete in dieser Halle keinerlei gepolsterte Möbel – nur harte Holzbänke. Egal wie besonders die Minister auch sein mochten, sie alle mussten auf rohen Holzplanken sitzen. Trotzdem saßen sie da in ihren feinen *Chubas* aus Brokat, mit ihren langen Ärmeln. Wenn sie umherstolzierten, trugen sie ihre Nasen hoch in der Luft und schenkten gewöhnlichen Leuten keinerlei Beachtung.

Wenn Samten Gyatso jeden Morgen ging, um die königliche Familie zu besuchen, musste er diese Halle durchqueren. Bevor er eintrat, hustete er oft leicht. Wenn die Würdenträger ‚den Husten' herannahen hörten, versuchten sie alle gleichzeitig aufzustehen. Dabei stützen sie sich oft auf die Schulter der am nächsten sitzenden Person. Da sie das alle auf die gleiche Weise taten, purzelten sie von hier nach da und es entstand ein großes Durcheinander. Sie waren alle völlig eingeschüchtert von Samten Gyatso.

Ich war oft einer der beiden Diener, die Samten Gyatso bei seinen Besuchen in die Gemächern der königlichen Familie begleiteten. Wann immer Samten Gyatso ihre Räume betrat, ließen Königin, Prinz und Prinzessin alles, was sie gerade taten, liegen und stehen und sprangen sofort auf. Der König selbst hatte die Regierungsgeschäfte bereits vor langer Zeit an den Prinzen abgegeben und wurde selten gesehen, da er sich meist in Meditationsklausur befand.

Samten Gyatso schmeichelte niemals jemandem, indem er ihnen sagte, wie wundervoll sie waren. Er sprach auf sehr gradlinige Weise. Wenn etwas der Wahrheit entsprach, sagte er es auch so; wenn dem nicht so war, sagte er es ebenfalls – ohne jemals etwas hinzuzufügen oder wegzulassen. Er redete niemals um ein Thema herum. Wenn irgendjemand beginnen wollte, ihn auf seine erstaunlichen Qualitäten anzusprechen, erlaubte er ihnen noch nicht einmal einen Einstieg. Wenn manche Leute zum Beispiel anfingen mit Worten wie, „Rinpoche, du bist so unglaublich gelehrt ..." oder „Du musst sehr realisiert sein ...", schimpfte er sie sofort aus. Er tolerierte so etwas überhaupt nicht.

Samten Gyatso hielt sich an den ‚Stil eines verborgenen Yogi', indem er niemandem seine Verwirklichung zeigte. Und er benahm sich definitiv nicht so, als ob er jemand Besonderes sei. Er segnete niemals jemanden, indem er ihm die Hand auf den Kopf legte, gestattete niemandem, sich vor ihm zu verbeugen, und saß niemals auf einem hohen Sitz. Er verbrachte den Großteil seiner jungen Jahre in Höhlen lebend. Falls er irgendwelche speziellen Einsichten oder Kräfte besaß, zeigte er sie niemandem. Er baute keine Tempel und errichtete keine Statuen. Während der ersten Hälfte seines Lebens hatte er immer vier oder fünf private Schreiber um sich. Von ihnen ließ er den gesamten Chokling Tersar, fast vierzig Bände, kopieren. Tatsächlich scheint dies das Einzige zu sein, in das er Mühe investierte. In die exakte Niederschrift des gesamten Chokling Tersar.

Wie kam es dann, dass Samten Gyatso als Vajrameister eingesetzt wurde? Es passierte auf folgenden Weise. Der 15. Karmapa wollte die Übertragung des Chokling Tersar von Chokgyur Lingpas Sohn Tsewang Norbu erhalten. Zu dieser Zeit war Tsewang Norbu in Zentraltibet angekommen und wohnte in Lhasa, im Haus eines Gönners. Khakyab Dorje sandte nach ihm und Tsewang Norbu erklärte sich bereit zu kommen. Unglücklicherweise machte es Tsewang Norbus selbstverliebter Gönner schwierig für ihn, zu gehen. Er wollte seinen ‚Hauspriester' nicht ziehen lassen. Tsewang Norbu starb kurz darauf, ohne jemals die Möglichkeit gehabt zu haben, nach Tsurphu zu gehen und den Chokling Tersar zu übertragen.

Karmapa schickte dann nach Tsewang Norbus Neffen, Terse Tulku. Er war die Reinkarnation von Tsewang Norbus Bruder, einem weiteren Sohn von Chokgyur Lingpa, der früh gestorben war und als Sohn von Chokgyur Lingpas Tochter, Könchok Paldrön, wiedergeboren wurde. Er war der jüngste ihrer vier Söhne, ein Bruder von Samten Gyatso und somit ebenfalls ein Onkel von mir. Terse Tulku war extrem gelehrt und achtete sehr auf Details. Er war vollkommen qualifiziert, den Chokling Tersar auf präziseste Art und Weise zu übertragen. Nachdem er nach Zentraltibet kam, schickte ihm der Karmapa eine Nachricht, in der er ihn bat, nach Tsurphu zu kommen.

Karmapa schickte Terse Tulku seinen vertrauenswürdigsten Diener, einen Mönch aus der Provinz Golok mit Namen

Jampal Tsültrim. Jampal Tsültrim kam aus sehr guter Familie und war von bestem Charakter. Obwohl er dem Karmapa diente, war er selbst ein Meister. Er war Karmapas Schreiber und ein sehr reiner Mönch. Er war eine sehr beeindruckende und verlässliche Persönlichkeit, daher schickte Karmapa ihn auf diese Mission. Da er jedoch aus Golok stammte, war er auch sehr halsstarrig und ausgesprochen selbstsicher. Als er Terse Tulku aufsuchte, sagte er: „Der Karmapa bittet dich zu kommen, um ihm den Chokling Tersar zu geben." Terse Tulku war, wie sein Bruder Samten Gyatso, der Verborgene-Yogi-Typ und lehnte es sofort ab. Er sagte: „Das ist vollkommen lächerlich! Wie kann ein Hund seine Pfote auf den Kopf eines Mannes legen? Warum verlangst du so etwas von mir?" Gelong Jampal Tsültrim sagte: „Nicht ich bin es, der dich darum bittet; es ist der Karmapa, der es dir befiehlt. Willst du dein Samaya mit ihm brechen?" Terse Tulku erwiderte: „Nein, er ist ein Bodhisattva auf der zehnten Stufe. Ich bin nicht anderes als ein Hund, ich bin nichts. Wie könnte ich als sein Lehrer fungieren, indem ich ihm Ermächtigungen gebe? Es gibt überhaupt keine Frage darüber – wie könnte ich so etwas tun?" Zwischen den beiden stellte sich dann eine hitzige Diskussion ein, an deren Ende Gelong Jampal Tsültrim Terse Tulku schließlich links und rechts ohrfeigte und sagte: „Du Wurm!" Dann ging er davon. Er kehrte zu Khakyab Dorje zurück und sagte: „Dieser Mensch ist völlig unmöglich! Der niederste Abschaum! Ich habe mit ihm darüber debattiert, aber er weigert sich absolut, zu kommen." Der 15. Karmapa war darüber nicht verärgert. Er sagte lediglich: „Es ist in Ordnung. Wir werden sehen. Vielleicht wird es am Ende doch noch etwas werden."

Khakyab Dorje lud dann Samten Gyatso nach Tsurphu ein, ohne ihm jedoch den speziellen Grund für die Einladung zu nennen. Einige Zeit nachdem Samten Gyatso in Tsurphu angekommen war, wurde er gebeten, in die privaten Gemächer des Karmapa zu kommen. Als er dort ankam, sah er einen Thron mit Brokatroben, einer Krone und den Gebrauchsgegenständen eines Vajrameisters. Ihm wurde geheißen, auf dem Thron Platz zu nehmen. Zuerst wurde viel hin und her protestiert, aber schließlich sagte Khakyab Dorje: „Ich befehle dir, dich dort hinzusetzen. Von jetzt an setze ich dich in die Position eines Vajrameisters ein."

Es war nicht nur der Karmapa, der Samten Gyatso in die Position eines Vajrameisters drängte; Tsewang Norbu tat es ebenfalls. Tsewang Norbu wurde einmal nach Riwoche eingeladen, um dort die *Rinchen Terdzö*-Ermächtigungen zu geben. Da Chokgyur Lingpa bereits verstorben war, hätte man sie am liebsten von Jamgon Kongtrul erbeten, der allerdings bereits recht alt und schwach war. Als Nächstbesten wollte man Khyentse, aber auch er war bereits zu alt. Schließlich entschlossen sich Khyentse und Kongtrul, den Sohn von Chokgyur Lingpa, Tsewang Norbu, als ihren Repräsentanten zu schicken, um das *Rinchen Terdzö* zu geben. Viele große Tulkus waren dort anwesend, einschließlich der beiden Inkarnationen von Chokgyur Lingpa.

Jeden Abend nach den Zeremonien trafen sich die Tulkus und Lamas in Tsewang Norbus Privaträumen, um zu diskutieren oder Fragen zu stellen. An einem Abend diskutierten sie die Zukunft des Chokling Tersar. Tsewang Norbu war ein sehr großer Mann, mit einer beherrschenden Präsenz und durchdringenden Augen. Er starrte sie nur an. Dann zeigt er mit dem Finger auf Samten Gyatso, der still an der Tür saß und sich unauffällig verhielt. Tsewang Norbu sagte, während er Terse Tulku [Terse bedeutet Sohn des Tertön] ansah: „Du denkst, du bist die Inkarnation von Chokgyur Lingpas Sohn!" Er schaute zu den beiden Chokling Tulkus und sagte: „Ihr beiden denkt, dass ihr die Inkarnationen von Chokgyur Lingpa selbst seid! All drei denkt ihr, dass ihr etwas Besonderes seid! Seid ihr aber nicht, verglichen mit dem da!" Während er auf Samten Gyatso zeigte, fuhr er fort: „Er wird viel größeren Einfluss auf die Weiterführung der Linie haben." Samten Gyatso war von dieser Äußerung ziemlich eingeschüchtert. Obwohl Tsewang Norbu sein Onkel mütterlicherseits war, hatte er doch wie jeder andere ein wenig Angst vor ihm. Wenn er eine solche Äußerung von sich gab, war es wie eine Prophezeiung, die ihre Wirkung nicht verfehlte.

Als Tsewang Norbu viele Jahre später nach Zentraltibet ging, schien er zu wissen, dass er Samten Gyatso nie wiedersehen würde. Er inthronisierte Samten Gyatso privat in seinen Gemächern und gab ihm seinen Dorje und seine Glocke, wobei er sagte: „Ich vertraue dir die Linie des Chokling Tersar an. In der Zukunft wirst du sie weitergeben müssen." Obwohl Samten Gyatso protestierte, wurde ihm doch diese Verantwortung übertragen. Das ist der Grund, warum er sich später nicht weigerte, als Khakyab Dorje ihn nach Tsurphu einlud. Er sagte nur „Na gut" und gab die Ermächtigungen.

Als Samten Gyatso Khakyab Dorje die vollständige Übertragung des Chokling Tersar gab, hielt sich dieser nicht in Tsurphu selbst auf, sondern an seinem Klausurort oberhalb von Tsurphu. Karmapa war zu dieser Zeit schon älter. Er hatte gerade ein zweites Mal geheiratet und seine Gefährtin war bekannt als Khandro Chenmo, was so viel bedeutet wie die Große Dakini des Karmapa. Sie war damals erst etwa sechzehn Jahre alt; Karmapa starb drei Jahre später, als sie neunzehn war. Terse Tulku war zu dieser Zeit auch anwesend. Nachdem sein Bruder eingewilligt hatte, die Ermächtigungen zu geben, war er nicht mehr zu schüchtern, um nach Tsurphu zu kommen. An den Abenden unterhielten sie sich oft mit Khakyab Dorje, manchmal bis Mitternacht oder später. Khakyab Dorje verließ dann Samten Gyatsos Klausurhütte und kehrte in sein eigenes Quartier zurück. In einer Nacht, als er gerade gegangen war, faltete Khakyab Dorje seine Hände und sagte zu seiner Gefährtin: „Zu dieser Zeit und in diesem Zeitalter gibt es wahrscheinlich niemanden außer Samten Gyatso, der die authentische Realisation der innersten Essenz der Großen Perfektion besitzt." Solcher Art war die reine Dankbarkeit und Anerkennung, die der Karmapa für Samten Gyatso hatte. Die Große Dakini hat mir dies selbst später erzählt.

In die Position eines Vajrameisters eingesetzt zu werden kann mitunter etwas problematisch sein. Im Fall von Samten Gyatso wurde dieser mehr oder weniger gewaltsam in diese Position eingesetzt. Erst von Tsewang Norbu, seinem Wurzellehrer, und dann von Khakyab Dorje. Samten Gyatso hat darüber niemals viele Worte verloren, zu niemandem. Kurz bevor Samten Gyatso starb, verbrachte ich viele Abende mit ihm in seinem Raum. Samten Gyatso lag in seinem Bett und ich schlief an seinem Fußende auf dem Boden. Eines Nachts unterhielten wir uns und Samten Gyatso begann zum ersten Mal von seiner innersten Realisation zu sprechen. Er erzählte auch von den Details seiner Beziehung zu Khakyab Dorje und Tsewang Norbu, von denen ich gerade berichtet habe. Außer zu diesem Zeitpunkt hat er niemals etwas von diesen persönlichen Informationen erwähnt, niemandem gegenüber.

„Von diesem Punkt an", erzählte er mir, „fiel ich wirklich unter den Einfluss eines der vier Maras, dem Dämon der Ablenkung, den man den ‚himmlischen Sohn' nennt. Davor war es meine einzige Ambition, in einer Höhle zu bleiben und zu praktizieren. Aber seit der Karmapa mich dazu gezwungen hat, muss ich mich wie ein Vajrameister benehmen, Ermächtigungen geben, mündliche Übertragungen, und so weiter." Das war etwas, was er zuvor niemals getan hatte. Er hatte es immer vermieden. Aber von diesem Zeitpunkt an musste er diese Position ausfüllen. Wenn man zurückblickt, besteht kein Zweifel, dass er es war, der für die weite Verbreitung der Lehren des Chokling Tersar verantwortlich war.

Samten Gyatso selbst sagte: „Ich war glücklich damit, nur in Höhlen zu leben. Ich hatte niemals die Absicht oder die Begierde, wie ein Lama zu agieren. Im Alter von acht Jahren wurde ich in die Natur des Geistes eingeführt und habe darin bis jetzt verweilt, so viel, wie es möglich war." Als Samten Gyatso älter wurde, dachte er oft: „Ich hätte in den Höhlen bleiben sollen. Stattdessen bin ich unter den Einfluss von Hindernissen gefallen." Es war kein leeres Gerede, wenn er das sagte; er fühlte sich tatsächlich so. Er hatte keinerlei Ambitionen, ein Vajrameister zu werden und über allen zu sitzen. Einmal sagte er zu mir: „Erfolgreich zu sein nennt man auch ‚das angenehme Hindernis'. Während jedermann unangenehme Hindernisse sofort erkennen kann, wird das angenehme Hindernis selten als ein Hindernis anerkannt."

Unangenehme Hindernisse sind es zum Beispiel, verleumdet oder in Skandale verwickelt zu werden, krank zu werden oder vom Pech verfolgt zu sein, und so weiter. Die meisten Praktizierenden können mit diesen umgehen. Sie erkennen die Umstände als Hindernisse und nutzen sie als Teil des Pfades. Angenehme Hindernisse jedoch, wie etwa bekannt zu werden, ein Gefolge von Schülern anzusammeln und oberflächlich dem Wohle anderer zu dienen, sind wesentlich trügerischer. Man beginnt zu denken: „Meine Güte! Ich werde wirklich etwas Besonderes. Ich nutze vielen Wesen. Alles ist in perfekter Ordnung!" Man erkennt nicht leicht, dass man das Opfer angenehmer Hindernisse geworden ist, und daher sind diese ein Haupthindernis für unseren Fortschritt. Samten Gyatso warnte, dass die Menschen derlei Hindernisse nur selten erkennen. Normalerweise denken sie nur: „Meine Kapazität, anderen zu helfen, expandiert." Nun, das ist es, was man sich selbst sagt, während man es verpasst zu bemerken, dass man Opfer eines Hindernisses geworden ist.

ACHTSAMKEIT

Es gibt zwei Arten von Achtsamkeit: bewusste oder beabsichtigte und mühelose Achtsamkeit. Indem der Praktizierende mit der Achtsamkeit bewusster Aufmerksamkeit beginnt, kann er klar unterscheiden, ob er oder sie abgelenkt ist oder nicht. Mühelose Achtsamkeit ist natürlich möglich, wenn man einer der Praktizierenden des höchsten Kalibers ist – der ‚unmittelbare Typ' von Person –, für den es nicht notwendig ist, die Stufen des Pfades zu durchlaufen. Für die meisten anderen Menschen ist es jedoch von essentieller Bedeutung, mit der Achtsamkeit bewusster Aufmerksamkeit zu beginnen, speziell im Mahamudrasystem. Andererseits, wenn man sich ausschließlich auf mühelose Achtsamkeit verlässt, mag man gar nicht bemerken, ob man abgelenkt ist oder nicht. Schlimmer noch, man mag sich selbst davon überzeugen, dass man überhaupt nie abgelenkt ist. Stattdessen ist es viel besser, zunächst bewusste Aufmerksamkeit zu praktizieren, um dann Schritt für Schritt zu müheloser Achtsamkeit fortzuschreiten.

In den Mahamudralehren ist oft von der ‚natürlich angeborenen Natur' die Rede. Dies ist nichts anderes als die Buddhanatur. Die Übung besteht einfach darin, sich daran zu gewöhnen, damit vertraut zu werden, egal ob man diese Natur als Mahamudra, Madhyamika oder Dzogchen bezeichnet. Dies sind alles nur verschiedene Worte für ein und denselben natürlichen Zustand. Aber um sich darin zu üben, muss man zunächst in die Sichtweise eingeführt werden und diese erkannt haben. Wenn im Mahamudrasystem der Praktizierende die Sichtweise einmal erkannt hat, dann praktiziert er Achtsamkeit als den Pfad. Es ist eine Methode, sich in der Sichtweise zu üben. Geht die Achtsamkeit verloren, so werden wir vollkommen irregeleitet in die ‚schwarze Zerstreuung' gewöhnlicher Gewohnheitsmuster. ‚Schwarze Zerstreuung' bedeutet, dass man jeglichen Gedanken an Praxis vergisst und einfach in gewöhnliche Aktivitäten abgleitet. Man lässt jegliche Praxis hinter sich. Also, entweder wir erinnern uns der Sichtweise und erhalten sie aufrecht oder unsere Praxis ist zerstört. Wir müssen wissen, ob wir abgelenkt sind oder nicht. Diskursives Denken ist Ablenkung. Ein Zitat aus dem *Regen der Weisheit* von Jamgon Kongtrul Lodrö Thaye lautet: „In der Komplexität entdeckte ich Dharmakaya; im Denken entdeckte ich Nicht-Denken."

Eine Person mit höchster Kapazität kann augenblicklich bei müheloser Achtsamkeit anlangen. Das wäre jemand, der die Kontinuität früherer Übung aus dem vorangegangenen Leben besitzt und mit einer sehr starken Begabung für diese Art der Praxis wiedergeboren wird. Unnötig zu erwähnen, dass die wenigsten Menschen dieser Kategorie angehören. Die meisten von uns haben diese höchste Kapazität nicht, daher gibt es keinen anderen Weg, uns an die Sichtweise zu erinnern, als bewusst achtsam zu sein.

Wir benötigen eine absichtliche Erinnerung, um uns zur Sichtweise zurückzubringen. Das, was irregeleitet wird, ist einfach nur unsere Aufmerksamkeit. Unser Geist wird abgelenkt, und das, was uns zur Sichtweise zurückbringt, wird ‚bewusste Achtsamkeit' genannt. Auf die gleiche Art und Weise ist es notwendig, einen bewussten Akt auszuführen, wenn man möchte, dass das Licht in einem Raum angeht. Man muss seinen Finger auf den Lichtschalter legen und diesen betätigen; das Licht schaltet sich nicht von alleine an. Genauso verhält es sich mit einem Anfänger; wenn er sich nicht entschlossen daran erinnert, sich an die Sichtweise zu erinnern, dann wird sich die Erkenntnis der Essenz des Geistes nie einstellen. In dem Augenblick, in dem wir bemerken, dass wir abgelenkt sind, denken wir: „Ich schweife ab." Indem wir die Identität dessen, der abgelenkt wurde, erkennen, gelangen wir automatisch zur Sichtweise zurück. Diese Erinnerung ist nichts weiter als das. Dieser Moment ist wie das Betätigen des Lichtschalters. Sobald das Licht an ist, braucht man nicht weiter auf den Schalter zu drücken. Nach einer Weile vergessen wir wieder und werden abgelenkt. An diesem Punkt müssen wir wiederum die bewusste Achtsamkeit anwenden.

Dieser Fall ist ein gutes Beispiel für den berühmten Satz „Das Künstliche führt zum Natürlichen". Wendet zuerst die Methode an; dann, wenn man sich im natürlichen Zustand befindet, gestattet einfach seine Kontinuität. Natürlich wird unsere Aufmerksamkeit nach einer Weile wieder nachlassen. Es mag sein, dass wir diese Ablenkung noch nicht einmal bemerken. Sie ist so subtil und verstohlen wie ein Dieb. Habt ihr die Ablenkung jedoch bemerkt, so wendet Achtsamkeit an und verweilt natürlich. Der natürliche Zustand ist mühelose Achtsamkeit.

Das Wichtige hier ist ein Gefühl natürlicher Kontinuität. Schlagt eine Glocke an und ihr Ton wird sich eine Weile fortsetzen. Auf die gleiche Weise erkennt man die Essenz durch bewusste Achtsamkeit und diese Erkenntnis dauert eine Weile an. So wie es unnötig ist, in einem erleuchteten Raum ständig den Lichtschalter zu betätigen, ebenso wenig muss man kontinuierlich die Glocke anschlagen, um dauerhaft einen Klang hervorzurufen. Erkennt man die Geistesessenz, verweilt man einfach in ihr. Belasst es einfach, wie es ist, und es wird für eine Weile andauern. Das bezeichnet man als das ‚Aufrechterhalten der Kontinuität'. Nicht-Erschaffen bedeutet, nicht von dieser Kontinuität abzuweichen.

Das Haupthindernis für Praxis ist es, abgelenkt zu sein. In dem Augenblick, in dem die Geistesessenz erkannt wird, sieht man, dass es da nichts zu sehen gibt. An diesem Punkt gibt es den Akt des Meditierens nicht; es wird im Moment des

Schauens gesehen. Wenn ihr erkennt, belasst es einfach so, ohne euch daran zu schaffen zu machen oder es in irgendeiner Weise zu modifizieren: das ist es, was als Nicht-Erschaffen bezeichnet wird. Ist die Kontinuität einmal verloren, dann sind wir abgelenkt. In der Kontinuität gibt es keine Ablenkung; Ablenkung ist hier unmöglich. Die Kontinuität zu verlieren ist das Gleiche wie abgelenkt zu sein, was tatsächlich ‚Vergessen‘ bedeutet. Ein geübter Praktizierender wird bemerken, dass die Sichtweise abhanden gekommen ist. In genau dem Augenblick, in dem ihr wahrnehmt: „Ich habe die Sichtweise verloren; ich bin abgeschweift", erkennt wieder und ihr werdet augenblicklich Leerheit sehen. Belasst es an diesem Punkt einfach so, wie es ist. Man muss darüber nicht besorgt oder ängstlich sein, das sind nur weitere Gedanken. Wo kam der Gedanke her? Er ist nichts anderes als der Ausdruck von Gewahrsein. Gewahrsein ist Leerheit, sein Ausdruck sind Gedanken.

In den Kagyülehren heißt es: „Am Anfang sind Gedanken wie Schneeflocken, die auf die Oberfläche eines Sees fallen." Der See ist ein Wasserkörper. Die Schneeflocken sind auch Wasser. Wenn sie zusammentreffen, vermischen sie sich untrennbar. In der Erkenntnis der Geistesnatur kann der Gedanke nicht eigenständig bestehen. Er löst sich einfach auf. So wie unsere Natur Leerheit ist, eben so ist die Natur des Gedanken Leerheit. Der Augenblick des Erkennens des Denkers als leere Wahrnehmung ist wie das Zusammentreffen von Schneeflocke und Wasser.

All dies unterscheidet sich sicherlich von den Gedankenprozessen einer gewöhnlichen Person, die aktiv in entweder Zorn, Begierde oder Stumpfheit involviert ist. Diese Arten von Gedanken sind wie in Stein gehauen. Sie hinterlassen eine karmische Spur. Auf der anderen Seite ist Gedankenaktivität im Geist eines Yogi wie das Schreiben auf der Wasseroberfläche. Der Gedanke entsteht; die Essenz wird erkannt; der Gedanke löst sich auf. Wir können unsere Gedanken nicht sofort völlig eliminieren. Nach wiederholtem Erkennen der Essenz werden Gedanken jedoch graduell nachlassen.

Die Essenz selbst ist vollkommen frei von konzeptuellem Denken. Gleichzeitig jedoch *ist* ihr Ausdruck konzeptuelles Denken. Konzentriert eure Aufmerksamkeit nicht auf den Ausdruck. Erkennt vielmehr die Essenz: Dann hat ihr Ausdruck keinerlei Kraft, irgendwo zu verweilen. An diesem Punkt kollabiert der Ausdruck oder löst sich wieder in die Essenz auf. Je mehr Stabilität wir erlangen in der Erkenntnis der Essenz, die frei ist von konzeptuellem Denken, desto weniger Basis oder Grund hat ihr Ausdruck, das konzeptuelle Denken, desto unbegründeter wird es. Wenn sich konzeptuelles Denken vermindert und schließlich auflöst, was könnte noch weiteres Umherirren in Samsara verursachen? Die einzige Ursache für unser Umherirren in Samsara ist nichts anderes als konzeptuelles Denken.

Im Angesicht des direkten *Sehens* von Leerheit kann kein Gedanke verweilen, so wie kein Objekt mitten in der Luft verweilt. Wenn wir Leerheit nicht erkennen, werden wir permanent von Gedanken mitgerissen. Ein Gedanke nach dem anderen, so funktioniert der Geist von fühlenden Wesen, Tag und Nacht. Seit anfangsloser Zeit, bis zum heutigen Tag, folgte ein Gedanke unaufhörlich dem anderen, wie die Perlen auf einer Schnur. Und doch ist die Essenz eines jeden dieser Gedanken Leerheit, wenn wir es doch nur erkennen könnten.

Immer wieder hört ihr: „Erkennt die Geistesessenz; erlangt Stabilität darin." Was dies wirklich bedeutet, ist, dass wir wiederholt in das schauen sollen, was denkt. Wir sollten das Nicht-Vorhandensein oder die Leerheit dieses Denkers wieder und wieder erkennen, bis die Kraft des getäuschten Denkens schließlich geschwächt ist, bis es vollkommen und spurlos verschwunden ist. Was verbleibt an diesem Punkt, das den Zustand von Erleuchtung verhindern könnte?

Buddhanatur ist etwas, das wir bereits besitzen. Sie ist weder das Produkt von Meditationspraxis noch ist sie etwas, das wir ansammeln oder erlangen müssten. Solange wir sie jedoch nicht erkennen, können wir aus dem bloßen Besitzen der Buddhanatur keinerlei Nutzen ziehen. All unsere Gedanken kommen aus der Buddhanatur als ihr Ausdruck, wie Sonnenstrahlen, die von der Sonne ausgestrahlt werden. Es ist nicht so, als käme die Sonne aus ihren Strahlen. Daher sollte man am Anfang in die Essenz des Geistes schauen, bis man den ‚natürlichen Zustand klar festgestellt hat'. Sobald der natürliche Zustand festgestellt ist, gibt es keinen Grund, noch hier oder dort zu schauen. Es macht keinen Unterschied mehr. Auf dieser Stufe hat Leerheit eine natürliche Stabilität erreicht. Nirgendwo auf der Welt, nirgendwo unter dem Himmel, gibt es eine effektivere Methode zur Erlangung von Buddhaschaft. Gäbe es einen besseren Pfad, so könnte man zumindest danach suchen. Aber es heißt: „Suche das ganze Universum ab. Du wirst keinen höheren Pfad finden." Selbst wenn man jedes einzelne Ding im Universum untersuchen würde, man würde keine bessere Methode finden. Daher, übt euch genau darin.

Es macht keinen wirklichen Unterschied, ob wir unsere Praxis nun Mahamudra oder Dzogchen nennen. Viel wichtiger ist, dass das Sich-Erinnern-zu-Erkennen und das Erkennen selbst gleichzeitig stattfinden, ohne jegliche Zeitverschiebung zwischen den beiden. Wir müssen nicht umhertanzen, wenn wir uns des Erkennens erinnert haben, um uns dann hinzusetzen, um zu erkennen. Wir müssen kein Spektakel daraus machen. Wir müssen uns nicht erst nach rechts und dann nach links wenden, nach oben und dann nach unten schauen und *dann* erkennen. In dem Augenblick, in dem wir hinsehen, sehen wir sofort, dass es kein ‚Ding' zu sehen gibt. Es wird im Augenblick des Hinsehens gesehen. Im Augenblick des Hinsehens ist es frei von Gedanken. Ist es nicht viel einfacher, etwas derart Simples zu praktizieren? Dies wird auch *Prajnaparamita* genannt, transzendente Weisheit, weil es sich jenseits eines konzeptuellen Geisteszustands befindet. Dieses transzendente Wissen liegt nicht etwa ein wenig außerhalb unseres Pfades, sodass wir etwas mehr zur linken oder rechten Seite oder etwas tiefer im Inneren danach schauen müssten. Wenn dem so wäre, wäre es schwierig zu erkennen, denn dann wir könnten es irgendwie übersehen.

Wenn du in den Raum zeigst, deutest du erst darauf und erreichst dann Raum, oder erreichst du Raum in dem Augenblick in dem du darauf deutest? Wenn ich diese Frage stelle, meine ich nicht den blauen Tageshimmel. Ich spreche von tatsächlichem Berühren von Raum. Versteht dieses Beispiel: Genau das ist gemeint mit „Es wird im Moment des Hinsehens gesehen. Es ist frei im Moment des Sehens". Der erste Augenblick des Schauens in die Geistesessenz wird als die ‚Achtsamkeit bewusster Aufmerksamkeit' bezeichnet. Der zweite Augenblick, beschrieben als ‚frei im Moment des Sehens', bedeutet nicht, dass man weiter schauen muss, während man denkt: „Wo ist es nun? Ich schaue besser ganz genau hin!" Das kreiert nur weiteres Denken. Wenn man fortfährt mit „Jetzt sehe ich es! Wo ist es? Ich will es sehen!", dann kreiert man nur noch mehr Gedanken innerhalb des Zustands von Buddhanatur, der in sich selbst frei ist von Gedanken.

Der erste Punkt ist bewusste Achtsamkeit. Dann, im nächsten Augenblick des Sehens eurer Natur, solltet ihr einen fortwährenden Zustand von Natürlichkeit gestatten. All die verschiedenen Spekulationen, die wir anstellen können, wie „Ich sehe es. Ich sehe es nicht. Das ist es. Das ist es nicht!" sollten vollkommen unterlassen werden. Sie sind irrelevante Gedanken. Im Augenblick des Sehens gestattet eine Kontinuität, frei von Gedanken. Verweilt einfach ganz frei darin.

Weil wir seit anfangsloser Zeit von konzeptuellem Denken aus diesem Zustand fortgerissen wurden, werden wir durch die Kraft dieser Gewohnheit wieder fortgerissen. Wenn das passiert, muss man bemerken: „Ich schweife ab." Menschen, die niemals eine solche Belehrung erhalten haben, verstehen noch nicht einmal, dass sie fortgerissen werden. Aber jemand, der eine solche Belehrung erhalten hat und der gesehen hat, dass es nichts zu ‚sehen' gibt, wird es auch bemerken, wenn seine Aufmerksamkeit davon ablässt. Solche Menschen können Ablenkung erkennen. Sie können in das

„Wer wird fortgerissen?" hineinschauen. Das bringt augenblicklich ein Zusammentreffen mit der Buddhanatur zustande. In diesem Augenblick belasst es einfach, wie es ist.

Wenn wir mit dieser Praxis vertraut werden, können wir Gedanken wie „Ich darf nicht abgelenkt sein" oder „Ich muss mich erinnern" oder „Jetzt erinnere ich mich, jetzt habe ich vergessen" unterlassen. Wenn Stabilität in müheloser Achtsamkeit zunimmt, kann man solche Ideen langsam aufgeben.

Im Mahamudrasystem wird der Praktizierende wie folgt in die Natur des Geistes eingeführt. Zuerst wird dem Praktizierenden gesagt: „Schau in die Natur des Geistes." Die große Frage an diesem Punkt ist: „Was ist die Natur des Geistes?" Der Lehrer wird sagen: „Bist du manchmal glücklich oder unglücklich? Möchtest du bestimmte Dinge haben? Magst du dieses und magst du jenes nicht? Gut, betrachte das, was diese Emotionen fühlt." Nachdem er dies getan hat, wird der Praktizierende berichten: „Nun, das was denkt und fühlt, scheint kein reales Ding zu sein. Aber dennoch sind da Gedanken und Emotionen." Der Lehrer wird erwidern: „Nun gut, betrachte diesen Denker ganz genau." Danach wird der Schüler zurückkehren und dem Lehrer berichten: „Nun, ich habe den Denker beobachtet. Manchmal macht er sich viele Gedanken über dieses und jenes und manchmal ruht er, ohne irgendetwas zu denken."

Für einen gewissenhaften Praktizierenden wird es etwa zwei bis drei Monate dauern, bis dieser Punkt erreicht ist. Der Schüler wird sich sehr klar darüber, dass der Geist, der Denker, kein reales Ding ist. Obwohl dem so ist, denkt er manchmal alles Mögliche und manchmal verweilt er, ohne an irgendetwas zu denken. Diese beiden Zustände, Erscheinen von Gedanken und Stille, beziehen sich auf Denken und das Aufhören von Denken. Diese Aspekte können demnach als ‚Erscheinen und Aufhören' bezeichnet werden. Durch all unsere Lebenszeiten hindurch, seit anfangsloser Zeit bis zum heutigen Tag, sind wir mit dem Erscheinen und Aufhören von Gedanken beschäftigt gewesen.

Der Lehrer wird dann sagen: „Lass uns diese beiden Zustände benennen. Wenn Gedankenaktivität stattfindet, lass uns diesen Zustand ‚Aktivität' nennen. Sind keine Gedanken vorhanden, nennen wir es ‚Stille'." Das ist das Aufzeigen von Aktivität und Stille. Normale Menschen bemerken diese beiden Zustände nicht. Sie kennen den Unterschied zwischen Aktivität und Stille nicht. Danach wird der Schüler denken: „Nun, ich verstehe diese beiden Zustände. An dieses und jenes zu denken wird Aktivität genannt. An überhaupt nichts zu denken bezeichnet man als Stille."

Der Lehrer wird sagen: „Dein Geist ist wie jemand, der nicht permanent arbeitet. Manchmal macht er eine Pause. Manchmal bewegt er sich von hier nach da, manchmal sitzt er still und macht gar nichts. Obwohl der Geist leer ist, ist er weder permanent aktiv noch permanent still."

In der Lage zu sein, Gedankenaktivität oder Stille wahrzunehmen, heißt nicht, dass man die wahre Natur des Geistes kennt. Es ist einfach nur die Fähigkeit, festzustellen, ob Gedanken vorhanden sind, und wenn dem nicht so ist, dass keine Gedanken präsent sind. Dies wird bezeichnet als ‚den Charakter des Geistes kennen'. Es ist nicht das Kennen der Buddhanatur. Manchmal verhält sich eure Aufmerksamkeit still und manchmal wandert sie umher. Solange man nur ein Auge darauf hat, ob Gedankenaktivität oder Stille vorherrscht und nicht über diese Übung hinausgeht, solange wird man keine Erleuchtung erlangen.

Der Lehrer wird dann die nächste Anweisung geben, indem er sagt: „Nun, beachte nicht mehr nur, ob Gedankenaktivität oder Stille vorherrschen. Wenn sich Denken einstellt, schau in den, der denkt. Wenn sich Stille einstellt, schau in den, der Stille fühlt."

Der Schüler wird völlig verwirrt zurückkehren und sagen: „Wenn ich in den, der Stille fühlt, schaue, finde ich absolut nichts. Wenn sich Denken einstellt und ich in den, der denkt, schaue, finde ich auch kein ‚Ding'. Nicht nur das, darüber hinaus verschwinden sowohl Denken als auch das

Gefühl von Stille. Was soll ich jetzt tun? Vorher konnte ich über etwas Kontrolle ausüben. Ich konnte Denken und Stille identifizieren. Jetzt ist das nicht mehr so. Wenn ich in das, was denkt, schaue, verschwindet der Denker. Wenn ich in das, was still ist, schaue, verschwindet es ebenfalls. Ich bin völlig ratlos. Ich habe sowohl den Denker als auch den, der Stille fühlt, verloren."

Der Lehrer wird entgegnen: „Nein, du bist keineswegs ratlos. Jetzt bist du bei Mahamudra angelangt, bei der Natur des Geistes. Genau darin musst du dich für Monate und Jahre üben. Vorher warst du nur mit der Manifestation beschäftigt, nicht mit der Natur. Manifestation hat sich jetzt aufgelöst. Was übrig ist, ist die Natur selbst." Das ist der traditionelle Weg des Aufzeigens von Mahamudra.

Wenn man sich nach dieser Methode übt, gibt es keinen Unterschied zwischen Mahamudra und Dzogchen. Aus diesem Grund haben so viele große Meister der Vergangenheit das Mahamudrasystem so hoch gepriesen. Es ist perfekt sowohl für Anfänger mit kleiner Kapazität als auch für Personen mit hoher Kapazität. Im Mahamudra gibt es weder Fehler noch Abschweifungen irgendwelcher Art.

Was wir von jetzt an wirklich genau betrachten sollten, ist das, was denkt, wenn wir denken, und das, was Stille empfindet, wenn wir ruhig sind. Alle vorangegangenen Praktiken sind nach außen gerichtet insofern, als bei der Betrachtung dessen, was passiert, dieses als Objekt unserer Aufmerksamkeit betrachtet wird. „Jetzt denke ich. Jetzt bin ich still." In beiden Fällen trennt man das Objekt der Aufmerksamkeit von sich, demjenigen der betrachtet, ab. Also, von nun an verinnerlichen wir die Praxis, indem wir das, was denkt, und das, was Stille fühlt, *erkennen*, anstatt nur das Gefühl zu beobachten.

Wie können wir dies gewissenhaft praktizieren, ohne von Ablenkung fortgerissen zu werden? Wir müssen bemerken, wenn wir fortgerissen werden, und in das schauen, was fortgerissen wird. Macht einen klaren Unterschied zwischen Fortgerissen- und Nicht-fortgerissen-Werden. Es ist durchaus möglich, sich selbst davon zu überzeugen, dass man nicht abgelenkt ist, indem man sich sagt: „Meine Aufmerksamkeit gleitet nie ab. Ich werde niemals fortgerissen." Wenn wir in dieser Art von Überzeugung feststecken, sind wir vom Pfad abgewichen. Eine solche Situation ist sehr schwierig richtig zu stellen; es ist eine ernste Abschweifung. Der eigentliche Augenblick des Erkennens der Geistesnatur, indem kein ‚Ding' gesehen wird, ist in sich selbst Nicht-Ablenkung. Aber zu denken „Ich bin nicht abgelenkt" ist eine Erfindung wie jeder andere Gedanke auch.

Es ist einfach, sich zu entscheiden, dass Geist Leerheit ist. Aber es besteht ein Unterschied zwischen dem Erfahren von echter Leerheit und dem Erfahren der *Idee* von Leerheit, die nichts weiter als ein weiterer Gedanke ist. Die Essenz des Geistes ist uranfänglich Leerheit – darüber besteht keine Frage. Sie ist aus keiner wie auch immer gearteten Substanz zusammengesetzt. Wenn wir jedoch versuchen, dies zu artikulieren, indem wir denken: „Es ist leer. Ich sehe es!", dann ist sie nicht mehr leer. Wir verstehen, dass der Meister gesagt hat: „Erkenne deine Geistesessenz. Sieh, dass dort kein ‚Ding' zu sehen ist. Das ist wahre Leerheit." Wenn wir das hören, ist es einfach, den Gedanken zu formen: „Das ist Leerheit! Ich sehe es!" Aber das ist keine echte Leerheit, sondern eine Erfindung, eine Fälschung. Diese nachgemachte Leerheit, nichts als eine Idee, zerschneidet nicht die Wurzel der drei Gifte. Im Augenblick des Erkennens, dass die Geistesessenz kein ‚Ding' ist, auf welche Art und Weise auch immer, sollten wir uns in keinerlei Gedanken verstricken. Spekuliert niemals: „Jetzt ist es leer!" oder „Jetzt ist es nicht leer!" oder „Das ist es!" oder „Das ist es nicht!" Im Augenblick des Schauens wird die wahre Leerheit augenblicklich erkannt. Aber sobald wir zu denken beginnen: „Das ist Leerheit", ist es künstlich. Die wahre Leerheit, Buddhanatur, ist natürlich frei von Gedanken. Wenn wir also zu denken beginnen: „Das ist Leerheit!", dann ist es nur noch ein Gedanke. Wir müssen diesen Gedanken „Das ist Leerheit!" aufgeben.

Diese Abwesenheit von jeglichen konzeptuellen Formulierungen ist die besondere Qualität der wahren buddhistischen Sichtweise. Andere spirituelle Schulen mögen durchaus die Essenz erkennen und verstehen, dass sie leer ist, aber sie versäumen es, von der Idee darüber, was Leerheit ist, loszulassen. Ungeachtet dessen, ob es sich um den Glauben an Ewigkeit oder Nihilismus handelt, jedwede Formulierung, die wir artikulieren mögen, weicht von der wahren Natur selbst ab. Selbstexistentes Gewahrsein muss nicht in Gedanken gefasst werden, um so zu sein.

Leerheit muss nicht gemacht werden, sie ist selbstexistent. Wenn man sie erst konstruieren müsste, wie könnte sie dann selbstexistent sein? ‚Selbstexistent' bedeutet, dass es nicht notwendig ist, etwas zu kreieren. Dies nicht anzuerkennen ist Unwissenheit. Die Realisation von natürlicher Leerheit ist das Einzige, was Gedanken durchschneiden kann. Gedanken können Gedanken nicht besiegen. Darüber hinaus durchschneidet man mit dem Durchschneiden von Gedanken gleichzeitig die Basis für die drei Bereiche von Samsara. Ich nehme an, dass ihr alle sehr intelligent seid; also seid jetzt bitte sehr aufmerksam. Wir alle besitzen etwas namens selbstexistente Weisheit, das wir weder kreieren noch anderweitig zusammensetzen müssen.

Nicht-konzeptuelle Weisheit übersteigt konzeptuelles Denken vollkommen. Wenn nicht-konzeptuelle Weisheit lediglich ein weiterer Gedanke wäre, könnte sie Gedanken nicht besiegen. Im Augenblick des Erkennens sind Gedanken abgeschnitten und besiegt. Gibt es irgendetwas Wundervolleres als das?

Wie ich bereits sagte, bewusste Achtsamkeit ist wie das Betätigen des Lichtschalters zum Einschalten des Lichts von nicht-konzeptueller Weisheit. Es ist die Vorbereitung, nicht der Hauptteil. Zu denken, dass das Betätigen des Lichtschalters der Hauptteil der Praxis ist, wäre falsch. So wie wir uns der Hauptpraxis nicht annähern können, ohne uns den vorbereitenden Übungen zu unterziehen, so können wir uns der Geistesessenz nicht annähern ohne bewusste Achtsamkeit.

Oft werden diverse Typen von Achtsamkeit erwähnt: bewusste Achtsamkeit, mühelose Achtsamkeit, Dharma-Achtsamkeit, Weisheitsachtsamkeit, alles durchdringende Achtsamkeit und so fort. Die letzteren Termini beschreiben sehr detailliert die Unterschiede zwischen den sieben unreinen und den drei reinen Bhumis. Natürlich könnten wir uns intellektuell in diese Terminologie vergraben, aber das wäre für den Augenblick wenig nützlich. Die verschiedenen Stufen müssen zu unserer Erfahrung in Beziehung stehen. Die Dzogchentradition beschreibt sechs Typen von Achtsamkeit. Andere Systeme nennen nur zwei: bewusste und mühelose. Der erste Typ wird als ‚Achtsamkeit bewusster Aufmerksamkeit' bezeichnet. Der zweite Typ wird ‚angeborene Achtsamkeit' genannt. Die Dzogchentradition drückt es folgendermaßen aus: „Unterstütze uranfänglich freies Gewahrsein mit angeborener Achtsamkeit." Hier findet keinerlei Transformation statt. Es ist der ursprüngliche Zustand von Gewahrsein, der durch angeborene Achtsamkeit unterstützt wird. Das ultimative ist die ‚alles durchdringende Achtsamkeit', in der es keinerlei Ablenkung, welcher Art auch immer, gibt. Gewahrsein dehnt sich so weit aus wie der Raum. Es ist ungebrochen und ohne jegliche Unterbrechung. Bei Tag und bei Nacht gibt es nur allumfassendes Gewahrsein. Jegliche Ablenkung hat sich in den Zustand von Dharmata aufgelöst. Das ist der Dharmakaya aller Buddhas.

Manche Leute glauben, dass sie immer nur weiter meditieren müssen, und eines Tages wird das Küken aus dem Ei schlüpfen und zu einer völlig neuen Stufe aufsteigen. Tatsächlich ist es überhaupt nicht so. Wir sollten nicht denken: „Der erwachte Zustand muss etwas wirklich Spezielles sein. Wenn ich lange genug auf diese Art und Weise praktiziere, wird sich eines Tages eine Tür öffnen und all die Qualitäten werden in mich hineinströmen." Eine solche Einstellung zu haben ist nutzlos.

Wenn wir wirklich etwas Spektakuläres erfahren wollen, werden wir hinreichend Gelegenheit dazu haben. Und zwar in den so genannten ‚temporären Meditationsstimmungen' von Freude, Klarheit und Nicht-Denken. Diese können sich einstellen, aber derlei sensationelle Erfahrungen helfen uns nicht, Gedanken durchzuschneiden. Im Gegenteil, sie rufen sogar noch mehr Fixierung hervor, indem wir zu denken beginnen: „Toll! Was ist denn das? *Das* muss es sein!" Viele nachfolgende Gedanken entstehen als Reaktion auf die Faszination dieser Erfahrungen.

Wie ich bereits erwähnt habe, beinhaltet Realisation einen Prozess von Erkennen, Üben und das Erlangen von Stabilität. Es ist vergleichbar mit dem Einpflanzen eines Blumensamens. Man pflanzt ihn ein, bewässert ihn und schließlich wird er wachsen und erblühen. Wir sind nicht wie Garab Dorje der, in dem Augenblick, in dem ihm die Natur des Geistes aufgezeigt wurde, zu einem vollständig erleuchteten Buddha wurde, ohne sich irgendeiner Übung unterziehen zu müssen. Der Augenblick des Erkennens der Geistesessenz, frei von Gedanken, ist, als hielte man einen authentischen Blumensamen in seiner Hand und würde ihn als das erkennen, was er ist. Eben dieses ist die selbstexistente Weisheit, der Ursprung von Buddhaschaft. Erleuchtung kommt nicht von irgendwo anders her.

Müdigkeit

Verglichen mit der seit ewigen Zeiten währenden Gewohnheit des Getäuscht-Seins, habt ihr euch erst kurze Zeit in der Erkenntnis der Geistesnatur geübt. Es ist unmöglich, in einigen wenigen Monaten oder sogar Jahren Stabilität zu erlangen, so etwas passiert einfach nicht. Es ist notwendig, Anstrengung an den Tag zu legen, im Sinne von Beharrlichkeit oder Konstanz, völlig müheloser Konstanz. Denkt daran, wie die Sehne eines Bogens über ihre ganze Länge die gleiche Spannung hat. Sie ist nicht an manchen Stellen straff gespannt, während sie an anderen Stellen lockerer wäre. Die Sehne ist über ihre ganze Länge straff. Ebenso verhält es sich mit der Art und Weise, wie man praktizieren sollte. Man sollte nicht an manchen Tagen mit aller Kraft nach Erkenntnis streben, nur um dann kurz darauf wieder aufzugeben. Es ist vielmehr eine Sache des Entspanntseins, aus seinem tiefsten Inneren heraus, um dann in ungeschaffener Natürlichkeit damit fortzufahren. Ihr müsst euch mit diesem Zustand vertraut machen, durch die oftmalige Wiederholung des kurzen Augenblicks des Erkennens.

Der Bewusstseinsstrom einer gewöhnlichen Person wird als ‚kontinuierlicher Augenblick der Täuschung' bezeichnet. Das heißt, dass jeder Augenblick mit der getäuschten, dualistischen Beschäftigung mit einem Objekt verschwendet wird. Das ist eine sehr starke Gewohnheit, die jene Umstände kreiert, in der sich der folgende Augenblick in gleicher Weise anschließen kann. So schließen sich der dritte und vierte Augenblick an die vorangegangenen an und bevor man es bemerkt, sind Monate, Jahre, Leben und Zeitalter vergangen. Dieser kontinuierliche Augenblick der Täuschung ist eine tief in uns verwurzelte Neigung zu völliger Zerstreuung in diesem verwirrten Zustand, der bereits seit so langer Zeit andauert. Das ist es nicht, worin wir uns üben müssen – wir tun es bereits seit zahllosen Lebenszeiten!

Das Gegenteil dieser Tendenz ist es, wenn wir uns im ‚kontinuierlichen Augenblick des Nicht-Erschaffens' üben, Rigpa, dem erwachten Zustand selbst. Durch diese ungeschaffene Natürlichkeit, ohne zu versuchen, auch nur irgendetwas zu tun, wirken wir dem tief sitzenden Zustand des kontinuierlichen Augenblicks der Täuschung entgegen, dem Erschaffer des Zustands von Samsara. Der wahre Yogi erhält die Verstrickung in diskursive Gedanken, Fixierung oder Anhaftung nicht aufrecht. Sein Geist ist wie Raum, der sich mit Raum vermischt. Wenn es kein diskursives Denken gibt, gibt es keine Täuschung.

Nicht-duales Gewahrsein, im Falle eines wahren Yogi, ist dieser erste Augenblick des Erkennens der Geistesnatur. Es ist der Dharmakaya selbst, frei von Greifbarkeit. Seine Essenz ist leer, seine Natur wahrnehmend und seine Kapazität ist unbegrenzt, durchdrungen von Gewahrsein. Egal ob wir über den verwirrten oder erwachten Geisteszustand sprechen, der gegenwärtige Augenblick ist immer die Einheit von leerer Wahrnehmung – in dieser Hinsicht gibt es keinen Unterschied. Aber im kontinuierlichen Augenblick der Täuschung gibt es niemals ein Erkennen der Natur – er ist durchdrungen von Nichtwissen, von Unwissenheit. Im Gegensatz dazu ist der kontinuierliche Augenblick des Nicht-Erschaffens ein Erkennen eurer eigenen Natur. Daher wird er auch selbstexistentes Gewahrsein genannt – leere Wahrnehmung, durchdrungen von Wissen.

Wenn keinerlei diskursives Denken stattfindet, keinerlei Ablenkung oder Täuschung, dann ist das der Zustand eines

Buddha. Wir fühlenden Wesen lenken uns ab und täuschen uns. Wir haben unsere Natur vergessen und sind unter den Einfluss diskursiven Denkens gefallen. Unser Geist ist leer und wahrnehmend, aber durchdrungen von Unwissenheit, wir wissen nicht. Für einen wahren Yogi ist der Pfad der Buddhas untrennbare leere Wahrnehmung, durchdrungen von Gewahrsein. Sobald wir in unsere Natur eingeführt wurden, damit vertraut geworden sind und sowohl am Tag als auch in der Nacht frei von Ablenkung verweilen, sind auch wir Buddhas.

Ihr solltet euch nicht durch abwechselndes Erkennen und Vergessen der Geistesnatur ermüden. Was wirklich ermüdend ist, ist der Zustand des getäuschten Geistes, der von einem Moment zum anderen völlig sinnlose Aktivität kreiert. Es ist eine völlig sinnlose Beschäftigung, die seit ungezählten Lebenszeiten andauert und uns derart zur Gewohnheit geworden ist, dass wir gar nicht bemerken, wie erschöpfend sie ist. Im Zustand ungeschaffener Natürlichkeit gibt es absolut nichts, an dem man ermüden könnte. Er ist vollkommen frei und offen, er ist nicht wie das Ausführen von Verbeugungen oder das Tragen einer schweren Last. Wie könnte ungeschaffene Natürlichkeit ermüdend sein?

Auf der einen Seite gibt es also die Erschöpfung der verdunkelten ‚schwarzen Zerstreuung' des Geistes, der gewohnheitsmäßigen Gedankenaktivität. Auf der anderen Seite steht die ‚gute Gewohnheit' des Versuchs, Rigpa in jedem Augenblick zu erkennen und frei von Ablenkung zu sein. Was ermüdend sein könnte, ist die Anstrengung des Versuchs, zu erkennen – „Jetzt erkenne ich es! Hoppla, jetzt habe ich wieder vergessen. Ich war abgelenkt und es ist mir wieder entglitten." Diese Art der Wachsamkeit mag ein wenig zu anstrengend und bedacht sein. Ein solches Vorgehen kann euch ermüden, wohingegen es keinerlei Hinweis darauf gibt, wie das Erkennen und Verweilen in ungeschaffener Natürlichkeit ermüdend sein könnte.

Das Gegenmittel gegen Erschöpfung ist es, sich von Anfang an aus tiefstem Inneren zu entspannen, völlig sein zu lassen.

Das Üben im erwachten Geisteszustands ist nicht etwas, das man bewusst aufrechterhalten müsste. Vielmehr ist die Erkenntnis ungeschaffener Natürlichkeit völlig mühelos. Die beste Entspannung bringt die beste Meditation hervor. Wenn man aus tiefstem Inneren entspannt ist, wie könnte das ermüdend sein? Was schwierig ist, ist, kontinuierlich abgelenkt zu sein; wenn man frei in völlig ungeschaffener, unabgelenkter Nicht-Meditation verweilt, ist es unmöglich, dass sich Müdigkeit einstellt.

Lasst mich nochmals wiederholen: *tatsächlich* ermüdend ist gewöhnliche ununterbrochene Täuschung, der Geist, der an dies und das denkt – das kontinuierliche Drehen des bösartigen Rades von Zorn, Begierde und Stumpfheit. Wir ergehen uns nonstop in derart sinnloser Aktivität, Tag und Nacht. Wenn man einmal in die Natur des Geistes eingeführt wurde, könnte man möglicherweise in dem Bemühen, angestrengt zu praktizieren, ermüden. Aber wenn wir mühelos sind, wie könnte sich Erschöpfung einstellen? Wir müssen das Bemühen zerstören: Das ist es, was uns ermüden lässt. In der Essenz des Gewahrseins, das frei ist von dualistischer Fixierung, was gäbe es da zu kreieren? Wir brauchen die bestmögliche Entspannung, die Schwierigkeit entsteht daraus, dass wir sie nicht haben. Wenn diese Entspannung nicht aus tiefstem Inneren kommt, werden wir definitiv ermüden. Das, was müde wird, ist der dualistische Geist. Nicht-duales Gewahrsein ist wie der Raum – wie könnte Raum ermüden? Die exzellenteste Meditation ist es, stabil zu sein in nicht-dualem Gewahrsein.

Am Anfang, wenn wir mit dieser Übung beginnen, wird unser Meister sagen: „Schau in deinen Geist! Schau in deinen Geist!" Diese Wachsamkeit ist notwendig, bis wir uns daran gewöhnt haben. Sobald dies der Fall ist, braucht ihr nicht mehr hier oder dort zu schauen. Ihr habt einen ‚Geschmack' von der Natur des Geistes bekommen. An diesem Punkt braucht ihr euch nicht mehr abmühen; die Natur des Geistes ist natürlich wach. Erinnert euch, der nackte Zustand des Gewahrseins ist von einem dualistischen Geisteszustand verschleiert, der sich in Gedanken an Vergangenheit, Gegenwart und Zukunft manifestiert. Wenn das Gewahrsein frei ist von Gedanken an die drei Zeiten, ist es, als wäre es nackt.

Solange wir nicht in die Natur des Geistes schauen, werden wir sie niemals erkennen. Das trifft jedoch nur auf den Anfang zu. Sobald ihr damit vertraut geworden seid, gibt es keinen Grund mehr, hier oder dort zu schauen oder irgendetwas zu tun. Erkenntnis stellt sich spontan ein, da man sich, zu einem gewissen Grad, an das Erkennen gewöhnt hat. Wenn es in dieser Erkenntnis ein Subjekt und ein Objekt gibt, dann ist das nichts anderes als dualistischer Geist.

Machik Labdrön riet: „Angestrengt anstrengen und locker lockern: Darin findest du die entscheidende Sichtweise." ‚Angestrengt anstrengen' bedeutet einfach in die Geistesessenz schauen. Solange man nicht schaut, gibt es keine Erkenntnis. ‚Locker lockern' heißt von jeglicher Idee des Erkennens loslassen oder sie aufgeben. Was hier erkannt wird, ist, dass es kein ‚Ding' zu erkennen gibt. Der erwachte Zustand ist kein Ding, das identifiziert oder bestimmt werden könnte. Dies ist ein höchst essentieller Punkt. Ohne zu erkennen, dass es kein Ding zu erkennen gibt, werdet ihr euch immer an eine Idee davon klammern. An einer Vorstellung von Erkenntnis und Erkennendem festzuhalten ist konzeptuell. Dieser Gedanke ist die Wurzel von Samsara. Es ist nicht die selbstexistente Weisheit, sondern reine Erfindung. Schaut also zuerst und entspannt euch dann aus tiefstem Inneren. Dann ist es wie der Raum, weit offen und hellwach. Das ist der Samadhi der Soheit, der real und natürlich stabil ist. Das, was gesehen wird, ist frei von jeglicher Substanz. Es ist kein ‚Ding'.

Selbst wenn ihr bereits erkannt habt, wenn ihr zu formulieren beginnt: „Jetzt ist es Rigpa! Ich habe es!", wird eure Geistesessenz von Gedanken verschleiert. Es gibt keine Notwendigkeit, eure Erfahrung zu bestätigen, indem ihr denkt: „Jetzt erkenne ich es." Es ist unnötig und nichts weiter als ein weiterer Gedanke, der nicht-duales Gewahrsein augenblicklich unterbricht. Dieser dualistische Geisteszustand ist es, was ermüdet. Das kontinuierliche Feststellen, das stattfindet: „Hey, jetzt ist es da" oder „Jetzt ist es nicht da!" Das ist es, was uns erschöpft, wohingegen der eigentliche Prozess des Erkennens und Abgelenktseins von Rigpa in keiner Weise ermüdend ist, sondern sehr spontan stattfindet. Dies wird bezeichnet als ‚das uranfänglich freie Gewahrsein mit angeborener Achtsamkeit nähren'. Angeborene Achtsamkeit ist ungeschaffene Achtsamkeit. Zurzeit schauen wir mittels künstlicher Achtsamkeit in die Essenz des Geistes. Das uranfänglich freie Gewahrsein mit angeborener Achtsamkeit zu nähren heißt, frei zu sein von einem konzeptuellen Geisteszustand. Verweilt einfach in Natürlichkeit. Ob sie andauert oder nicht, beides ist in Ordnung. Wenn dieser Augenblick des Erkennens künstlich verlängert wird, verwandelt er sich in einen dualistischen Geisteszustand.

Nicht für jedermann ist es so, dass Rigpa nur einen kurzen Moment andauert. Es gibt Menschen, die, durch Praxis in vorangegangenen Leben, die Kraft früherer Übung besitzen. Für solche dauert der Augenblick des Erkennens eine kleine Weile an. Das ist nicht unmöglich. Es ist nicht so, dass ein jeder nur einen kurzen Schimmer des erwachten Zustands erfährt, bevor er wieder verschwindet.

Um einen wichtigen Punkt zu wiederholen: Was hier erkannt wird, ist, dass es kein ‚Ding' zu erkennen gibt. Nichtduales Gewahrsein ist kein *Ding,* das identifiziert oder definiert werden kann. Das ist von essentieller Bedeutung, denn ohne die Erkenntnis, dass es da kein Ding zu erkennen gibt, wird man sich immer an einer Idee über den erwachten Zustand festhalten. In dieser Erkenntnis an Subjekt und Objekt zu haften ist nichts anderes als dualistischer Geist. Erkennt, dass es kein Ding zu erkennen gibt, und dann lasst vollkommen los. Verweilt ohne Beobachter und Beobachtetes. Manch einer mag dies ignorieren und stattdessen denken: „Der Meditationsmeister sagte mir, es gebe selbstexistentes Gewahrsein.

Ich muss es sehen! Ich muss es erkennen! Ich muss es im Geiste halten!" Dies sind alles nur Konzepte. Es ist dieser dualistische Geist des kontinuierlichen Bestätigens und Verwerfens, der erschöpfend ist. Erwachter Geist ist der uranfänglich freie, nackte Zustand, der Dharmakaya genannt wird. Also, unterstützt dies mit natürlicher Achtsamkeit, ohne etwa Subjekt und Objekt zu fabrizieren. Ein Ding das andere betrachten zu lassen kreiert nur noch mehr Gedanken.

Was die wahre Sichtweise angeht, so ist es inkorrekt zu behaupten, es müsse etwas erkannt werden und daher müsse es einen Erkennenden geben. Diese Dualität ist ein subtiler Zustand von konzeptuellem Geist. Solange ihr den Faden subtiler Konzepte nicht durchschneidet, gibt es keine Befreiung von Samsara, denn es wird immer etwas da sein, das aufrechterhalten wird, und jemanden, der es aufrechterhält. Es mag keine grobe Subjekt-Objekt-Fixierung mehr geben, aber eine sehr subtile Fixierung ist nach wie vor präsent. Solange es auch nur eine Spur von Beobachter und Beobachtetem gibt, solange ist die Subjekt-Objekt-Fixierung noch nicht vollständig aufgegeben. Solange dies nicht aufgegeben ist, solange kann man Samsara nicht hinter sich lassen.

Wisst ihr, wie eine Katze manchmal vor einem Mauseloch auf der Lauer liegt? Es heißt, dass manche Arten von Meditation auch so sind. Wann auch immer die Maus ihren Kopf herausstreckt, ist die Katze bereit zuzuschlagen. Sie wartet dort, gefangen in Hoffnung und Furcht. Sie hofft, dass die Maus sich zeigt und befürchtet, dass sie es nicht tut. Auf die gleiche Art und Weise wartet man während mancher Meditationssitzung darauf, dass sich der erwachte Zustand einstellt. Sobald sich Rigpa manifestiert, stürzt man sich augenblicklich darauf und denkt: „Ich muss Rigpa erkennen! Aha! Da ist es, jetzt habe ich es!" Zu versuchen den natürlichen Zustand einzufangen ist ermüdend!

Es ist wesentlich besser, in einem völlig sorglosen Zustand frei von Anhaftung zu ruhen. Nichts eine Wichtigkeit zuzuweisen ist wie ein alter Mensch, der Kinder beim Spielen beobachtet. Die Kinder mögen sagen: „Heute bin ich ein Minister, morgen werde ich ein König sein." Der alte Mensch wird dem keinerlei Realität beimessen. Er wird denken: „Was auch immer sie tun, lasst sie gewähren. Es macht keinen Unterschied." Auf die gleiche Weise lässt das ‚alte nicht-duale Gewahrsein' davon ab, dem Entstehen und Vergehen von Gedanken jegliche Wichtigkeit beizumessen. Dem erwachten Zustand auf der Spur zu bleiben, während man ständig denkt: „Jetzt erkenne ich es. Jetzt bin ich abgelenkt. Jetzt habe ich es wieder. Jetzt ist es verloren", ist sehr erschöpfend. Dieser Prozess fügt jedem Augenblick lediglich einen weiteren Gedanken hinzu. Entspannt euch einfach. Lehnt euch zurück und ruht frei in der Offenheit des grundlegenden Raums. Jeden einzelnen Augenblick zu verfolgen ist sehr ermüdend. Jedermann, egal wer, würde sich daran erschöpfen.

Die Tradition beschreibt drei Arten des ‚frei Ruhens' – wie ein Berg, wie ein Ozean und wie Gewahrsein. Lasst euren Körper frei ruhen wie ein Berg. Lasst euren Atem frei ruhen wie ein Ozean; das heißt, euer Atem sollte wie ein vollkommen ungestörter Ozean sein, wenn seine Oberfläche ruhig ist. Lasst euren Geist frei ruhen in Gewahrsein; mit anderen Worten, ruht in der Natur des Geistes. Der erwachte Zustand ist frei von Gedanken an die drei Zeiten. Die gegenwärtige Wachheit ist völlig frisch. Sie entsteht weder, noch verweilt oder vergeht sie. Versucht also nicht das, was frei von Entstehen, Verweilen und Vergehen ist, zu zwingen, doch zu entstehen, zu verweilen und zu vergehen. Verbringt euer Leben in diesen drei Arten des freien Ruhens.

In dem Augenblick, in dem der authentische Zustand der Geistesessenz erkannt wird, werden die drei Gifte unterbrochen, wenigstens für eine kurze Weile. Wenn die drei Gifte unterbrochen werden, werden die Verdunklungen bereinigt. Wenn die Verdunklungen bereinigt werden, ist Rigpa uranfänglich frei. Dies beschreibt die inhärente Qualität von Gewahrsein.

Ich habe das Beispiel benutzt vom Einschalten des Lichts in einem Raum, der zehntausend Jahre in schwärzester Dunkelheit lag. Die Dunkelheit verschwindet im selben Augenblick, in dem das Licht eingeschaltet wird, nicht wahr? Im Augenblick, in dem wir die Geistesessenz erkennen, wird der Strom getäuschter Beschäftigung mit den drei Giften direkt und augenblicklich unterbrochen. Es ist gereinigt. Der Augenblick der Erkenntnis des erwachten Zustands unterbricht gleichzeitig die Verdunklungen und negatives Karma der Vergangenheit, Gegenwart und Zukunft. Dies ist die unbeschreiblich große Qualität des nackten Dharmakaya.

Die gegenwärtige Wachheit, frei von Gedanken an die drei Zeiten, ist der Dharmakaya. In dieser Welt gibt es nichts Kostbareres als den Dharmakaya. Wenn unser Geist diese großartige Kapazität nicht besäße, den Dharmakaya in einem einzigen Augenblick zu erkennen, wäre es ziemlich nutzlos, sich darin zu üben. Ein einziger Augenblick der Erkenntnis kann die Dunkelheit der Unwissenheit vollkommen vertreiben. Der Dharmakaya wird nicht durch unsere Meditationspraxis erschaffen, er ist bereits uranfänglich präsent. Alles Karma und alle Verdunklungen sind nur temporär und nicht etwa Teil des uranfänglichen Dharmakaya. Wenn man ein Haar in eine Flamme hält, was verbleibt? Nur die Flamme, das Haar ist temporär. Ebenso ist der Dharmakaya uranfänglich präsent, während die Gedanken fühlender Wesen nur augenblicklich erscheinen. Genau das ist gemeint, wenn gesagt wird, dass sowohl Subjekt- als auch Objektfixierung von der Erkenntnis der Geistesessenz ausgelöscht werden. Dharmakaya ist in sich selbst frei von Subjekt und Objekt.

Obwohl der Dharmakaya, die Buddhanatur, frei ist von Subjekt und Objekt, kann der nackte Zustand zeitweilig verschleiert sein. Versucht es euch so vorzustellen: Als ihr geboren wurdet, trugt ihr da Kleider? Nein, ihr wurdet nackt geboren und tragt nur zeitweilig Kleider. Wenn ihr eure Kleidung ablegt, seid ihr dann nicht wieder nackt? Das ist ein

Beispiel für den nackten Dharmakaya, den grundlegenden Zustand aller fühlenden Wesen. Es ist der tiefgründigste Zustand überhaupt und man sollte ihm, mittels ungeschaffener Natürlichkeit, einfach gestatten zu sein. Aber fühlende Wesen fühlen sich gezwungen, permanent das zu erschaffen, was ungeschaffen ist. Wir kreieren oder formen ständig irgendetwas in unserem Geist. Wir ersinnen den natürlichen Zustand, zuerst durch die drei Gifte, aus denen dann ganz natürlich die 80 angeborenen Gedankenzustände entstehen, dann durch alle möglichen Aspekte davon wie etwa die 84 000 Arten störender Emotionen. Das ist die Maschinerie, die dafür sorgt, dass sich die Gesamtheit von Samsara immer weiterdreht. Wir halten den erwachten Geist gefangen. Der nackte Zustand wurde in ein Gefängnis gesperrt und ist umringt von 84 000 Arten von Gefängniswächtern. Tag und Nacht ist er in dieser Gefängniszelle eingesperrt. Daher ist es notwendig, dass Rigpa nun endlich entflieht.

Wir haben den selbstexistenten Zustand in endlosem Samsara eingekerkert, aber das Einzige, was notwendig ist, um uns daraus zu befreien, ist, den uranfänglich erwachten Zustand zu erkennen. Genau jetzt, in diesem Augenblick, ist unser grundlegendes Gewahrsein in endlosem Samsara eingesperrt. Wir denken: „Jetzt tue ich dieses, als Nächstes werde ich jenes tun. Ich sehe dies, ich denke an das. Ich meditiere auf jenes. Jetzt vergesse ich, jetzt erkenne ich." Wir belassen nichts einfach nur in ungeschaffener Natürlichkeit. All dies ist nichts weiter als das Installieren weiterer Gitterstäbe in unserem Gefängnis. Zum Beispiel denken wir: „Ich bin ein Shravaka. Ich praktiziere Mahayana. Jetzt praktiziere ich Kriyayoga, Anuyoga, Dzogchen …" – all diese Ideen über philosophische Systeme kerkern den erwachten Zustand nur ein. Je mehr ihr sein lasst, desto mehr kann Rigpa an die Oberfläche gelangen.

Wenn wir Atiyoga wahrlich realisieren, ist das wie aus dem Gefängnis entlassen zu werden. Zu einem Shravaka oder Bodhisattva zu werden ist, als würden uns die Entlassungspapiere ausgehändigt. Die drei äußeren Tantras zu praktizieren ist wie das unmittelbare Bevorstehen der Entlassung. Das Gefängnistor ist fast schon offen, wenn wir Mahayoga und Anuyoga praktizieren. Mit Atiyoga ist es, als hätte jemand gesagt: „Öffne das Tor. Geh hinaus!" Wenn ihr vollkommen realisiert seid, seid ihr frei; ihr seid draußen! Ihr seid euer eigener Herr. Die Gefängniswärter des dualistischen Geistes können euch nicht mehr herumschubsen oder festhalten. Ihr seid frei in nicht-dualem Gewahrsein. Ihr seid ein freier Mensch und nicht länger eingesperrt. Wenn ihr euch aufrichten wollt, es liegt nur bei euch; wenn ihr sitzen wollt, könnt ihr das auch tun. Im Augenblick nackten Gewahrseins seid ihr vollkommen frei. Ihr habt alles unter Kontrolle.

Der grundlegende Punkt ist, sich in dieser Praxis zu üben. Wenn die Sonne des nackten Zustands von Dharmakaya über den höchsten Gipfel der drei Erfahrungen von Freude, Klarheit und Gedankenfreiheit emporsteigt, dann erhellt sie die ganze Welt. Sobald man einmal Stabilität in Rigpa erlangt hat, wird die Verstrickung mit dualistischem Geist als wirklich ermüdend betrachtet. Man denkt: „Warum hatte ich nicht schon früher genug von all diesem Denken?" Der erwachte Zustand ist vollkommen offen und frei, sich an nichts haltend. Er ist selbstbefreit und natürlich frei. Es gibt keinerlei Grund, daran zu ermüden. Was wirklich ermüdend ist, sind die drei Gifte, die fünf Gifte, die 51 Geistesfaktoren, die 80 angeborenen Gedankenzustände und die 84 000 störenden Emotionen; all diese sind sehr erschöpfend. Wenn diese aufhören, werdet ihr sehen, dass alles getäuschte Karma sinnlos und unsinnig ist. Wir haben es uns selbst wirklich schwer gemacht. Wir haben die offene Sicht beschnitten, uns fixiert und unsere Freiheit verloren. Wir wurden von endloser Gedankenaktivität überrannt, Leben nach Leben nach Leben, einen Gedanken nach dem anderen denkend. Niemals gab es darin auch nur die geringste Stabilität. Getäuschtes Denken ist ein Scharlatan, ein Blender. Ist es nicht besser, vollkommen offen und sorglos zu sein?

Buch zu führen über Erkenntnis und Ablenkung, die sich in unserer Praxis einstellen, nennt man auch ‚anstrengende Achtsamkeit'; es ist nicht Befreiung. Der erwachte Zustand selbst ist frei von anstrengender Achtsamkeit. Er ist völlig frei, offen, entspannt, in keiner Weise schwierig. Und doch haben wir diesen offenen, freien Zustand in einen engen, kleinen Raum gesperrt. Wie erschöpfend ist es doch, von dualistischem Geist unterdrückt zu werden!

Die wahre Basis

Lasst mich euch einen weiteren essentiellen Punkt nennen: Bis ihr euch ihre Wahrheit wahrlich zu Herzen genommen und in eurem Wesen assimiliert habt, fahrt fort, die generellen und speziellen vorbereitenden Übungen zu praktizieren. Dies sind die Reflexionen über die ‚vier Gedanken, die den Geist auf den Dharma richten' – Reflexion über den kostbaren Menschenkörper, über Vergänglichkeit und Sterblichkeit, über die Konsequenzen karmischer Handlungen und über die negativen Charakteristika samsarischer Existenz. Die speziellen vorbereitenden Übungen sind: das Zufluchtnehmen und Ausführen von Verbeugungen, Entwicklung von Bodhicitta, die Vajrasattvarezitation, Mandalaopferungen und Guruyoga. In allen Schulen des tibetischen Buddhismus ist es üblich, mit diesen vorbereitenden Übungen zu beginnen.

Wenn wir uns die vier Gedanken wirklich zu Herzen nehmen, ernsthaft über die Leiden der Wesen in den sechs Bereichen reflektieren, dann wird es uns nicht schwer fallen, diese vorbereitenden Übungen auszuführen. Ansonsten mag es uns einfallen, dass es in Ordnung sei, sich zurückzulehnen und sich die Zeit mit Essen und Trinken zu vertreiben, mit einer Einstellung wie „Warum sollte ich mich mit anstrengenden Handlungen wie Verbeugungen oder Mandalaopferungen erschöpfen?". Tatsächlich sind diese vorbereitenden Übungen die Grundlage für das Erlangen vollständiger Erleuchtung. Wenn man dies wirklich versteht, sieht man auch, warum man sich dieser ‚Arbeit' unterziehen muss.

Was auch immer ihr hören mögt über die Schwierigkeit, einen kostbaren Menschenkörper zu erlangen, über den Wert von Entsagung, über den Willen, frei zu sein, all dies wird euch nur von Nutzen sein, wenn ihr diese Gedanken zu euren eigenen macht. Ihr habt jetzt die Freiheit, dies zu tun. Täuscht euch nicht, diese vier Reflexionen sind die Basis für den Pfad der Erleuchtung. Um ein Haus zu bauen, braucht ihr ein stabiles Fundament. Wenn das Fundament gut ist, kann ein hundertstöckiger Turm darauf gebaut werden. Wenn ihr in diesem Leben und diesem Körper Erleuchtung erlangen wollt, müsst ihr einen tiefgreifenden Wandel in eurer Einstellung herbeiführen. Ein Wandel, der durch die Reflexion über die vier Gedanken herbeigeführt wird. Wenn ihr jedoch nur die Freuden des Lebens genießen wollt, dann werdet ihr jegliche Dharmapraxis als äußerst ermüdend empfinden. Wenn ihr denkt, die vier Gedanken seien unwichtig, werdet ihr schließlich jedes Interesse an Praxis verlieren. Fakt ist, dass ihr jedes dauerhafte Interesse an einem spirituellen Pfad verlieren werdet, wenn ihr diese Gedanken nicht zu einem Teil eures Wesens macht.

Ihr mögt zum Beispiel hören, wie über die Sichtweise gesprochen wird, über die Lehren von Madhyamika, Mahamudra und Dzogchen. Durch diese kann man Erleuchtung in einem Körper und einem Leben erlangen; solch kostbare Lehren existieren. Aber es ist ein Fehler, die vier Gedanken nicht zur eurer Grundlage zu machen. Sich ausschließlich auf die Lehren über die Sichtweise zu verlassen ist so, als wollte man an einen Ort gelangen, den man nur mit dem Flugzeug erreichen kann, während man selbst nur des Laufens fähig ist. Ohne eine ordentliche Grundlage gibt es keinen Weg für Fortschritt.

Fast jedes Dharmasystem beinhaltet vorbereitende Übungen und Hauptpraktiken. Der Buddha sagt: „So wie man die Stufen einer Treppe besteigt, ebenso sollted ihr euch Schritt für Schritt üben in meinen tiefgründigen Lehren. Ohne eine Stufe zu überspringen, schreitet stetig fort bis zum Ende.

Fortschritt im Dharma ist wie die graduelle Entwicklung des Körpers eines kleinen Kindes, vom Eintritt am Anfang bis hin zur vollkommenen Perfektion." Am Anfang stehen die Lehren für Shravakas und Pratyekabuddhas. Dann schreiten die Stufen fort wie das Besteigen einer Treppe, bis hin zu den drei tiefgründigen Sichtweisen von Mahamudra, Madhyamika und Dzogchen.

Dass ihr eine stabile Grundlage braucht, kann nicht oft genug wiederholt werden. Wenn ihr nicht eine Person von höchster Kapazität seid, wie Garab Dorje, ist es nicht genug, einfach nur in die Sichtweise eingeführt zu werden, ohne dies durch die vorbereitenden Übungen zu vertiefen. Unnötig zu erwähnen, dass nicht jedermann diese höchste Kapazität hat. Perfekte Bedingungen manifestieren sich nicht immer mit einem perfekten Lehrer, einem perfekten Schüler und perfekten Lehren. Wenn wir dies in Betracht ziehen, müssen wir uns ehrlich untersuchen. Wir sind gewöhnliche Menschen und lägen falsch, wenn wir etwas anderes denken würden. Wenn die vier Gedanken von Anfang an eine motivierende Kraft waren, dann wird es uns nicht schwer fallen, den Dharma zu praktizieren. Ohne diese vier Gedanken anzunehmen, werden wir uns nur ermüden. Die eigentliche Basis unserer Praxis beruht darauf, sich diese vier Gedanken zu Herzen zu nehmen.

Innerhalb der vorbereitenden Übungen kann man alle drei Yanas in einer Sitzung praktizieren. Das Zufluchtnehmen beinhaltet die Essenz der Hinayanalehren, das Entwickeln von Bodhicitta verkörpert die Essenz der Mahayanalehren und die Meditation und Rezitation von Vajrasattva stellt die Quintessenz der Vajrayanalehren dar. Auf diese Weise kann man in einer einzigen Sitzung alle drei Fahrzeuge anwenden und eine vollständige buddhistische Praxis ausführen.

Wenn wir viele ausführliche Details praktizieren wollen, so finden wir Hunderte und Tausende von Belehrungen in den Sammlungen des buddhistischen Kanons. Aber es ist unmöglich, diese alle in einem Leben zu praktizieren. Padmasambhava und andere Meister haben in ihrer Güte die Essenz dieser Lehren extrahiert, indem sie die vorbereitenden Übungen entwickelten, die all die Instruktionen der gelehrten und verwirklichten Wesen Indiens und Tibets beinhalten. Jede Schule des Vajrayana hat solche vorbereitenden Übungen. Warum? Weil sie eine exzellente Methode zur Reinigung von Verdunklungen und zum Zusammentragen der Ansammlungen sind. Ohne Verdunklungen zu bereinigen und die Ansammlungen anzuhäufen, können wir den Zustand der Erleuchtung nicht erreichen. Verglichen mit der Hauptpraxis, werden die vorbereitenden Übungen als tiefgründiger betrachtet. Wenn man eine Ernte einfahren will, braucht man zunächst fruchtbaren Boden. Selbst hundert Jahre langes Pflanzen von Samen auf Stein wird keine Ernte hervorbringen. Wenn diese vier Gedanken, die den Geist verändern, nicht tief in unserem Wesen verwurzelt sind, wenn man ihre Tiefe nicht versteht, dann wird man die wahre Bedeutung nie realisieren. Die höchsten Lehren des Vajrayana haben alle ihre Basis in den vorbereitenden Übungen.

Die vier Gedanken sind nicht jenseits unseres Verständnisses. Wir sind durchaus in der Lage zu verstehen, dass es etwas extrem seltenes und kostbares ist, ein menschliches Leben zu besitzen. Die meisten Menschen wissen, dass alles vergänglich ist und dass das Leben mit jedem Tag kürzer wird. Wenn wir einen gewissen Grad an Intelligenz besitzen, können wir durchaus darauf vertrauen, dass unsere Handlungen karmische Konsequenzen nach sich ziehen. Und schließlich ist es offensichtlich, dass uns keiner all dieser samsarischen Zustände, vergänglich und unverlässlich, wie sie sind, dauerhaftes Glück bieten kann. Dies sind alles Dinge, die wir verstehen können – aber intellektuelles Verständnis ist nicht genug. Wir müssen uns dieses Verständnis zu Herzen nehmen und zutiefst in unserem Wesen integrieren.

Alle großen Meister der Vergangenheit haben auf diese Weise praktiziert. Sie haben alle weltlichen Belange aufgegeben und gewöhnlichen Zielen so viel Bedeutung beigemessen wie einem Klumpen Schleim, den man auf den Boden spuckt. Niemand würde jemals daran denken, ein solches Objekt aufzuheben, oder? Wir sollten versuchen, die gleiche Distanziertheit gegenüber allen samsarischen Zuständen zu kultivieren. Die alten Kadampameister sagten: „Gib auf dein Heimatland, wandere durch unbekanntes Land, sei ein Kind der Berge, trage Nebel als dein Gewand, mache wilde Tiere zu deiner Gesellschaft – in Dschungeln, Wäldern, Höhlen und Bergklausuren." Wie nun waren Praktizierende in der Lage, dies zu tun? War es nur, indem sie sich zwangen, solche Härten auf sich zu nehmen? Nein, sie nahmen sich einfach nur die vier Gedanken, die den Geist auf den Dharma lenken, auf authentische Art und Weise zu Herzen. Wenn wir über diese vier Punkte reflektieren und sie uns wirklich zu Herzen nehmen, dann wird authentische Dharmapraxis in keiner Weise schwierig sein.

Ein Indiz dafür, dass wir uns die Kostbarkeit des menschlichen Körpers, mit seinen Freiheiten und Reichtümern, die so schwer zu finden sind, wirklich zu Herzen genommen haben, ist, dass wir unfähig sind, Zeit zu verschwenden. Wir sind voll von tiefer Freude darüber, so etwas Kostbares und Seltenes erreicht zu haben, und wollen diesen Schatz auf die bestmögliche Art und Weise nutzen. Dieses Gefühl von tiefer Dankbarkeit und Freude, so tief, dass man einfach nicht untätig herumsitzen kann, ist ein weiteres Indiz dafür, wie sehr man sich die Kostbarkeit des menschlichen Körpers zu Herzen genommen hat.

Ein weiteres Beispiel für das Zu-Herzen-Nehmen der vier Gedanken ist das einer schönen, aber eitlen jungen Frau, die bemerkt, dass ihr Haar Feuer gefangen hat. Sie wird nicht auch nur einen einzigen Moment still sitzen, sondern augenblicklich versuchen, die Flammen zu löschen. Auf die gleiche Weise, wenn wir die vier Gedanken wahrhaftig verinnerlicht haben, werden wir keine einzige Sekunde zögern, sondern augenblicklich damit beginnen, den heiligen Dharma zu praktizieren.

Die Leute haben üblicherweise die Einstellung: „Die Dinge haben Bestand; wir leben doch für eine ganze Weile." Natürlich wissen sie, dass es die Vergänglichkeit gibt, aber sie denken, das träfe nicht auf die Gegenwart zu; dass Vergänglichkeit erst ‚irgendwann später' zum Tragen kommt. Wir mögen zum Beispiel denken: „Dieses spezielle Objekt wird letztlich auseinander fallen, aber jetzt in diesem Moment existiert es und fährt fort, dies zu tun. Die Dinge sind daher permanent." Eine solche Einstellung steht im Gegensatz dazu, wie die Dinge wirklich sind.

Sich Vergänglichkeit zu Herzen zu nehmen bedeutet anzuerkennen, dass absolut nichts auch nur von einem Moment bis zum nächsten andauert – speziell unser Leben nicht. Unsere Existenz in diesem physischen Körper hat keine wirkliche Dauerhaftigkeit. Wir werden sterben. Wir sollten folgende Einstellung entwickeln: „Ich werde sterben. Ich weiß nicht, wann oder wie, aber es ist unvermeidlich!" Haltet diese Gefühl so frisch und wach in eurem Geist, dass es euch nicht möglich ist, einfach nur untätig dazusitzen. Stattdessen werdet ihr denken: „Ich muss etwas wahrlich Lohnendes tun. Ich kann die Zeit nicht einfach verstreichen lassen. Mit jedem Tag und jedem Augenblick, der verstreicht, komme ich dem Tod näher. Das trifft nicht nur auf mich zu, sondern auf jedermann. Aber niemanden scheint es zu kümmern." Ein Indiz dafür, dass man sich den Gedanken der Vergänglichkeit wahrlich zu Herzen genommen hat, ist ein echtes Verständnis für sowohl die eigene Sterblichkeit als auch die aller anderen. Wenn man dieses schmerzlich intensive Verständnis des ‚Leidens des Konditioniert-Seins' hat, zusammen mit der Erkenntnis, dass uns die Zeit kontinuierlich davonläuft, dann werden wir uns weigern, auch nur eine Sekunde mit etwas zu verschwenden, das nicht Dharmapraxis ist.

Als ein weiteres Beispiel für Vergänglichkeit betrachtet das Universum, in dem wir leben. Normalerweise glauben die Menschen, dass die Welt solide und real ist. Aber dem ist nicht so. Die Welt wird nicht für immer bestehen und in der

Zwischenzeit verändert sie sich kontinuierlich, mit jedem verstreichenden Augenblick. Wenn das Universum schließlich auseinander fällt, wird das auch das Ende dieser Welt sein, wie wir sie kennen. Sie wird zerstört werden von den ‚sieben Sonnen' und dem ‚einen Wasser' und was am Ende übrig bleibt, ist nur der Raum. Da der Raum ungeschaffen ist, kann er nicht vergehen, aber alles, was sich in diesem Raum befindet, löst sich auf – alles! Danach folgt ein Periode der Leere, bis sich ein neues Universum formt. Dieses neue Universum wird wiederum eine gewisse Zeit bestehen – dieselbe Zeit, die wir jetzt erfahren –, bis es ebenfalls auseinander fällt und verschwindet. Diese vier Hauptzyklen von Formierung, Verweilen, Zerstörung und Leere, durch die eine Welt geht, machen zusammen ein so genanntes großes Zeitalter aus und dieser Prozess wiederholt sich wieder und wieder. Nichts Materielles ist von diesem Prozess ausgenommen. Wenn wir darüber nachdenken, wird unsere normale Tendenz des Anhaftens an Dauerhaftigkeit ganz natürlich von uns abfallen.

Bedenkt auch all die großen, noblen Wesen, die in dieser Welt erschienen sind. Sowohl all die Bodhisattvas der Vergangenheit als auch alle Buddhas, die unglaubliche Weitsicht, Weisheit und die Kapazität, ein Zeitalter in eine Sekunde und eine Sekunde in ein Zeitalter zu transformieren, besaßen, sind von uns gegangen. Selbst die körperliche Form großer, nobler Wesen ist nicht von Dauer. Bitte bedenkt dies.

Denkt an die Menschen die große Macht und Herrschaft und großen Verdienst besaßen. Universelle Herrscher, *Chakravartins*, die das ‚Rad aus Gold' hielten, kontrollierten alle vier Kontinente. Solche, die das ‚Rad aus Silber' hielten, regierten über drei Kontinente. Jene im Besitz des ‚Rades aus Kupfer' herrschten über zwei Kontinente und jene, die im Besitz des ‚Rades aus Eisen' waren, hatten immer noch Macht über einen ganzen Kontinent. Sie hatten die Macht, über alle Menschen zu herrschen. Sie konnten mit Indra auf dem Gipfel des Berges Sumeru dinieren, auf einem Thron gleicher Höhe sitzend, und dann in den Bereich der Menschen zurückfliegen. Aber wo sind sie jetzt? Sie sind alle verschwunden. Realisiert, dass selbst Menschen von solch großer Macht verschwinden.

Als Nächstes bedenkt die vielen Ursachen des Todes und die wenigen Umstände, die es uns erlauben zu überleben. Es gibt 404 Arten von Krankheiten, 80 000 Arten von Attacken negativer Geister und viele andere Hindernisse für das Leben. All diese umgeben uns wie Windböen in einem großen Sturm, während unsere Lebenskraft wie die Flamme einer Kerze oder Butterlampe ist. Es gibt nur sehr wenige Gründe dafür, dass diese Flamme weiterbrennt, anstatt ausgeblasen zu werden. Normalerweise glauben wir, dass Medizin das Leben verlängert. Aber falsch angewandt kann sie auch zur Ursache für den Tod werden. Selbst die Methoden der Heilung können unser Leben verkürzen. Bitte bedenkt die vielen Ursachen für den Tod und die wenigen Umstände, die das Leben unterstützen.

Es ist ein kleines Wunder, dass wir jeden Morgen aufwachen. Es heißt, dass der Unterschied zwischen Leben und Tod in einem einzigen Atemzug liegt. Wenn ihr ausatmet und nicht mehr einatmet, seid ihr tot. Es braucht nicht mehr als das. Nagarjuna sagte: „Da dies der Fall ist, ist es ganz erstaunlich, ein Wunder, dass man am Morgen erwacht." Es reicht nicht, nur von Vergänglichkeit zu hören oder darüber zu lesen. Wir müssen sie uns zu Herzen nehmen.

In einem Lehrzyklus, der von Padmasambhava gegeben wurde, mit Namen *Karling Shitro – die Friedvollen und Zornvollen Gottheiten, offengelegt von Karma Lingpa*, gibt es ein sehr lebendiges Beispiel für die Unvermeidlichkeit unseres Todes. Stellt euch vor, ihr steht auf einen halben Zoll breiten Felsvorsprung, auf einer steilen Klippe über einem fast bodenlosen Abgrund, mit einem wild tosenden Fluss am Grund. Ihr getraut euch nicht, nach unten zu sehen. Nur eure Zehen finden auf dem Felsvorsprung Halt, während sich eure Hände an zwei Grasbüschel klammern von der Größe eines Ziegenbarts. Ihr klammert euch an diese beiden Grasbüschel, die eure Lebensspanne und Lebenskraft repräsentieren. Zur gleichen Zeit knabbert Vergänglichkeit in Form von zwei Ratten, die die Herren des Todes und des Lebens repräsentieren, an den Grasbüscheln. Sie fressen es auf, Stück für Stück, bis nichts mehr zum Festhalten da ist. Danach gibt es nur noch eines: in den fast bodenlosen Abgrund und den rasenden Fluss zu stürzen. Eure Schutzgeister sind anwesend in Form von zwei Krähen, die über euch schweben, aber was könnten sie in einer derart verzweifelten Situation ausrichten? Also, ihr klammert euch fest, während die Ratten das Gras Halm für Halm auffressen. Ihr habt nicht die geringste Chance zu überleben.

Das ist unsere gegenwärtige Situation. Wir als Praktizierende müssen uns Padmasambhavas Belehrung, die klar unsere Sterblichkeit und unseren unvermeidlichen Tod aufzeigt, ganz lebendig vorstellen. Denkt bitte gut darüber nach, denn es zeigt uns, wie es wirklich ist. Unterhalb ist der ‚Abgrund' der drei niederen Bereiche. Wir müssen an gar nichts anderes denken. Dann fragt euch: „Was kann ich tun?" Ein echter Praktizierender sollte sich dies zu Herzen nehmen und darüber meditieren.

Unsere Anhaftung an Sinnesfreuden, die begehrlichen Objekte der fünf Sinne, bewirkt unser Umherirren in Samsara. Hier ist ein weiteres Beispiel aus dem *Karling Shitro* bezüglich der Anhaftung an Sinnesfreuden. Stellt euch vor, ihr seid zum Tode verurteilt und wurdet vor den Henker gezerrt. Euer Kopf liegt auf dem Hauklotz und er erhebt die Axt in die Luft über euren Hals. Er ist kurz davor, zuzuschlagen, da kommt jemand zu euch und sagt: „Ich würde dir gerne eine schöne Gefährtin schenken, einen großartigen Palast, zahllose Luxusgüter und freudige Erfahrungen!" Wie würdet ihr euch fühlen, wisst ihr doch, dass die Axt jeden Moment herabfällt? Wäre die Aussicht auf all diese Sinnesfreuden auch nur im Geringsten verlockend? Dieses Beispiel aus dem *Karling Shitro* illustriert auf sehr lebendige Weise die

Sinnlosigkeit unseres Anhaftens an die fünf Sinnesfreuden von Samsara. Denken wir wirklich, dass sie von Dauer sind? Praktizierende, verbindet die Metapher mit der Bedeutung!

Vertraut in die Konsequenzen eurer karmischen Handlungen. Alles, was passiert, die Formierung des Universums, sein Verweilen, seine Veränderung und sein Auseinanderfallen, passiert ohne einen Schöpfer oder Erschaffer, der es initiieren würde. Es ist alles das Resultat der karmischen Handlungen fühlender Wesen. Das ist ein unveränderliches Gesetz.

Des Weiteren sind unter den sechs Klassen von Wesen alle Lebensformen grundsätzlich leidvoll. Innerhalb von Samsara gibt es keinen Ort permanenten Glücks, egal wo man wiedergeboren wird. Als Höllenwesen erleidet man Hitze und Kälte; als hungriger Geist leidet man unter Hunger und Durst; als Tier leidet man darunter, dumm und versklavt zu sein oder von anderen gegessen zu werden; und auch als Mensch, Halbgott oder Gott leidet man unter diversen Unzulänglichkeiten. Wenn ihr ernsthaft über diese verschiedenen samsarischen Zustände reflektiert, werdet ihr erkennen, dass keiner eine Zuflucht, frei von Leiden und Schmerz, bietet.

Longchen Rabjam meditierte lange Jahre an einem Ort namens Kangri Thökar, Weißer-Schädel-Schneeberg, wo er noch nicht einmal eine richtige Höhle hatte. Er lebte drei Jahre lang unter einem Felsüberhang. Sein einziger Besitz in Sachen Bett und Kleidung, war ein Hanfsack. Am Tag trug er ihn als Kleidung, während er ihn in der Nacht als Bett benutzte. Dieses Stück Sack diente ihm auch als Sitz während seiner Meditationssitzungen. Am Eingang dieses Felsüberhangs wuchs ein riesiger Dornenbusch. Wann immer er nach draußen ging, um sich zu erleichtern, wurde sein Körper an zahlreichen Stellen von den Dornen zerkratzt. Während er draußen urinierte, dachte er: „Es ist wirklich unangenehm, sich Tag für Tag an diesem Dornenbusch vorbeizwängen zu müssen. Ich sollte ihn abschlagen." Dann, auf dem Weg zurück, dachte er: „Auf der anderen Seite, vielleicht ist dies ja der letzte Tag meines Lebens. Warum sollte ich den damit verbringen, einen Busch abzuhacken? Das wäre bedeutungslos – ich sollte besser etwas tun, das wirkliche Bedeutung hat, wie etwa mich in Sichtweise, Meditation und Verhalten zu üben. Falls dies wirklich der letzte Tag meines Lebens ist, sollte ich ihn mit Praktizieren verbringen. Man weiß nie, wie viel Zeit man noch im Leben hat." Also schlug er sich den Gedanken, diesen Busch abzuhacken, schnell aus dem Kopf und ging wieder hinein, um seine Meditationssitzung fortzusetzen. Das ging Tag für Tag so weiter und nach drei Jahren erlangte er vollständige Realisation. Der Busch wurde niemals abgeschlagen. Dies ist ein Beispiel dafür, wie sich die Reflexion über Vergänglichkeit in einem großen, realisierten Meister wie Longchenpa manifestieren kann.

Der eigentliche Punkt der vorbereitenden Übungen ist es, das negative Karma und die Verdunklungen, die wir kreiert haben, zu reinigen. Das schließt nicht unbedingt das Verfolgen körperlichen Wohlbefindens ein. Verbeugungen und die anderen vorbereitenden Übungen auszuführen ist keine Sache, bei der man es sich so bequem wie möglich macht. Zu versuchen Schmerz zu vermeiden ist nicht der Stil eines ehrlichen Praktizierenden. Es ist das Benehmen eines Lhasa-Edelmannes, der sich auf einer weichen Matratze verbeugt, mit allen Arten von Polstern an seinen Knien, Rippen und Ellenbogen, um sicherzustellen, dass die Praxis ihm in keiner Weise körperliches Unbehagen bereitet. Wir nennen das ‚VIP-Verbeugungen' und ich kann euch versichern, dass diese Methode keinerlei Karma oder Verdunklungen bereinigt.

Es gibt eine andere Art des Verbeugens, im Stil von Paltrul Rinpoche. Ihr verbeugt euch einfach, wo ihr gerade seid, egal wie die Landschaft beschaffen sein mag. Ob ihr euch in einem Schreinraum verbeugt oder im Freien, auf Felsen oder Gras, ihr verbeugt euch und streckt euch aus, voll der Hingabe, und stellt euch vor, dass die Objekte der Zuflucht direkt vor euch sind. Paltrul Rinpoche praktizierte immer im Freien auf weiten Wiesen. Er lebte in einem Zelt aus Yakhaar und macht oft Verbeugungen im Freien, während er das *Sukhavatigebet* von Karma Chagme sang, ein Gebet zur Wiedergeburt im reinen Land des Buddha Amithaba. Da Paltrul Rinpoche sich nie mit einem Verbeugungsbrett oder irgendwelchen Polstern aufhielt, trug er mitunter das Gras so weit ab, bis der blanke Boden sichtbar wurde, und er hinterließ einen tiefen Abdruck von der exakten Größe seines Körpers. Das ist die Methode, wie sich die meisten Praktizierenden Tibets in der Vergangenheit verbeugten. Sie kleideten sich nicht in speziell gepolsterte Sachen oder suchten sich den weichsten, angenehmsten Platz für ihre Verbeugungen, um Schmerzen zu vermeiden. Manche Leute hatten blutige Hände. Ich habe oft Leute gesehen, die sich die Haut an der Stirn aufrieben, bis sich eine Schwiele aus Hornhaut gebildet hatte. Manchmal waren ihre Hände und Knie wund und blutig. Wenn man auf diese Art und Weise 100 000 Verbeugungen ausführt, kann man definitiv negatives Karma und Verdunklungen bereinigen.

Wenn wir ein Bad nehmen, waschen wir den Schmutz und Schweiß ab, der sich auf unserer Haut gebildet hat. Tatsächlich ist das der einzige Grund dafür, die Beseitigung dieser Ansammlung von Schmutz. Es ist nicht so, dass wir nur die Hälfte abwaschen und sagen: „Ich habe gebadet. Ich bin sauber", während wir noch halb schmutzig sind. Auf die gleiche Art und Weise ist es das Ziel des *Ngöndro*, der vorbereitenden Übungen, Verdunklungen zu beseitigen und rein zu werden. Daher ist der grundlegende Maßstab dafür, wie man praktizieren sollte und wie lange, das Maß der Reinigung unserer Verdunklungen. Es gibt keinen anderen Maßstab als vollkommene Reinigung!

Der einzige Grund für das Ausführen von Verbeugungen ist die Reinigung von negativen Handlungen und Verdunklungen. Es geht nicht darum, einfache und bequeme Dharmapraxis zu machen. Das ist nicht das Ziel, auch nicht Selbstverstümmelung. Der Hauptpunkt ist es, sich mit der entsprechenden Motivation völlig auf die Praxis zu fokussieren.

Mit totaler Hingabe zu den Drei Juwelen, Mitgefühl für die Wesen, kombiniert mit Fleiß und Anstrengung. Das ist der wichtigste Punkt. Wir sollten nicht immer noch schmutzig aus dem Bad oder der Dusche herauskommen; erinnert euch daran!

Zur Zeit des Buddha, die das ‚Zeitalter der Perfektion' genannt wurde, war es ausreichend, ein vollständiges Set von jeweils 100 000 vorbereitenden Übungen auszuführen. Die beiden folgenden Zeitalter wurden als ‚zweifach ausgestattet' und ‚dreifach ausgestattet' bezeichnet, was bedeutet, dass jeweils zwei und drei Wiederholungen der vorbereitenden Übungen nötig waren. Das vierte Zeitalter, in dem wir uns zurzeit befinden, wird die ‚Periode des sich an oberflächlichen Attributen Orientierens' genannt. Zu dieser [unserer] Zeit ist es nicht ausreichend, nur zweimal 100 000 oder dreimal 100 000 vorbereitende Übungen auszuführen, um völlige Reinigung zu erlangen. In diesem Zeitalter müssen wir viermal 100 000 vorbereitende Übungen praktizieren, das heißt vier vollständige Sets der vorbereitenden Übungen.

Motivation, eure Einstellung, ist von primärer Wichtigkeit, wenn ihr die vorbereitenden Übungen durchlauft. Diese Einstellung beinhaltet Hingabe an die Drei Juwelen und Mitgefühl für die fühlenden Wesen, durchdrungen von Fleiß. Wenn ihr die vorbereitenden Übungen mit entsprechender Motivation praktiziert, werdet ihr erfolgreich sein, das ist der erste Punkt. Der zweite Punkt ist, dass negatives Karma und Verdunklungen im *Alaya*, dem Urgrund, eingebettet sind. Solange dieser Urgrund und sein unwissender Aspekt nicht gereinigt sind, so lange wird er fortfahren, die Basis für weitere Verdunklungen und negatives Karma zu sein. Was also wirklich bereinigt werden muss, ist die grundlegende Unwissenheit des Urgrundes.

Der Hauptpunkt ist es, vollständige Reinigung zu erreichen. Nicht nur während des Verbeugens und der Zufluchtnahme, sondern auch während der anderen vorbereitenden Übungen. Nach dem ihr die Visualisationen durchgeführt habt, versucht euch an die Sichtweise von Mahamudra, Madhyamika und Dzogchen zu erinnern. Versucht manchmal während des Verbeugens und Rezitierens in der Geistesessenz zu verweilen. Das wird den Effekt der Praxis erhöhen. Es heißt, wenn eine Praxis korrekt ausgeführt wird, mit Achtsamkeit anstelle von mechanischer Wiederholung, dann wird sich ihr Effekt 100fach multiplizieren. Wird eine Praxis ausgeführt, während man sich in Samadhi befindet, mit anderen Worten, während man die Geistesessenz erkennt, multipliziert sich ihr Effekt 100 000fach. Da viele Menschen ein großes Interesse daran haben, die Geistesessenz zu erkennen, brauchen wir dies bei der Ausführung reinigender Praktiken nicht beiseite zu lassen. Im Gegenteil, wir sollten die beiden Aspekte des Ansammelns von Verdienst und des Ansammelns von Weisheit miteinander verbinden.

Indem wir diese Praktiken mit der Erkenntnis der Geistesnatur verbinden, vereinen wir die Ansammlung von konzeptuellem Verdienst mit der Ansammlung von nicht-konzeptueller Weisheit. Durch die Ansammlung von Verdienst mit einem Referenzpunkt manifestiert ihr den zweifachen Rupakaya und bereinigt die Verdunklungen störender Emotionen. Durch die Ansammlung von Weisheit ohne Referenzpunkt realisiert ihr den makellosen Dharmakaya und bereinigt den unwissenden Urgrund. Die Methode, dies zu tun, ist es, nachdem man sich der Objekte der Zuflucht erinnert und sie visualisiert hat, in den zu schauen, der diese Praxis ausführt. Wenn wir eine volle Verbeugung ausführen können, ohne die Sichtweise der Geistesessenz zu verlieren, dann ist diese eine Verbeugung so viel wert wie 100 000 Verbeugungen. Der Unterschied liegt darin, wie wir praktizieren.

Wenn wir zum Beispiel das Hundertsilbige Mantra nur einmal rezitieren, während wir unabgelenkt in der Geistesessenz ruhen, hat das den gleichen Wert wie die Rezitation von 100 000 Mantras, während wir abgelenkt sind. Wie man praktiziert macht also einen enormen Unterschied. Indem wir während des Verbeugens in die Geistesessenz schauen, sind wir in der Lage, nicht nur unsere Verdunklungen und unser negatives Karma zu bereinigen, sondern auch die eigentliche Basis von Unwissenheit, auf der Verdunklungen und negatives Karma entstehen.

Obwohl ihr vielleicht schon eine beträchtliche Menge an buddhistischer Praxis über die Jahre ausgeführt haben mögt, haltet euch nicht zurück, so viele vorbereitende Übungen wie möglich auszuführen, bis ihr vollkommen gereinigt seid. Die Anzahl ist nicht das Wichtige, es ist der Grad der Reinigung. Eine Methode, dies zu maximieren, ist es, die Ansammlung von Verdienst mit der Sichtweise zu kombinieren. Haltet also die Sichtweise, in die ihr eingeführt wurdet, aufrecht, wenn ihr die vorbereitenden Übungen praktiziert, egal ob es nun Mahamudra, Madhyamika oder Dzogchen ist. Egal welche dieser drei Sichtweisen ihr wählt, wenn ihr der tibetischen Tradition folgt, jede von ihnen beinhaltet die vorbereitenden Übungen.

Ein berühmtes Zitat bringt die Gründe für die vorbereitenden Übungen auf den Punkt: „Wenn Verdunklungen beseitigt sind, stellt sich Realisation spontan ein." Die einzigen Gründe, die uns von Realisation abhalten, sind Verdunklungen und negatives Karma; und diese werden von den vorbereitenden Übungen beseitigt. Wenn der Geist völlig von Verdunklungen befreit ist, dann ist Realisation wie ein weit offener, klarer Himmel, der durch absolut nichts verdunkelt ist. Gewohnheitsmäßige Tendenzen sind wie der Geruch von Kampfer. Selbst wenn man ihn abwäscht, verbleibt ein leichter Geruch. Ebenso verhält es sich mit Verdunklungen, die latent im Urgrund vorhanden sind. Ein weiteres berühmtes Zitat sagt: „Es ist Täuschung, sich zur Beseitigung von Verdunklungen auf andere Methoden zu verlassen als diese Praktiken; das Anhäufen der Ansammlungen und das Empfangen des Segens eines realisierten Meisters."

Was ist wertvoller – ein einzelner Diamant oder ein Raum voll mit Glasperlen? In gleicher Weise ist die Quantität unserer Praxis, die Anzahl von Wiederholungen, die wir ausführen, um endlich damit fertig zu werden, unwichtig. Es ist in keiner Weise relevant kundzutun, dass wir eines dieser erstaunlicher Individuen sind, die fünf oder zehn Sets von vorbereitenden Übungen abgeschlossen haben. Manche Leute praktizieren mit abgelenktem Geist, hetzen durch die einzelnen Punkte hindurch, als wären es mechanische Abläufe. Sie führen ihre Sitzungen durch, während sie nach links und rechts schauen, ohne dem, was sie tun, irgendwelche Aufmerksamkeit zu schenken. Es ist notwendig, Körper, Rede und Geist eingerichtet auf die Praxis zu fokussieren – *das* ist es, was Verdunklungen und negatives Karma bereinigt. Das ist es, was wirklich zählt, der authentische Diamant im Gegensatz zu dem bloßen Raum voller Glasperlen.

Mein Wurzellehrer, mein Onkel Samten Gyatso, hat selbst so praktiziert. Sein ganzes Leben hindurch hat er nicht einen einzigen Tag versäumt, 100 Verbeugungen zu machen. Er machte den *Ngöndro*-Teil seiner Praxis, selbst als er alt und krank war. Er ging mit der Hilfe von zwei Stöcken, sodass die Leute sagten, er laufe auf ‚vier Beinen', wie ein Tier. Und doch schaffte er es, täglich 100 Verbeugungen zu machen. Der *Ngöndro*, den er praktizierte, war die vorbereitende Übung für den *Jetsün Nyingtik*.

Samten Gyatso starb im Alter von 64 Jahren. Ich weiß nicht, was er als kleiner Junge praktizierte, aber von dem Tag an, als ich ihn zum ersten Mal traf, und nach allem, woran sich andere in Bezug auf ihn erinnern konnten, bis zu dem Tag, an dem er starb, verging nicht ein einziger Tag ohne vorbereitende Übungen. Mein Vater, Chime Dorje, praktizierte die vorbereitenden Übungen für sowohl *Jetsün Nyingtik* als auch *Künzang Thuktik* täglich. Obwohl die vorbereitenden Übungen sehr einfach sind, sind sie doch gleichzeitig auch extrem tiefgründig. Ich schlage vor, dass ihr die vorbereitenden Übungen täglich praktiziert. Das ist sowohl exzellent als auch sehr nützlich!

Um es nochmals zu wiederholen: Wenn ihr euch die vier Gedanken, die den Geist auf den Dharma lenken, zu Herzen genommen habt, dann habt ihr ein solides Fundament gelegt und werdet Dharmapraxis in keiner Weise schwierig finden. Wenn nicht, dann ist das wie der Versuch, ein Haus ohne Fundament zu bauen. Die großen Meister der Vergangenheit, insbesondere die der Kagyütradition, haben gesagt: „Da sie das Fundament sind, sind die vorbereitenden Übungen tiefgründiger als der Hauptteil." Legt ein solides Fundament, das nicht nur daraus besteht, die vorbereitenden Übungen ‚gemacht' zu haben, indem man die Mantras etc. rezitiert hat, sondern eines, das daraus besteht, sich sowohl die vier Gedanken zu Herzen genommen zu haben als auch der Praxis der vier- oder fünfmal 100 000 vorbereitenden Übungen. Mit einem solchen Fundament *kann* man nur authentisch praktizieren. Aber einfach nur die Mantras rezitiert zu haben und zu denken: „Okay, ich habe es getan", kann keine Basis für höhere Praktiken sein.

Wer auch immer sich die vorbereitenden Übungen zu Herzen nimmt, handelte, wie ein verwundetes Reh, sagt man. Er ‚spielt' nicht nur den Praktizierenden in den Augen anderer. Milarepa sagte: „Ich floh in die Berge, um in Einsamkeit zu praktizieren, weil ich mich vor dem Tod fürchtete. Durch Praxis realisierte ich die Natur, die jenseits von Geburt und Tod ist. Jetzt habe ich die Zitadelle der Furchtlosigkeit erobert." Auf diese Art und Weise sollte man praktizieren.

Wenn wir die vorbereitenden Übungen auf authentische Weise ausüben, sodass wir fühlen, dass wir es uns nicht leisten können, auch nur einen Moment zu verschwenden, werden wir in der Lage sein, wie Milarepa zu praktizieren. Das ist eine solide Grundlage. Was auch immer darauf gebaut wird, so wie die Hauptpraktiken der Yidamgottheit, Mantra und Vollendungsstufe, Trekchö und Tögal, wird wie die Stockwerke eines Gebäudes sein, das fest verankert und stabil ist. Es reicht nicht aus, nach den höheren Belehrungen zu streben und die wahre Substanz des Dharma, eine Veränderung in unserer Einstellung, zu ignorieren. Solange wir nicht in der Tiefe unseres Herzen eine tiefgründige Veränderung herbeiführen, so lange werden all die samsarischen Züge unserer Persönlichkeit fortbestehen und wir werden weiterhin von Erscheinungen verführt. Solange unser Geist wankelmütig ist, ist es ein Leichtes, von der Jagd nach Macht und Reichtum, von geschäftlichen und politischen Angelegenheiten, von Intrigen und Verrat mitgerissen zu werden. Es ist ein Leichtes, ein intensiv Praktizierender zu werden, der nicht ‚geheilt' oder von Dharma verändert werden kann. Obwohl man großes theoretisches Verständnis haben mag, dringt es nicht zum Herzen durch. Ein solcher Zustand ist wie die Haut, die Butter enthält, aber von der Butter im Inneren nicht weich gemacht wird.[6]

Giert also nicht nach den höheren Belehrungen von Trekchö und Tögal. Sie sind wie die beeindruckenden Hüte aus Wolfspelz, die in Kham getragen werden. Sie sehen sehr gut aus, aber was die Ohren im Winter warm hält, ist der wenig beeindruckende Kragen aus gewöhnlichem Schafsfell! Es ist von viel größerer Wichtigkeit, sich auf die vorbereitenden Übungen zu konzentrieren und ein solides Fundament zu legen. Was auch immer später darauf gebaut wird, macht Sinn. Ansonsten ist alles nur leeres Geschwätz.

Das Wichtigste von allem, wichtiger als die außergewöhnlichen Praktiken von Trekchö und Tögal, sind die generellen und speziellen vorbereitenden Übungen. Ohne sich die vier Gedanken zu Herzen genommen zu haben, wird was auch immer man praktiziert nirgendwo hinführen. Nichts kann erbaut werden, wenn es kein Fundament gibt, auf das man bauen kann. Ihr mögt dies alles wissen, es wird nicht das erste Mal sein, dass ihr all dies hört. Meine Worte mögen wie der Versuch erscheinen, Avalokiteshvara die mündliche Übertragung für das Mantra OM MANI PADME HUNG zu geben. Und trotzdem wollte ich dies sagen, um euer Gedächtnis etwas aufzufrischen.

---

[6] Anmerkung des Übersetzers: In Tibet wird Butter gelagert, indem man sie in Häute einnäht. Diese Häute werden oft sehr hart und starr. Die Butter im Inneren macht sie nicht geschmeidig.

ABSCHWEIFEN

In meiner Tradition ist echter Samadhi kein Resultat der Konzentration, den Geist zur Ruhe zu bringen oder zu fokussieren. Echter Samadhi ist der ursprüngliche, leere und unbegründete Zustand, der die Natur unseres Gewahrseins ist. Es ist kein Produkt, kein Ding, das es während des Meditationsaktes aufrechtzuerhalten gilt, in keiner Weise. Es ist die Erkenntnis des grundlegenden Gewahrseins, der man gestattet fortzubestehen.

Es gibt drei Arten von Gedankenaktivität. Die erste nennt sich ‚oberflächliche Gedanken'. Es ist das normale grobe Denken, durch das wir die Objekte innerhalb unseres Wahrnehmungsfeldes benennen und das eine emotionale Reaktion diesen Objekten gegenüber hervorbringt. Die zweite Art des Denkens ist eine ‚unterschwellige Strömung von Gedanken'. Es ist ein fortlaufendes geistiges ‚Kommentieren', welches wir meist gar nicht bemerken. Die dritte Art von Gedankenaktivität ist eine Gedankenbewegung, in der wir involviert werden, wenn wir ‚meditieren'. Wir sitzen und halten Subjekt und Objekt aufrecht: Da ist das ‚ich', oder das, was wahrnimmt, und der Zustand von ‚Samadhi', dieses Gefühl von Klarheit und Gewahrsein. Das kreiert das Gefühl von „Das ist es. Das ist der Zustand und er dauert an!". Dieses Gefühl ist weder klar formuliert noch offensichtlich. Sehr oft ist Meditationspraxis eine Übung im Aufrechterhalten dieses konzeptuellen Zustands. Anschließend denken wir, dass der Meditationszustand eine ganze

Weile andauerte. Was wirklich andauerte, war die subtile Vorstellung von Subjekt und Objekt, die als Klarheit, als eine Helligkeit oder als bewusst aufrechterhaltene Achtsamkeit erschienen. Dies ist nicht der Zustand des wahren Samadhi, der vollkommen frei ist von selbst gemachten Konstrukten oder Ähnlichem. Das Schlüsselwort hier ist ‚ursprünglich leer und unbegründet', ein Zustand der keinerlei Kreieren unsererseits benötigt.

Oft erfährt man eine gewisse Müdigkeit nach einer solchen doch recht konzeptuellen Meditation. Diese Erschöpfung steht im direkten Zusammenhang mit der Mühe, die aufgewandt wurde, um diesen Zustand aufrechtzuerhalten. Wenn wir dies einmal aufgeben, bemerken wir, wie erschöpft wir sind. Versucht jetzt in eurer Meditationspraxis absolut gar nichts aufrechtzuerhalten. Wir sollten nicht nur frei sein von den oberflächlichen und unterschwelligen Gedanken, sondern auch von tief sitzenden Gedankenkonstrukten, die unseren Meditationszustand konzeptualisieren.

Der wichtigste Aspekt der Sichtweise ist es, frei zu sein von jedweder Vorstellung darüber. Jede Vorstellung, die wir über die Sichtweise haben mögen, ist eine Kette. Egal mit welcher Art von Kette ein Vogel angekettet ist, er kann nicht fliegen. Jedes Konzept, das man während des Meditationszustands aufrechterhält, ist wie eine Fessel.

Seid vor allen Dingen frei von den subtilen Vorstellungen von ‚dem, der etwas aufrechterhält, und dem, was aufrechterhalten wird'. Das, was aufrechterhalten wird, ist etwas, worüber wir lesen oder wovon wir hören: eine Art von Gewahrsein, ein hellwacher Zustand. Derjenige, der aufrechterhält, ist der Richter, der entscheidet, ob es passiert oder nicht. Wenn es nicht passiert, versuchen wir es wieder herzustellen – das ist der Akt des Aufrechterhaltens. Wahre Meditationsübung sollte frei sein von ‚dem, der etwas aufrechterhält, und dem, was aufrechterhalten wird'.

Die ultimative Sichtweise ist dieselbe, egal ob wir sie Dzogchen, Mahamudra oder Madhyamika nennen. Sie wird auch manchmal ‚Durchschneiden' oder ‚exakter Schnitt' genannt. Wie diese Schnur in meiner Hand [Rinpoche hält ein Schutzband hoch], ist es die Schnur der Gedankenformationen, die Samsara fortbestehen lässt. Unter den fünf Anhäufungen ist dies die Anhäufung der Formierung, die von unserem Denken unaufhörlich aufrechterhalten wird. Es ist eine der bereits erwähnten drei Arten von Gedanken. Wenn wir uns zur Meditation niedersetzen, vertreiben wir das normale grobe Konzeptualisieren. Indem wir achtsam sind, werden wir nicht wirklich von den unterschwelligen und unbemerkten Gedanken mitgerissen. Was jedoch dann passiert, ist, dass sich trotzdem solche Gedanken wie „Jetzt habe ich es, ich bin nicht abgelenkt" oder „Das ist es, o ja, richtig" einstellen und diese sich durch die ganze Sitzung hindurch fortsetzen. Wir sind uns der Tatsache, dass wir etwas formulieren und kontinuierlich im Geist halten, nicht bewusst. Wie erschöpfend!

Zu denken: „Das ist der leere Zustand", ist eine subtile Gedankenaktivität, die sich während der Meditation einstellt. Wenn wir in der wahren Sichtweise ruhen, ist es nicht notwendig, irgendetwas zu formulieren. Die Natur des Geistes ist bereits natürlich leer und unbegründet. Dies einfach zu erkennen und loszulassen ist die Sichtweise. Die beste Entspannung bringt die beste Meditation hervor. Entspannung sollte nicht nur von außen, sondern aus tiefstem Inneren geschehen – völliges Loslassen. Das unterscheidet sich von Einsgerichtet-Sein mit Körper, Atem und Geist.

In der Praxis von Dzogchen, ich habe es erwähnt, ist einer der Schlüsselpunkte das ‚vielfache Wiederholen kurzer Momente'. Mit kurzen Momenten ermüden wir uns während der Praxis nicht zu sehr. Das ‚vielfache Wiederholen kurzer Momente' nicht zu praktizieren, sondern zu versuchen, einen kontinuierlichen Zustand aufrechtzuerhalten, ist eine Form von Anhaftung. Es ist nicht dasselbe wie weltliche Anhaftung, die wir während unserer Meditation hinter uns lassen. Stattdessen ist da eine Anhaftung an den ‚Geschmack' der Sichtweise, das Gefühl davon. Wir befürchten, dass sie uns aufgrund von Ablenkung durch die Finger gleitet, auseinander fällt oder verschwindet. Um dem entgegenzuwirken, halten wir an einer Vorstellung von der Sichtweise fest und versuchen den Zustand kontinuierlich aufrechtzuerhalten. Das ist jedoch nach wie vor Anhaftung – und Anhaftung ist das, was das Überleben von Samsara sicherstellt.

Ich mache euch keine Vorwürfe. Das ist einfach, wie Samsara ist. Es ist die Fortsetzung der fünf Anhäufungen. Durch die Übung wahrer Meditation müssen wir uns vollkommen von allen fünf Anhäufungen befreien. Daher hilft es uns nicht, zu sitzen, während wir die Anhäufung der Formierung fortführen.

Die fünf Anhäufungen sind sehr subtil – der Akt des Erkennens, der Akt des Formens konzeptueller Zustände, der Akt der Wahrnehmung und so fort. Die fünf Anhäufungen werden durch das gegenwärtige Formen von Gedanken auf subtilste Art und Weise aufrechterhalten. Solange man daraus nicht aussteigen kann, kann man auch nicht das weitere Kreieren von Samsara hinter sich lassen. Das ist ein essentieller Punkt.

Das Wichtigste überhaupt ist es, frei zu sein von der Faszination, dem subtilen Anhaften an das Gefühl der Meditation. Zuerst entspannen wir uns vollkommen. Wir werden so entspannt und erfreuen uns so sehr an diesem weichen und freien Gefühl, dass wir mitunter unseren physischen Körper nicht mehr wahrnehmen. Wir denken: „Das ist so viel schöner als der Normalzustand. Ich mag es! Ich sollte mich immer so fühlen! Ich will dieses Gefühl nicht verlieren. Mal sehen, ob ich es aufrechterhalten kann." Ein solcher Geisteszustand ist nichts anderes als Anhaftung. Ist es nicht Anhaftung, die wir aufzugeben versuchen? Der beste Weg, dies zu tun, ist die Praxis des vielfachen Wiederholens kurzer Momente.

Diese subtile Anhaftung, das ‚Re-Formieren' von Samsara mit jedem Augenblick der verstreicht, mag uns als sehr sicher erscheinen, da es sich ja um einen so genannten Meditationszustand handelt. Nichtsdestotrotz ist Anhaftung, egal wie subtil sie sein mag, unser Erzfeind – der alte Dämon, der immer wieder zurückkehrt, um die samsarischen Stürme störender Emotionen aufs Neue zu entfachen.

Alle Wesen haben die Buddhanatur. Was genau ist diese Buddhanatur? Es ist ursprüngliche Weisheit. Physischer Raum ist leer. Auch unsere Natur ist leer. Sie unterscheidet sich jedoch durch ihre wissende Qualität von physischem Raum. Wenn unsere Natur nur wie physischer Raum wäre, dann gäbe es weder Weisheit noch dualistisches Bewusstsein. Wir besitzen aber beides. Obwohl wir im Besitz der Buddhanatur, der ursprünglichen, nicht-dualen Weisheit sind, scheint sie sich unter der Kontrolle unseres dualistischen Geisteszustands, der alles im Licht von Subjekt und Objekt erfährt, zu befinden. Selbst während der Meditation gibt es einen, der etwas aufrechterhält, und etwas, das aufrechterhalten wird. Das unterscheidet sich ziemlich von den Buddhas. Das, was die Buddhanatur daran hindert, stabil in sich selbst zu ruhen, ist die Tendenz in Richtung dualistisches Bewusstsein. ‚Buddha' bedeutet einfach, dass dualistisches Bewusstsein die Buddhanatur nicht verdrängt. Buddhanatur ist stabil, frei von jeglicher Dualität.

Wenn zwei Parteien ein Gerichtsverfahren anstrengen, debattieren sie darüber, was richtig und was falsch ist. Gerichtsverfahren drehen sich in der Regel um zwei gegensätzliche Standpunkte oder Behauptungen. Während des Verfahrens wird argumentiert und schließlich wird beschlossen, was wahr und was unwahr ist. Zur Sichtweise zu gelangen ist genau so. Der samsarische Zustand befindet sich auf der einen Seite des Gerichtsraums, der erleuchtete Zustand auf der anderen. Wir müssen entscheiden, welcher von beiden wahr und welcher unwahr ist. Am Ende lautet das Urteil, dass dualistisches Bewusstsein schuldig und ursprüngliche Weisheit unschuldig ist und somit den Fall gewinnt.

Übung in wahrem Samadhi beginnt, wenn wir das Verfahren abgeschlossen haben. Dann können wir in dem, was wahr ist, üben. Um zur Wahrheit zu gelangen, müssen wir sehr sorgfältig hinschauen. Danach können wir tatsächlich entscheiden, wie die Natur des Geistes ist. Wenn wir versuchen, sie zu finden, wird uns dies nicht gelingen. Die Natur des Geistes kann niemals als ein ‚Ding‘ gefunden werden, als ein Klumpen, der irgendwo darauf wartet, ausgegraben zu werden. Selbst wenn wir eine Milliarde Jahre lang nach diesem ‚Ding‘ namens Geistesnatur suchen würden, könnten wir nichts mit konkreter, materieller Form finden. Warum? Weil sie leer ist. Wir können dies durch Erfahrung verifizieren, wenn wir nach dem Geist schauen. Wir können dies persönlich entdecken und schließlich sagen: „Jawohl, die Natur des Geistes ist leer. Ich habe danach gesucht und konnte sie nicht finden."

Zur gleichen Zeit ist es jedoch keine völlige Leere, da wir weiterhin fühlen, wissen und erfahren können. Das ist völlig offensichtlich, nicht wahr? Wir können diesen Fall also auch abschließen. Es sollte kein Zweifel mehr darüber bestehen, dass die Natur unseres Geistes leer und wahrnehmend ist. Sorgt dafür, dies ein für alle Mal klarzustellen.

Das Wort ‚klarstellen‘ oder ‚entscheiden‘ bedeutet im Tibetischen wörtlich ‚die Hörner berühren‘. Wenn zwei Yaks Kopf an Kopf miteinander kollidieren, berühren sich ihre Hörner. Ein einzelner Yak kann das nicht tun. Es braucht zwei Yaks dazu. Man braucht zweierlei, etwas, das wahr ist, und etwas, das unwahr ist. Wenn man beide untersucht, wird offensichtlich, welches das eine und welches das andere ist.

Wenn der Buddha sagt: „Die Natur des Geistes ist leer", dann reicht es nicht, dies einfach nur zu hören. Wir müssen es selbst entdecken. Wenn wir die Natur des Geistes suchen und nicht finden können, dann kollidieren wir Kopf an Kopf mit der Wahrheit. Der Geist ist nicht nur leer, sondern auch wahrnehmend. Während des Wahrnehmens ist er nach wie vor leer. Ist das etwas, das wir herbeiführen müssen – den Geist zu leeren? Geschieht das durch unser Tun oder nicht? Nein, er ist bereits leer. Das ist es, was ‚ursprünglich leer und unbegründet' genannt wird. Alles, was wir tun müssen, ist anzuerkennen, dass es bereits so und nicht anders ist. Davon abgesehen ist Meditation nicht etwas, bei dem wir durch Sitzen und Tun den Geist ursprünglich leer und unbegründet machen. Wir müssen ihm lediglich gestatten zu sein, was er bereits ist. Genau das ist die Übung. Dies anzuerkennen ermüdet euch nicht.

Dies ist der Grund, warum es so wichtig ist, die Sichtweise zu erkennen. Am Punkt der wahren Erkenntnis der Sichtweise angelangt, gibt es nur eine einzige Sphäre, die einzige Identität der drei Kayas. In dem Augenblick, in dem wir erkennen, ist Nirvana nicht länger etwas, das erlangt werden muss, und Samsara nicht länger etwas, das aufgegeben werden muss. Auf diese Art und Weise ‚fließen' Samsara und Nirvana ‚zusammen', sind sie in einer einzigen Sphäre enthalten. Generell gesprochen ist Samsara definitiv etwas, das aufgegeben, und Nirvana etwas, das erlangt werden muss. Aber ganz praktisch betrachtet: Wie wollen wir Samsara loswerden und Nirvana erlangen? Das ist der Punkt, an dem das berühmte Zitat „Das eine zu wissen, befreit alles" zum Tragen kommt.

Wenn wir jenseits von Akzeptieren und Ablehnen gelangen, dann ist alles vereint. Solange wir akzeptieren und ablehnen, so lange ist da noch Anhaftung. Tibeter sagen manchmal von einem Praktizierenden: „Beeindruckend! Dieser Yogi ist wirklich jenseits von Fixierung. Er akzeptiert nichts und lehnt nichts ab. Jetzt ist seine Fixierung völlig zusammengebrochen. Er ist wie der Himmel." Wenn wir denken, dass wir uns von Denken befreien und Weisheit erlangen müssen, dann sind da immer noch zwei Gedanken. Der Gedanke, das eine aufzugeben und etwas anderes zu erlangen. Das ist Akzeptieren und Ablehnen. Wir nähren weiterhin diese Dualität – eines zu beseitigen, um ein anderes zu gewinnen. Akzeptieren und Ablehnen ist immer noch subtiles Denken. Sobald wir solche Fixierung loslassen, gibt es kein Akzeptieren und Ablehnen mehr.

In einem vorangegangenen Kapitel habe ich Vimalamitra zitiert, der drei Arten von Befreiung erwähnte. Die erste Art von Befreiung ist wie das Treffen einer Person, die man bereits kennt, wenn ein Gedanke befreit wird. Die zweite ist wie ein Knoten in einer Schlange, der sich von selbst löst. Die dritte Art ist wie ein Dieb, der in ein leeres Haus eindringt. Hierbei geht es um den Grad der Stabilität im natürlichen Zustand. Ohne dies wird Praxis wie das Sprichwort: „Zu wissen, wie man meditiert, ohne zu wissen, wie man frei wird, ist das nicht wie die Meditationsgötter zu sein?" Meditationsgötter stecken auf der höchsten Stufe von Samsara, ‚Gipfel der Existenz' genannt, fest. Sie meditieren zwar, aber werdet bitte nicht wie sie.

In Bangkok gibt es einige unglückliche Beispiele von Meditationsgöttern, die scheinbar als Arhats bezeichnet werden. Die Körper einiger Mönche werden dort aufbewahrt, in einem Zustand, der weder tot noch lebendig ist. Sie sind perfekte Beispiele für jemanden, der zwar zu meditieren, aber nicht frei zu sein weiß. Es sind bereits einige Jahre vergangen, seit sie ‚dahingingen', und seitdem verweilen sie in einem blockierten Zustand. Sie befinden sich in ‚eingefrorener Leerheit', in einem Zustand des Aufhörens, dem es nicht erlaubt ist, sich aufzulösen. Dieser Zustand des Aufhörens stellt sich vor dem eigentlichen Sterben ein.

Als ich in Malaysia war, kam ein Mönch aus Bangkok und sagte: „Mein Lehrer ist immer noch körperlich anwesend. Er sieht genauso aus wie immer. Ich habe es nicht gewagt, ihn zu verbrennen, also bin ich zurückgekehrt." Diese Leute befinden sich in Meditation, nicht in Befreiung. Das ist es, was gemeint ist, wenn es heißt, dass Erleuchtung nicht durch Shamata erreicht werden kann. Shamata hat immer einen Referenzpunkt. Diese Wesen stecken in diesem Referenzpunkt fest, der sich nicht auflöst, wenn man einmal Übung darin erlangt hat. Natürlich ist es ein sehr beeindruckender Zustand meditativer Konzentration. In einem stabilen Gedanken zu verweilen kann jedoch nicht als Befreiung bezeichnet werden.

In einem solchen Zustand zu verweilen, nachdem wir scheinbar gestorben sind, bedeutet, dass unsere Lebensspanne, unser Verdienst und unsere Kraft aufgebraucht sind, wir aber trotzdem noch irgendwie ‚da' sind. Wenn man den Körper verbrennt, sammelt man das negative Karma des Tötens an. Es ist sehr schwierig, eine solche Person wiederzubeleben. Dazu braucht man einen Yogi, einen wahren Praktizierenden. Am besten ist es für eine solche Person, die Bewusstseinübertragung auszuführen. Der Zustand des Aufhörens hat eine zeitliche Begrenzung und an einem gewissen Punkt ‚erwacht' die Person wieder. Dann denkt sie: „O nein! Ich habe all diese Zeit verschwendet. Es war völlig nutzlos. Es hat überhaupt nichts gebracht!" Sie entwickelt dann falsche Ansichten, Bedauern und Zorn. Solche Bitterkeit kann dann ganz leicht ‚die Tür öffnen' zu einer Wiedergeburt in den Höllen. Man mag dann denken: „Ich habe all diese Jahre meditiert und noch nicht einmal den Wert einer Tasse Wasser an Verdienst angesammelt." Dieser Zustand kann, abhängig von der Kraft und Stabilität, die dahintersteht, viele Jahre andauern.

Im östlichen Teil Tibets gab es viele Praktizierende dieser Art. Chinesen, die in dieser Region arbeiteten, kamen in Höhlen, in denen die Körper solcher in regloser Shamata erstarrten Praktizierenden saßen. Sie schnitten ihnen die Bäuche auf und entnahmen eine Substanz, die zur Herstellung von Schießpulver benutzt wird. Das Innere mancher Körper war fast wie frisches, rohes Fleisch. Das Herz, die Eingeweide, es war alles da. Ich habe gehört, dass in manchen Höhlen vier oder fünf zusammensaßen. Sie können tausend Jahre lang so verweilen. Sie sitzen, ohne zu sehen; ihre Augen sind geschlossen. Ihre Körper sind unbeweglich, wie im Winterschlaf. Ihr Geisteszustand ist jedoch eine Art von Unwissenheit oder Dummheit. Ich war nicht selbst dort, aber ein anderer Tulku in Kham ging hin und erzählte mir von drei oder vier solcher vertrockneten Praktizierenden, die er dort sah. Die chinesischen Arbeiter haben viele von ihnen aufgeschnitten und sie damit ruiniert.

In den Tantras gibt es eine bestimmte Technik, die sich ‚Methode zum Erwecken eines Rishi' nennt. Man muss den Körper lange Zeit in lauwarmem Wasser einweichen. Der Körper wird dann anfangen, sich ein wenig zu bewegen. Die Energien beginnen wieder zu zirkulieren. Man gibt ihm Medizin und macht Mund-zu-Mund-Beatmung. Der Meister, der dies tut, flüstert dann in sein Ohr: „Nun erwache aus dem Zustand des Aufhörens. Du warst auf einem falschen Pfad." Ich habe diesen Text zwar selbst nicht gesehen, aber es gibt ihn.

Diese Art Text ist die gleiche wie die Instruktion des Aufzeigens für Vipashyana. Was gesagt wird, ist: „Gut, du bist sehr erfolgreich gewesen. Nun ist es genug Shamata. Jetzt solltest du die Essenz des Zustands von Shamata praktizieren, namens Vipashyana." Ich weiß nicht genau, wie lange, aber dieser erstarrte Zustand hat sein eigenes Maß, seine eigene Dauer. Wenn die Kraft aufgebraucht ist oder wenn der Verdienst erschöpft ist, denn es ist auf eine gewisse Weise Verdienst, wird die Person natürlich wieder zu sich kommen oder erwachen. Es ist wie das Erwachen aus einem Traum. Nachdem sie schließlich erwacht sind, sterben sie sehr bald danach.

Eine ähnliche Geschichte widerfuhr meinem Vater Chime Dorje. Er ging einmal zu einer Langlebenszeremonie in ein Haus, in dem der Koch möglicherweise ein sehr fleißiger Praktizierender von Shamata war. Es war damals in Osttibet üblich, den Tee in großen Tonkannen zu servieren. Während der Zeremonie kam der Koch mit einer solche Teekanne herein. Er blieb dann stehen und bewegte sich nicht mehr. Er kam weder herein noch ging er hinaus. Er steckte fest in einem Zustand erstarrter Shamata. Mein Vater sagte: „Stört ihn nicht, weckt ihn nicht auf. Ansonsten lässt er die Teekanne fallen und alles ergießt sich über den Boden." Solche Teekannen sind sehr heiß. Chime Dorje gestattete ihm also einfach dazustehen, mit der großen Teekanne in den Händen. Er sagt: „Lasst uns sehen, wie lange es dauert. Lasst ihn in

Ruhe." Es dauerte drei bis vier Stunden, in denen nichts passierte. Die Leute begannen allmählich sich zu sorgen, dass er nicht mehr erwachen würde oder doch alles fallen ließe. Chime Dorje stand schließlich auf und ging zu ihm hinüber. Nahe bei seinem Ohr flüsterte er seinen Namen und er erwachte. Mein Vater fragte ihn dann, was passiert sei. Der Koch antwortete: „Was meinst du mit ‚Was ist passiert'? Ich bringe den Tee." Da er sehr fleißig war, muss sein Fortschritt in einer Art erstarrtem Shamatazustand sehr gut gewesen sein.

Hier ist eine weitere Geschichte, wie man in Shamata abschweifen kann. Ein Lama aus der osttibetischen Provinz Golok kam, um den großen Jamgon Kongtrul Lodrö Thaye zu sehen. Der Lama erzählte Jamgon Rinpoche, dass er neun oder zehn Jahre in einer Hütte in Klausur verbracht hatte. „Meine Meditation ist jetzt ziemlich gut. Manchmal habe ich eine gewissen Grad von Hellsichtigkeit. Wann immer ich mich auf etwas konzentriere, verweile ich unerschütterlich darin. Ich fühle mich so ruhig und gelassen! Ich erfahre einen Zustand, frei von Gedanken und Konzepten. Über lange Zeiträume hinweg erfahre ich nichts als Freude, Klarheit und Nicht-Denken. Ich würde sagen, dass meine Meditation doch recht erfolgreich war!" Jamgon Kongtruls Antwort darauf war: „Oh, wie schade!"

Der Lama ging etwas niedergeschlagen fort, kehrte aber am nächsten Morgen sofort zurück. „Ehrlich, Rinpoche, meine Praxis in Samadhi ist gut. Es ist mir gelungen, alle geistigen Zustände von Freude und Schmerz anzugleichen. Die drei Gifte von Zorn, Begierde und Stumpfheit haben keine wirkliche Macht mehr über mich. Nachdem ich neun Jahre lang meditiert habe, würde ich doch sagen, dass diese Stufe ziemlicht gut ist." „Oh, wie schade!", antwortete Jamgon Kongtrul.

Der Lama dachte: „Es heißt, er sei ein eminenter Meister, jenseits allen Neides. Aber es scheint mir, als ob er doch ein wenig neidisch auf mich ist. Ich muss mich doch wundern!"

Dann sagte er: „Wegen deines Rufes kam ich, um dich über die Natur des Geistes zu befragen. Während des Tages ist meine Meditation in bester Ordnung. Darum geht es gar nicht. Was ich wissen möchte, ist, wie man während der Nacht praktiziert, da habe ich noch einige Schwierigkeiten."

Jamgon Kongtruls Antwort war wiederum nur: „Oh, wie schade!"

Der Lama dachte: „Er ist wirklich eifersüchtig auf mich! Er hat wahrscheinlich nicht einen Bruchteil meiner hellsichtigen Kräfte!"

Als der Lama seine Hellsichtigkeit erklärte, sagte er: „Es ist absolut kein Problem für mich, drei bis vier Tage in die Zukunft zu sehen", woraufhin Jamgon Kongtrul erwiderte: „Oh, wie schade!"

Der Lama ging in sein Quartier zurück. Er muss begonnen haben, an sich selbst zu zweifeln, denn einige Tage später kehrte er zurück und sagte: „Ich gehe wieder in meine Klause zurück. Was soll ich jetzt tun?"

Jamgon Rinpoche sagte ihm: „Meditiere nicht mehr! Von heute an, gib das Meditieren auf! Wenn du meinem Rat folgen willst, geh nach Hause und begib dich für drei Jahre in Klausur, aber ohne auch nur im Geringsten zu meditieren!"

Der Lama dachte sich: „Was sagt er da? Ich frage mich, was das zu bedeuten hat. Auf der anderen Seite soll er ein großer Meister sein. Ich werde es ausprobieren und sehen, was passiert." Also sagte er: „Gut Rinpoche", und ging.

Zurück in seiner Klause fiel es ihm sehr schwer, nicht zu meditieren. Jedes Mal, wenn er einfach losließ, ohne den Versuch zu unternehmen zu meditieren, ertappte er sich immer wieder dabei. Später sagte er: „Dieses erste Jahr war so schwierig! Das zweite Jahr war ein wenig besser." An diesem Punkt erkannte er, dass er mit dem ‚Akt des Meditierens' nur seinen Geist beschäftigt hatte. Jetzt verstand er, was Jamgon Rinpoche meinte, als er sagte: „Meditiere nicht mehr!"

Im dritten Jahr erreichte er wahre Nicht-Meditation und ließ bewusstes Kultivieren völlig hinter sich. Indem er Gewahrsein einfach so beließ, wie es ist, entdeckte er einen Zustand, der vollkommen frei ist von Handeln und Meditieren. An diesem Punkt passierte nichts Spektakuläres in seiner Praxis, auch keine spezielle Hellsichtigkeit. Darüber hinaus war seine Erfahrung von Freude, Klarheit und Nicht-Denken völlig verschwunden. Daraufhin dachte er: „Jetzt ist meine Meditationspraxis vollkommen ruiniert! Ich gehe besser zurück und hole mir mehr Anweisungen!"

Er kehrte zu Jamgon Kongtrul zurück und berichtete von seinen Erfahrungen, woraufhin Jamgon Rinpoche erwiderte: „Genau! Das ist es! Diese drei Jahre haben deine Meditation erfolgreich gemacht! Genau das ist es!" Er fuhr fort: „Du musst nicht meditieren, indem du bewusst etwas im Geist hältst, aber du solltest auch nicht abgelenkt sein!"

Der Lama sagte: „Es mag an meiner früheren Übung in Stille liegen, aber tatsächlich sind die Perioden von Ablenkung ziemlich kurz. Da ist nicht mehr viel Ablenkung. Ich glaube, ich habe verstanden, was du meinst. Ich erfahre einen Zustand, der nicht durch Meditation geschaffen ist, der aber doch für eine Weile andauert."

„Das ist es!" sagte Jamgon Kongtrul. „Jetzt verbringe den Rest deines Lebens damit, dich darin zu üben!"

Das war die Geschichte eines Praktizierenden aus Golok, der später dafür bekannt wurde, einen ziemlich hohen Grad an Realisation erlangt zu haben.

Einheit

Die Entstehung- und Vollendungsstufe, zwei Hauptaspekte der Vajrayanapraxis, sind in ihrer Essenz zwei Aspekte der Geistesessenz, Leerheit und Wahrnehmung. Letztlich sind diese beiden Aspekte eine untrennbare Einheit. Um dies zu verstehen, bedenkt, wie, am Anfang des Vajrayanapfades, die vier Ermächtigungen erteilt werden. Die erste Ermächtigung, die Vasenermächtigung, führt in die untrennbare Einheit von Erscheinungen und Leerheit ein. Die zweite Ermächtigung führt in die Einheit von Klarheit und Leerheit ein. Die dritte Ermächtigung führt ein in die Einheit von Freude und Leerheit. Und schließlich führt die vierte Ermächtigung ein in die Einheit von Leerheit und Wahrnehmung.

Die Einheit dieser beiden ist genau das, was mit der Einheit von Entstehung und Vollendung gemeint ist. Gleichzeitig sind die Stufen von Entstehung und Vollendung die eigentlichen Methoden, die zum Erkennen dieses Hauptaspektes des essentiellen Prinzips angewandt werden. Um Stabilität im manifesten, wahrnehmenden Aspekt zu erlangen, brauchen wir die Entstehungsstufe. Um Stabilität im leeren Aspekt zu erlangen, brauchen wir die Vollendungsstufe, Samadhi. Die ultimative Frucht dieser beiden Stufen sind die ‚Kayas und Weisheiten‘, die die Buddhanatur ausmachen. Wenn unser gewöhnlicher Körper und Geist gereinigt sind, dann sind sie Kayas und Weisheit, wobei Ersteres von Letzterem unterstützt wird.

Um auf eine Gottheit zu meditieren, müssen wir uns im *Kaya*-Aspekt üben, dem manifesten Aspekt, den wir visualisieren. Die Identität der Kayas und Weisheiten ist Leerheit. Obwohl es heißt, dass alles leer ist, ist der erwachte Zustand nicht leer von Kayas und Weisheiten. Kaya und Weisheit werden auch Körper und Gewahrsein genannt. Im erwachten Zustand ist dieser Körper ein ungeschaffener ‚Raumkörper', der ungeschaffene Dharmakaya. Der erwachte Geist ist Dharmadathuweisheit. Im Falle eines Buddha also, auf der Stufe des Dharmakaya, ist der Körper Dharmakaya, der Körper der Weisheitsqualitäten, während Gewahrsein Dharmadathuweisheit ist, ein alles umfassendes Gewahrsein. Auf der Stufe des Sambhogakaya ist der Körper eine Form aus Regenbogenlicht, während Gewahrsein die Manifestation seiner fünf Weisheiten ist. Auf der Stufe das Nirmanakaya wir Körper Nirmanakaya genannt, was so viel bedeutet wie Körper der magischen Erscheinung, bestehend aus dem ‚Vajrakörper mit den sechs Elementen' – Erde, Wasser, Feuer, Wind, Raum und Bewusstsein. Der Weisheitsaspekt ist das Wissen, das die Natur der Dinge sieht, wie sie ist, und das Wissen der Wahrnehmung von allem, das existiert. Um, auf der grundlegendsten Stufe, die wahre Wurzel der Kayas und Weisheiten zu finden, müssen wir sowohl die Entstehungs- als auch die Vollendungsstufe realisieren. Auf einer subtileren Stufe werden sich die Gottheiten spontan im Bardo manifestieren. Die subtilste Stufe ist es, Stabilität in den Praktiken von Trekchö und Tögal zu erlangen. Tögal ist der manifeste Aspekt, in dem die Körper der Gottheiten tatsächlich erscheinen, während Trekchö der leere Aspekt ist.

In diesem Zusammenhang werden zwei Ausdrücke benutzt: das Verweilen im Grund und das Manifestieren aus dem Grund. Verweilen im Grund bedeutet, dass die Kayas und Weisheiten, die Einheit von manifest und leer, von Anbegin an die grundlegenden Komponenten der Buddhanatur sind. Eine Methode, um die Manifestation der Gottheiten zu ermöglichen, ist es, sie zu visualisieren und ihre

Mantras zu rezitieren. Durch die Anwendung der Methoden der Entstehungsstufe aktivieren oder manifestieren wir diese Qualitäten, die im Grund präsent sind. Das nennt sich ‚den Grund manifestieren‘, und ist das, worum es in der Entstehungsstufe geht.

Die Entstehungsstufe ist kein wirkliches Treffen mit der tatsächlichen Gottheit, sondern ein Abbild. Wir kultivieren dieses Abbild, weil sich unser Geist unter dem Einfluss von gewohnheitsmäßigen Tendenzen, Täuschung, diversen Gedankenmustern und negativen Emotionen befindet. Um dem entgegenzuwirken, üben wir uns in der ‚weißen Übung‘ – wir denken an himmlische Paläste, reine Gottheiten und so fort. Wir entleeren uns nicht von unreinen Gedanken, aber wir können sie für eine Weile stoppen. Aufgrund der Güte der Buddhas können wir immense Mengen von schlechtem Karma bereinigen, indem wir die Entstehungsstufe praktizieren. Es bleibt uns nichts anderes übrig, als die immense Wichtigkeit der Entstehungsstufe anzuerkennen.

Wenn wir uns in der Entstehungsstufe üben, versuchen wir einen Anschein von erleuchteten Qualitäten zu manifestieren. Diese sind noch keine echten, authentischen Qualitäten; sie sind nur ein Anschein. Stellt euch vor, wie ein Mönch, während eines Lamatanzes, eine Maske trägt und in einem aufwendigen Kostüm tanzt – und dabei vorgibt, die tatsächliche Gottheit zu sein. Die Entstehungsstufe ist eine ähnliche Praxis. Und doch, durch das Imitieren unserer angeborenen Qualitäten reinigen wir unsere gewohnheitsmäßigen Tendenzen, eine gewöhnliche, solide Realität wahrzunehmen und uns darauf zu fixieren. Diese Verdunklungen werden deshalb bereinigt, weil die Entstehungsstufe eine Simulation unserer wahren, angeborenen Qualitäten hervorruft.

Nehmt zum Beispiel die uns zur Gewohnheit gewordene Vorstellung, in einem festen Haus zu leben. Um dem entgegenzuwirken, versuchen wir uns an den Gedanken zu gewöhnen, dass unsere Umgebung, unser Wohnort, ein himmlischer Palast aus Regenbogenlicht ist. Anstatt unseren gewöhnlichen Körper wahrzunehmen, versuchen wir unseren Körper als die reine, immaterielle Form der Gottheit zu sehen. Anstelle gewöhnlicher Konversation versuchen wir alle Kommunikation als Preisung der erleuchteten Qualitäten wahrzunehmen. Anstatt uns auf Sinneseindrücke zu fixieren, bringen wir sie den Erwachten als Opferung dar. All dies sind nicht nur oberflächliche Methoden, um unsere Zeit zu verbringen, sondern tiefgründige Methoden zur Reinigung der gewohnheitsmäßigen Tendenzen, die die Buddhanatur verschleiern. Wir sollten niemals glauben, die Entstehungsstufe sei nutzlos, denn sie ist es definitiv nicht. Im Gegenteil, sich in der Entstehungsstufe zu üben und sie zu praktizieren kreiert immensen Verdienst. Die wahre Entstehungsstufe ist als ‚unmittelbare Erinnerung' bekannt. Das heißt, dass die Gottheit bereits im Mandala unseres Geistes präsent ist. Wir müssen sie also nicht erst, mit unseren Händen oder unserem Intellekt, präsent machen. Wir müssen nur denken, dass wir zum Beispiel der Buddha Samantabhadra sind, das ist ausreichend.

Die Art und Weise, wie man die Entstehungsstufe beginnt, ist sehr tiefgründig. Es gibt vier Arten, wie fühlende Wesen in einer Form Wiedergeburt annehmen. Durch ein Ei, einen Mutterleib, Wärme und Feuchtigkeit und unmittelbar. Dementsprechend gibt es vier Methoden des Erscheinens in der Form der Gottheit, die der gewohnheitsmäßigen Tendenz dieser vier Arten von Wiedergeburt entgegenwirken. Die schwierigste Art der Wiedergeburt ist die ‚zweifache Geburt', oder Geburt durch ein Ei, in der man zunächst in einem Ei geboren wird und dann später aus diesem schlüpft. Die schnellste und höchste Art von Wiedergeburt ist die unmittelbare. Dies wird durch die unmittelbare Erinnerung der Gottheit bereinigt, wobei wir uns vorstellen, dass wir in einem Augenblick in der bereits vollkommenen Form der Gottheit erscheinen.

Als fühlende Wesen haben wir einen Körper und einen dualistischen Geisteszustand. Die Ursache oder Quelle dieser ist identisch mit der Quelle des erwachten Zustands, mit seinen vielfachen Qualitäten und Charakteristika. Alles erscheint aus der Essenz, die wir Buddhanatur nennen. Erleuchteter Körper ist die unveränderliche Qualität in der Buddhanatur, erleuchtete Rede ist die unaufhörliche Qualität und erleuchteter Geist ist die fehlerfreie, ungetäuschte und unverwirrte Qualität. Auf diese Art und Weise sind erleuchteter Körper, Rede und Geist bereits in unserem Wesen präsent. Wie sie sich manifestieren, hängt davon ab, ob wir ein fühlendes Wesen oder ein vollkommen erwachtes Wesen sind.

Es gibt keinen Weg, Erscheinung und Leerheit voneinander zu trennen. Wir können nicht das eine wegwerfen und das andere annehmen. Der endliche Zustand der Verwirklichung, der ‚vereinte Zustand von Vajradhara', ist nichts anderes als die Einheit von Leerheit und Wahrnehmung, oder die Einheit der Kayas und Weisheiten. Bedenkt dies: Innerhalb des Dzogchen sind Trekchö und Tögal eine Einheit. Kayas und Weisheit sind eine Einheit. Entstehungsstufe und Vollendungsstufe sind eine Einheit. All diese sind untrennbar. Letztlich sind Erscheinungen und Leerheit, oder Wahrnehmung und Leerheit, eine untrennbare Einheit.

Es gibt ein Sprichwort unter den alten Meistern: „Wenn einige auf die Entstehungsstufe schwören und andere auf die Vollendungsstufe, dann werden Entstehungsstufe und Vollendungsstufe miteinander im Kampf liegen." Dieses Sprichwort ist sehr wahr. Wenn wir uns die Einstellungen der Leute genau ansehen, werden wir feststellen, dass einige sagen: „Die Entstehungsstufe ist wirklich bedeutungsvoll, da es dort etwas zu tun und zu erreichen gibt. Man kann an verschiedene Dinge denken, sich mit ihnen beschäftigen, Methoden anwenden, eine Art von Transformation durchmachen und schließlich Verwirklichung erlangen. Tatsächlich etwas zu *tun*, eine Praxis zu *machen* ist von Bedeutung, aber die Vollendungsstufe lässt uns gar nichts zu tun. Sie ist einfach nur uranfänglich leer. Es scheint bedeutungslos, seine Zeit darauf zu verwenden." Andere sagen: „Zu sitzen und sich während der Entstehungsstufe dies und das vorzustellen ist alles künstlich. Man betrügt sich nur, wenn man überflüssige Szenarien kreiert. Der ursprüngliche, natürliche, spontan präsente Zustand der Vollendungsstufe ist das einzig Wahre."

Beiden Behauptungen mangelt es am Verständnis dafür, auf wie unser grundlegender Zustand wirklich ist. Entstehung und Vollendung sind bereits eine Einheit. Dies zu wissen ist zu wissen, was wahr *ist*. Was uns davon abhält, den ursprünglichen Zustand anzuerkennen, der die untrennbare Einheit von Erfahrung und Leerheit ist, von Wahrnehmung und Leerheit, ist nichts anderes als unsere eigene konzeptuelle Art und Weise zu denken. Unser konzeptuelles Denken spaltet eine Einheit in eine Dualität, wo keine Dualität existiert. Wir formen Konzepte, basierend auf einer hausgemachten Trennung von Subjekt und Objekt, Erscheinung und Leerheit.

Der einzige Weg, diesen kontinuierlich wiederentstehenden Bruch zu heilen, ist es, sich in der Praxis zu üben, in der es keinen solchen Bruch gibt und niemals gab – die natürliche Einheit von Entstehung und Vollendung. Und um dies zu tun, gibt es auch wiederum nur einen Weg: die Einführung in und das Erlangen von Stabilität im Zustand von Samadhi, in dem Leerheit und Wahrnehmung niemals getrennt waren. Dieser Zustand ist eine immanente Einheit; es ist nicht so, dass irgendetwas vereint *wird*.

Um es noch einmal zu wiederholen, das Prinzip das hier verstanden werden muss, ist, dass die Qualitäten von erleuchtetem Körper, von Rede und Geist bereits in der Buddhanatur präsent sind. Diese Buddhanatur wird mit vielen Namen bezeichnet, wie *Rangjung Yeshe*, was so viel bedeutet wie selbstexistente Weisheit oder erwachter Geist. Egal wie man es nennen mag, die erleuchteten Qualitäten sind bereits präsent. ‚Körper' bedeutet in diesem Zusammenhang unveränderliche oder verbleibende Essenz. ‚Rede' bezeichnet die unaufhörliche, strahlende Präsenz von Weisheit. ‚Geist', in diesem Zusammenhang, bedeutet die ungetäuschte, erwachte Kapazität, die auf alles umfassende Weise als Weisheit strahlt, als liebendes Mitgefühl, die Fähigkeit, andere zu retten, Buddhaaktivität und so fort. Um es kurz zu machen: Es ist nicht nötig, Leerheit mit Wahrnehmung zu vereinen. Man sollte vielmehr die ursprüngliche Untrennbarkeit dieser beiden Aspekte realisieren.

Wenn wir die Entstehungsstufe praktizieren, bitten wir die Buddhas, aus dem reinen Bereich Akanishta herbeizukommen und mit uns zu verschmelzen. Das ist eine unglaublich tiefgründige Methode, um mit den unheilsamen, dualistischen Geistesmustern, die wir von Getrenntheit haben, zu arbeiten. Sie werden bereinigt, weil die damit verbundenen Praktiken der Entstehungsstufe das genaue Gegenteil von ihnen darstellen.

Unsere Buddhanatur, die wir bereits besitzen, ist wie das Startkapital, das man investieren muss. Nach meiner Tradition gibt es drei Stufen von innerer Vajrayanapraxis: Mahayoga, Anuyoga und Atiyoga. Mahayoga ist im Anuyoga verkörpert und Anuyoga im Atiyoga. Alle drei dieser Yogas sollten in der Sadhanapraxis verkörpert sein, während die Sadhanapraxis in der persönlichen Anwendung verkörpert ist. Auf diese Art und Weise hängt alles von persönlicher Anwendung ab. Die spezielle Qualität des Vajrayana, das, was es zum überlegenen Fahrzeug macht, wird von diesem berühmten Zitat beschrieben: „Obwohl das Ziel identisch ist, gibt es keine Täuschung." Das bedeutet, dass es ein vollständiges Verständnis der tiefgründigen Methoden gibt.[7]

Für eine Person auf dem Pfad gibt es zwei Methoden, Entstehung und Vollendung zu vereinen. Zuerst praktiziert man die Entstehungsstufe, indem man zum Beispiel denkt: „Ich

---

[7] Dieses Zitat findet sich im *Susiddhikara-Tantra*:
Obwohl von identischer Absicht, ist es frei von Täuschung,
Es hat viele Mittel und wenige Schwierigkeiten,
Und soll von jenen mit hoher Begabung gemeistert werden;
Daher ist das Fahrzeug des Mantrayana besonders eminent.

bin Padmasambhava, ich trage eine Krone auf dem Kopf und diese und jene Gewänder, ich halte diese und jene Attribute in den Händen." Schau dann in dies „Wer ist es, der sich dies alles vorstellt?" In diesem Augenblick sieht man, dass derjenige, der all dies visualisiert, leer ist und zur gleichen Zeit wahrnehmend. Dieses leere Wissen nennt man Vollendungsstufe. Diese Methode nennt man ‚der Entstehungsstufe mit der Vollendungsstufe folgen'.

Die andere Methode ist es, die Entstehungsstufe sich aus der Vollendungsstufe entfalten zu lassen. Hier beginnt man damit, zunächst in die Geistesessenz zu schauen und dem erwachten Zustand zu gestatten, Realität zu sein. Ohne diesen Zustand nicht-dualen Gewahrseins zu verlassen, erlaubt man dann der Visualisierung stattzufinden. Der Ausdruck des nicht-dualen Gewahrseins nimmt dann die Form eines himmlischen Palastes an, die Form Padmasambhavas und all der anderen Details des Mandala. Der nicht-duale Zustand des Gewahrseins ist völlig ungehindert, genau so, wie Objekte ungehindert in einem Spiegel reflektiert werden.

Während unheilsame, egoistische Gedankenformen niemals als Ausdruck des erwachten Zustands entstehen können, können reine Formen wie himmlische Paläste, Gottheiten und so fort entstehen, ohne den Zustand von Rigpa zu verlassen. Das liegt daran, dass die Dauer der Erkenntnis von Rigpa einem klaren Spiegel gleicht, der ungehindert alles reflektiert. Wenn keine Erkenntnis unserer Natur erfolgt, sind wir wie ein Stein, der die Reflexionsfähigkeit eines Spiegels nicht besitzt.

Die Einheit der Entstehungs- und Vollendungsstufe bedeutet, dass die Formen der Gottheit, des Palastes und so weiter alle in unserer Erfahrung manifest sind, also sichtbar, während zur gleichen Zeit nicht-duales Gewahrsein unabgelenkt bleibt. Es gibt keine wirkliche Unterscheidung zwischen Manifestation und Gewahrsein. Versteht, dass die Einheit der Entstehungs- und Vollendungsstufe, in ihrer Essenz, die Einheit von Erfahrung und Leerheit ist.

Karmapa Mikyö Dorje, der große Vajradhara der Kagyülinie, ist die Hauptfigur in dem berühmten *Guruyoga in vier Sitzungen*. In einer der Anrufungen heißt es dort: „Sichtbar und doch leer; leer und doch sichtbar. Die untrennbare Einheit von sichtbar und leer ist die Form des Guru. Ich bete inständig zur Form des Guru." Es gibt einen zweiten Vers für die Rede und einen dritten für den Geist. Was heißt das? Es bedeutet, dass hier *tatsächlich* leere Wahrnehmung stattfindet. Etwas wird wahrgenommen, obwohl das wahrnehmende gleichzeitig leer ist. Diese unteilbare Natur des Wahrnehmens, während es gleichzeitig leer ist, ist die Form des Guru selbst. Das ist der ultimative erleuchtete Körper und dies zu realisieren ist die Einheit von Entstehung und Vollendung.

Ebenso verhält es sich mit der Rede, oder Klang – sie ist „hörbar und doch leer; leer und doch hörbar. Die untrennbare Einheit von hörbar und leer ist die Rede des Guru. Ich bete inständig zur Rede des Guru." Dies betrifft nicht nur so genannten ‚äußeren Klang', sondern auch den natürlichen Klang, der als der spontane Klang von Dharmata bezeichnet wird, von dem in den Dzogchenlehren die Rede ist. Dieser natürliche Klang ist leer. Das, was den Klang hört, ist ebenfalls leer. Die unteilbare Einheit von Klang und Leerheit ist die Rede des Guru.

Im dritten Vers heißt es: „Freudvoll und doch leer; leer und doch freudvoll. Die untrennbare Einheit von Freude und Leerheit ist der Geist des Guru. Ich bete inständig zum Geist des Guru." Freude, in diesem Zusammenhang, bezieht sich nicht auf die konditionierte Freude, die einen Anfang und ein Ende hat. Es bezieht sich auf die natürliche Abwesenheit von Schmerz. Wenn schmerzvolles konzeptuelles Denken abwesend ist, dann ist das Freude. Der grundlegende Zustand ist leer. Diese Leerheit, die zur gleichen Zeit freudvoll ist, ist der Geist des Guru. „Ich bete inständig zum Geist von Freude und Leerheit des Guru."

Auch in der Nyingmalinie gibt es das Aufzeigen der ultimativen Praxis von Gottheit, Mantra und Samadhi, die Erscheinung und Leerheit, Klang und Leerheit und Gedanken und Leerheit miteinander verbindet. Es wird in der bekannten *Anrufung in sieben Kapiteln* an Padmasambhava erwähnt. Der erste Vers beginnt mit: „Was auch immer in deiner Vision stattfindet ...", das heißt, was auch immer man sieht, ob es schön oder hässlich ist, „... akzeptiere weder noch lehne ab. Verweile einfach im Zustand, in dem Erscheinung und Leerheit untrennbar sind. Das ist die Form des Guru. Ich bete inständig zur Form von Padmakara."

Im nächsten Vers geht es um Klang: „Was auch immer du hörst, ob harsch oder angenehm, akzeptiere weder noch lehne ab, sondern verweile natürlich in der Einheit von Klang und Leerheit. Unteilbarer Klang und Leerheit ist die Rede des Guru. Ich bete inständig zur Rede von Padmakara."

Der dritte Vers beschreibt den Geist: „Was auch immer im Bereich des Geistes stattfindet, egal welches der drei oder fünf Gifte erscheint, heiße es weder willkommen noch begleite es. Lasse sie sich natürlich auflösen im Zustand von Gewahrsein. Dieser natürlich befreite Geist ist der Geist des Guru. Ich bete inständig zum Geist von Padmakara."

Wir beginnen die Übung in der Einheit von Entstehung und Vollendung mit der drei Samadhis. Der Samadhi der Soheit ist ein Zustand, der wach ist, vollkommen offen und ungehindert. Das ist der Zustand, in dem die Visualisierung der Gottheit wirklich stattfinden kann. Nichts ist blockiert. Die Visualisierung kann völlig frei stattfinden weil Gewahrsein nicht blockiert ist. Wir sind auch nicht bewusstlos. Deshalb kann der Samadhi der Erleuchtung aus dem Samadhi der Soheit entstehen. Aus dem Samadhi der Erleuchtung kann der Samadhi der Keimsilbe entstehen. Wenn dies nicht der Fall wäre, warum sollten es die Buddhas lehren?

Wenn jedoch die Kontinuität des nicht-dualen Gewahrseins gebrochen wird oder verloren geht, dann erscheint der dualistische Ausdruck als konzeptuelles Denken. Wenn, im Gegensatz dazu, das nicht-duale Gewahrsein ungehindert ist, dann ist sein Ausdruck ebenfalls ungehindert und kann jede erdenkliche Form annehmen. Wie zum Beispiel die Form von Padmasambhava mit all seinen Gewändern und Attributen. Sobald uns der Samadhi der Soheit entgleitet, ist dieses ungehinderte Erscheinen des nicht-dualen Gewahrseins nicht mehr möglich. Das ist der Grund, warum jede Instruktion in der Entstehungsstufe damit beginnt, die drei Samadhis zu erwähnen.

Unter den drei Samadhis entspricht der Samadhi der Soheit dem Dharmakaya und Leerheit. Der Samadhi der Erleuchtung entspricht dem Sambhogakaya und Wahrnehmung. Der Samadhi der Keimsilbe, der die Einheit von Leerheit und Wahrnehmung ist, in der Form der Keimsilbe, die zur Gottheit wird, entspricht dem Nirmanakaya.

Das äußere Beispiel ist, dass der Dharmakaya wie offener Raum ist, während Sambhogakaya wie Sonnenlicht ist. Sonnenlicht verbreitet sich im Raum. Die Sonne muss nicht irgendwo anders hingehen, um zu scheinen. Wenn Raum und Sonnenlicht vorhanden sind, kann der Regenbogen des Nirmanakaya erscheinen. Bitte versteht, wie diese Metapher die drei Samadhis illustriert.

Nochmals: Was ist die Einheit der Entstehungs- und Vollendungsstufe? Während der Vollendungsstufe gibt es einfach nur die Erkenntnis der Geistesessenz selbst. Zur gleichen Zeit entfaltet sich ihr Ausdruck als die Entstehungsstufe, ohne die Erkenntnis der Geistesessenz zu unterbrechen oder sie zu behindern. Denkt an die Sonne als Vollendungsstufe und ihre natürlichen Strahlen als Entstehungsstufe. Wenn die Sonne scheint, muss sie nicht dem nachjagen, auf das sie scheint; sie fährt einfach fort zu scheinen. Wenn die Sonne jedem ihrer Sonnenstrahlen in alle mögliche Richtungen nachlaufen müsste, wäre es unmöglich für sie, kontinuierlich zu scheinen.

Solange die Sonne sich nicht von sich selbst entfernt, erstrahlt ihr Licht natürlich und spontan. Wenn man die Erkenntnis der Geistesessenz verliert, ist das, als verlöre man die Sonne selbst. Wie kann es Sonnenschein geben ohne Sonne?

Wenn der Dharmakaya verloren ist, wie kann es einen Sambhogakaya geben? Ohne Dharmakaya und Sambhogakaya, wie kann die ungehinderte Kapazität des Nirmanakaya erscheinen? All dies verschwindet ebenfalls. Wenn leere Essenz und wahrnehmende Natur verloren sind, dann ist die Kapazität begrenzt. Die unbegrenzte Kapazität wird zu begrenztem, konzeptuellem Denken. Der Zustand der daraus resultiert, ist nicht-wahrnehmend, nicht-bewusst, nichts-wissend.

Die Entstehungs- und Vollendungsstufe zu vereinen ist nur möglich, wenn man das dreifache Prinzip von Essenz, Natur und Kapazität wahrhaft versteht. Wenn diese als untrennbar gesehen werden, dann ist die Einheit von Entstehungs- und Vollendungsstufe möglich. Ansonsten nicht. Um es nochmals zu wiederholen, die Beziehung zwischen Leerheit und Wahrnehmung ist wie die scheinende Sonne. Es ist nicht notwendig, die Sonne und ihre Sonnenstrahlen zu vereinen, ebenso wenig wie es Sonnenlicht ohne die scheinende Sonne geben kann. Ebenso kann die Entstehungsstufe, als ungehinderter Ausdruck des nicht-dualen Gewahrseins, nicht ohne die Erkenntnis der Essenz selbst bestehen.

Ohne die Erkenntnis der Essenz jagt unsere Aufmerksamkeit dem Ausdruck nach und verstrickt sich darin. Es ist wie die Sonne, die ihrem Licht nachjagt. Um die vorangegangene Metapher zu verwenden: Wir versäumen es, Raum, so wie er ist, anzuerkennen. Wir versäumen es, zu erkennen, dass die Sonne scheint. Wir verstricken uns kontinuierlich in den Reflexionen der Sonne in Wasserpfützen. Das ist es, wie gewöhnliches Denken funktioniert. Verstrickt sein und einer Reflexion nach der anderen nachjagend.

Reinheit

Das grundlegendste Prinzip der innersten Vajrayanalehren ist die untrennbare Einheit von uranfänglicher Reinheit und spontaner Präsenz. Spontane Präsenz, die wahrnehmende Qualität, kann unmöglich vom Zustand uranfänglicher Reinheit, Leerheit, getrennt werden. Denkt nicht an diese beiden als separate Einheiten. Aufgrund der entgegenkommenden leeren Qualität von uranfänglicher Reinheit können Erfahrungen stattfinden, so wie ein Regenbogen nur im Raum erscheinen kann und sonst nirgendwo. Der Schlüsselpunkt hier ist Untrennbarkeit, Einheit. Nichts wird als getrennt von wahrnehmender, leerer Weisheit erfahren.

Die fünf Elemente und fünf Anhäufungen erscheinen in ihren Formen nur aufgrund unserer Täuschung und unwissender Fixierung. In letztgültiger Wahrheit gibt es nichts anderes als leere Wahrnehmung, die untrennbar ist. Das Wahrgenommene, die erfahrenen Inhalte, die für gewöhnlich als ‚Erscheinungen' bezeichnet werden, sind in Wirklichkeit niemals getrennt von leerer Wahrnehmung. Es wird gelehrt, dass unsere Erfahrung nur deshalb als die fünf Elemente und fünf Anhäufungen erscheint, weil wir uns aus Unwissenheit auf die fünffarbigen Lichter, die der natürliche Ausdruck des ursprünglichen Grundes sind, fixiert und sie damit verfestigt haben.

Wir fixieren uns auf Manifestationen – die Elemente Erde, Wasser, Feuer, Wind und Raum – als wahrhaft existent, wobei sie doch tatsächlich ‚nicht-existente Präsenz' sind. Eine Präsenz, die zwar erscheint, aber frei ist von jeglicher Selbst-Natur. Gewahrsein selbst ist leere Weisheit, die uranfänglich rein ist. Die fünf Elemente sind in Wirklichkeit die fünf weiblichen Buddhas, die fünf Anhäufungen die fünf männlichen Buddhas. In ihrer reinen Natur sind sie alle einfach der Ausdruck der ursprünglichen Weisheit, untrennbare leere Wahrnehmung. Raum und Weisheit sind untrennbar. Sie sind uranfänglich eine Einheit.

Uranfängliche Reinheit ist die leere Qualität dieser ursprünglichen Weisheit. Spontane Präsenz ist die manifeste, wache Qualität. Ursprüngliche Weisheit ist die Untrennbarkeit dieser beiden Aspekte, die Untrennbarkeit von Wahrnehmung und Leerheit. Wir können also nicht behaupten, dass ein Aspekt die Wahrnehmung ist und dass er getrennt ist von einem anderen Aspekt, der nicht Wahrnehmung ist. Tatsächlich werden manche Gottheiten in Vereinigung dargestellt, um diese untrennbare Einheit zu symbolisieren. Die weibliche Gottheit repräsentiert die leere Qualität, während die männliche Gottheit für die wahrnehmende Qualität steht. Ihre Vereinigung repräsentiert die Untrennbarkeit von Leerheit und Wahrnehmung.

Wenn männliche und weibliche Gottheiten untrennbar sind, dann müssen sie im Besitz der Essenz, ausgestattet mit den fünf Weisheiten, sein, richtig? Es ist nicht so, dass die männlichen Gottheiten diese Weisheiten haben und die weiblichen nicht. Es wird gelehrt, dass die natürliche Reinheit der fünf Elemente identisch mit den fünf weiblichen Buddhas ist, während die natürliche Reinheit der fünf Anhäufungen den fünf männlichen Buddhas entspricht. Das bedeutet, dass alles uranfänglich rein ist. Es verhält sich nicht so, dass durch die Praxis von Meditation etwas passiert, und plötzlich wird alles rein. Die fünf Elemente und fünf Anhäufungen sind uranfänglich rein als die Mandalas der männlichen und weiblichen Buddhas. Dies ist bekannt als ‚die alles umfassende Reinheit von allem, das erscheint und existiert'.

Was auch immer ‚erscheint', bezieht sich, in diesem Zusammenhang, auf die fünf Elemente, während sich alles, was ‚existiert', auf die fünf Anhäufungen bezieht.

Mit anderen Worten, der Inhalt von Erfahrung ist nichts anderes als die fünf weiblichen Buddhas, während das, was erfährt, die fünf männlichen Buddhas sind. Wie könnte es also irgendwo wie auch immer geartete Unreinheit geben? Unreinheit ist temporär. Wenn Unreinheit uranfänglich wäre, dann wäre es unmöglich, sie zu bereinigen. Es wäre unmöglich, zu einem Buddha zu werden.

Da Täuschung temporär ist, kann sie bereinigt werden. Der Himmel ist uranfänglich rein und unveränderlich, während die Wolken darin lediglich von temporärer Natur sind. Versteht den Unterschied zwischen Raum und Wolken. Die uranfänglich reine Essenz ist wie der Raum, während die temporären Verdunklungen wie die Wolken sind. Weil alle unreinen Aspekte, wie die fünf Anhäufungen, die fünf Elemente, die fünf störenden Emotionen und so fort, bereits im Besitz uranfänglicher Reinheit sind, ist es möglich, sie zu bereinigen. Wenn man Milch schlägt, erhält man Butter, nicht wahr? Genau das ist die Bedeutung von ‚alles ist allumfassende Reinheit'. Erhält man Butter, wenn man Wasser schlägt? In diesem Sinne ist alles wie Milch, was auch immer erscheint und existiert, ist allumfassende Reinheit. Das ist der Grund, warum wir, durch die Erkenntnis dieser Reinheit, Erleuchtung erlangen können.

Die Übung in diesem grundlegenden Zustand der Dinge beinhaltet die Entstehungs-, Rezitations- und Vollendungsstufe. Diese Übung hilft uns, eine Vorstellung davon zu entwickeln, wie die Dinge sind. Sie hilft uns zu erkennen, dass alles uranfänglich allumfassende Reinheit ist. Durch solche Praxis werdet ihr schließlich reifen. Euer Körper reift zur Gottheit heran, eure Stimme zu Mantra, euer Geist zu Samadhi. Also, zuerst erhaltet ihr die Belehrungen über Gottheit, Mantra und Samadhi. Das ist in etwa so, als würde euch klar: „Wenn ich diese Milch schlage, erhalte ich Butter." Dann wird ‚geschlagen und geschlagen', was bedeutet, ihr ‚übt und übt', bis ihr Gottheit, Mantra und Samadhi verwirklicht habt. Schließlich seht ihr alles als Samantabhadra. Ihr *seid* Samantabhadra. Es ist alles die gleiche Butter.

Alles was erscheint und existiert, ist von Anbeginn an allumfassende Reinheit. Dies zu erkennen ist der Anfangspunkt des inneren Vajrayana. Das ist jedoch nicht der Fall in der Hinayanatradition oder dem Mahayana. Im Kriya, dem ersten der äußeren Tantras, steht der Praktizierende an der Schwelle, diesen Punkt zu verstehen. In Upa und Yoga kommt man diesem Verständnis bereits sehr nahe, aber man ist doch noch nicht ganz dort angelangt. Im Fall des äußeren Vajrayana ist die Sichtweise der Reinheit mehr eine Annahme. Man stellt sich vor, dass eine Gottheit jenseits dessen, was der Praktizierende erfährt, existiert. Der Praktizierende stellt sich vor, dass die Gottheit durch das Darbringen von Opferungen und Anrufungen von irgendwoher erscheint und ihren Segen erteilt. Es ist eher wie der Gedanke „Hier bin ich, eine gewöhnliche Person. Die Gottheit, mir überlegen wie ein König, steigt vom Himmel herab und dann bitte ich sie, mir Siddhi zu gewähren". Das ist die generelle Herangehensweise in Kriya-, Upa- und Yogapraxis. Mahayoga beinhaltet eine andere Herangehensweise, in der aufgezeigt wird, dass was auch immer erscheint und existiert, bereits allumfassende Reinheit ist. Das, was erscheint und existiert, ist bereits im Mandala der Siegreichen. Im Anuyoga denkt man: „Dieser Körper ist das Mandala der Siegreichen." Im Atiyoga ist der Geist das Mandala der Siegreichen und die drei Vajras befinden sich vollständig im Bereich unserer Erfahrung. Auf diese Art und Weise werden die verschiedenen Stufen der Lehren unterschieden.

Um es zu wiederholen, alles, was erscheint und existiert, hat uranfänglich die Natur der fünf männlichen und weiblichen Buddhas, des allumfassenden, reinen Mandala der Siegreichen. Dies zu erkennen ist wichtiger, als einfach nur dazusitzen und die Zeilen der einen oder anderen Liturgie laut zu lesen. Natürlich sind Sadhanapraktiken dem samsarischen

Geist insofern angepasst, als es diverse Attribute gibt, zu denen wir einen Bezug herstellen können. Die Gottheiten werden zum Beispiel mit menschenähnlichen Qualitäten dargestellt, mit verschiedenen Körperfarben, in einem schönen Palast ‚lebend'. Nachdem wir sie von ‚dem anderen Ort' eingeladen haben, geben wir ihnen etwas zu essen und erzählen ihnen, wie nett sie sind – genau so, wie wir es mit Gästen tun. Das scheint alles sehr greifbar und verständlich, nicht wahr? Das Herz von Sadhanapraxis besteht jedoch nicht aus diesen zwischenmenschlichen Nettigkeiten. Es ist das Verständnis von grundlegender Reinheit.

Um die Entstehungsstufe in ihrem authentischsten Sinne zu praktizieren, müsst ihr eurer Visualisierung gestatten, sich aus der Weite der drei Kayas zu entfalten, und damit abschließen, indem ihr alles wieder in diese Weite zurück auflöst. Ansonsten gibt es keinen authentischen Anfang und kein Ende. Wie ich bereits zuvor erwähnt habe, beginnt ihr mit dem Samadhi der Soheit, der große Leerheit ist. Um dies korrekt praktizieren zu können, ist es notwendig, den natürlichen Zustand von Leerheit zu erkennen. Nun, das ist etwas, das möglich *ist*. Ihr braucht es euch nicht vorzustellen oder es zu erschaffen. Im Sarmasystem spricht man das *Shunyatamantra*, man sagt sich selbst „Alles wird Leerheit" und stellt es sich dann vor. Aus dieser Leerheit erscheint normalerweise das dunkelblaue, dreieckige Raummandala, gefolgt von den Mandalas von Erde, Wasser etc. Schließlich erscheint, auf dem Gipfel des Berges Sumeru, der himmlische Palast mit vier Seiten, vier Toren und so weiter und so fort. Auf diese Weise wird die normale Entstehungsstufe ausgeführt. Ohne den natürlichen Zustand der Leerheit zu erkennen, den Dharmakaya, kann jedoch keine wahre oder authentische Entstehungsstufe stattfinden.

Um der authentischen Entstehungsstufe zu gestatten, sich zu manifestieren, müssen wir alles in Leerheit auflösen und dann das Mandala sich aus diesem Zustand manifestieren lassen. Wir müssen die Gottheit am Anfang identifizieren, das heißt zur Zeit der Ermächtigung. Da die Gottheit in ihrer Essenz nicht-duales Gewahrsein ist, der erwachte Zustand, gibt es ohne die Erkenntnis dieses Gewahrseins keine wirkliche Gottheit, in der man sich üben oder die man daraus folgend realisieren könnte. Um sich also in authentischer Entstehungsstufe zu üben, ist es unerlässlich, die Natur des Geistes aufgezeigt zu bekommen. Die Übung im *Vorstellen* einer Gottheit ist einfach nur Gedankenaktivität, die niemals zur echten Gottheit werden kann.

Lasst aus diesem Zustand von Leerheit Mitgefühl entstehen. Aus der Untrennbarkeit von Leerheit und Mitgefühl erscheint die Keimsilbe. Ohne diese Einheit von Leerheit und Mitgefühl ist es unmöglich, die authentische Entstehungsstufe zu praktizieren.

Sich das Sadhana nur vorzustellen ist Arbeit, bloße Bauarbeit. Es ist wie der Bau eines Tempels. Zuerst ist da die Erde, dann zieht ihr die Mauern hoch. Wenn ihr auf diese Weise ‚baut', dann ist es nicht wirklich der Palast einer Gottheit – es ist bloß ein weiterer Wohnort für Menschen. Gottheiten sind nicht aus Fleisch und Blut gemacht, sie sind sichtbare Leerheit. Der Wohnort einer Gottheit sollte das Mandala der fünf Elemente sein, mit dem Berg Sumeru, dem Vajrakreuz und dem himmlischen Palast. Es handelt sich, wörtlich, um einen unermesslichen Palast insoweit, als er jenseits aller Dimensionen ist. Wenn die Gottheit ein Form aus Fleisch und Blut hätte, könnte man ihr einen konkreten Palast bauen und sie bitten einzuziehen. Man könnte sagen: „Samantabhadra, bitte nimm Platz. Das Abendessen ist schon unterwegs!"

Die Absicht der Übung in der Entstehungsstufe ist es, mit dem normalen, samsarischen Geisteszustand zu arbeiten, der Dualität sieht, wo keine Dualität von Subjekt und Objekt besteht, keine Trennung zwischen dem äußeren wahrgenommenen Objekt und dem inneren wahrnehmenden Geist. Wir ergreifen das Nicht-Duale als dual. Tatsächlich ist es jedoch unteilbar. Könnt ihr Hitze von der Flamme trennen, Feuchtigkeit von Wasser, Süße von Zucker? Ebenso wenig kann man den Wahrnehmenden vom Wahrgenommenen trennen. Einheit bedeutet ‚nicht zwei, sondern eins'. Wie kann es in der Realisation reiner Einheit eine Hölle geben und jemanden, der darin wiedergeboren wird? Wenn es, auf der anderen Seite, jedoch Dualität gibt, dann gibt es einen Ort und jemanden, der dort Wiedergeburt annimmt.

Das, was wir erkennen sollten, ist der Zustand nicht-dualer Leerheit und Wahrnehmung. Reines Gewahrsein ist kein Objekt, das erkannt werden muss, ebenso wie wir kein erkennendes Subjekt sind. Solange Dualität kontinuierlich wiederkreiert wird, solange sie nicht zu einer Einheit wird, so lange gibt es keine Erleuchtung. Aber sorgt euch auch nicht um Einheit. Dualität sollte Einheit werden und diese Einheit sollte objektlos sein. Es ist kein Ding, das wir in unserer Meditation aufrechterhalten müssen, weil da keine zwei Dinge sind; da ist weder ein Subjekt noch ein Objekt. Da ist einfach nur Einheit. Er ist Samantabhadra, ich bin Samantabhadra.

Indem man diesen grundlegenden Zustand der Dinge anerkennt, wird alles, was erscheint und existiert, zu allumfassender Reinheit. Aber zu sagen ‚wird' ist auch nicht korrekt, denn es ist nicht ‚geworden', es war schon immer. Wenn ihr es versäumt, diesen einen Punkt zu erkennen, fehlt euch etwas Entscheidendes, etwas Essentielles. Dies zu tun wird als ‚100 Dinge wissen, aber eines vermissen' bezeichnet. Wir mögen Experten in 100 Disziplinen sein, und doch: Wenn wir die Natur des Geistes nicht erkennen, können wir immer noch in den drei niederen Bereichen wiedergeboren werden. Solange man den natürlichen Zustand des Geistes nicht kennt, kann man der Möglichkeit, in den drei niederen Bereichen wiedergeboren zu werden, nicht ausweichen. Man hat das Potential für eine niedere Wiedergeburt nicht eliminiert. Ein Sprichwort sagt: „Solange du den Schlüsselpunkt des Geistes nicht kennst, so lange steht alles, was du tust, auf dem Kopf." Solange man sich über die Natur des Geistes im Unklaren ist, was führt einen dann zur Befreiung? Welche andere Methode gibt es, die zur Befreiung führt, abgesehen von der Erkenntnis der Natur des Geistes? Wenn ihr diesen Schlüsselpunkt der Geistesessenz nicht kennt, dann wird alles, was ihr tut, am Hauptpunkt vorbeigehen. Es macht keinen Unterschied, wie erfolgreich ihr in weltlichen Belangen sein mögt. Wenn jedoch ein Träger seine Last trägt, während er die Geistesessenz erkennt, dann wird er zu einem erleuchteten Träger, ohne auch nur irgendetwas anderes zu tun. Wenn ein Träger seine Geistesessenz kennt und sich darin übt, dann wird er die drei Bereiche von Samsara hinter sich lassen, während er zur gleichen Zeit mit seiner Last dahintrottet. Sobald er durch den Himmel fliegen kann, wird niemand mehr in der Lage sein, ihm eine Last aufzubürden. Das ist wirklich so, wenn ihr die Schlüsselinstruktionen praktiziert; es ist unglaublich.

Auf der anderen Seite, stellt euch vor, der König der Welt stirbt und hinterlässt nur eine gewöhnliche, stinkende Leiche. Er irrt völlig machtlos im Bardo umher. Was auch immer er erreicht hat, was immer er angeschafft hat, was immer er in seinem Leben erobert hat, ist ihm von keinerlei Nutzen. Sein ganzes Leben war eine Übung in völliger Sinnlosigkeit. Er hat absolut nichts davon gehabt. Nun, wie ist das im Vergleich zu dem Träger, der praktiziert, bis er durch den Himmel fliegen kann?

Der Punkt hier ist, dass ihr Erleuchtung nicht erlangt, indem ihr Geld, Einfluss oder Prestige ansammelt. Wenn das der Fall wäre, könnten arme Leute niemals Erleuchtung erlangen. Aber das ist überhaupt nicht der Fall! Stattdessen sagte der Buddha: „Seid arm. Lebt für den Rest eures Lebens in Abgeschiedenheit und sterbt allein in einer Höhle."

Heutzutage steht der Dharma völlig Kopf. Das ist der Grund, warum so wenige Leute Erleuchtung erlangen. Anstatt arm zu bleiben und sich nicht um Sicherheit und Komfort zu sorgen, konzentriert sich jedermann darauf, reich zu werden. Wenn sie erst einmal reich sind, werden sie zu Sklaven ihrer Besitztümer, bewachen sie den ganzen Tag und haben Schwierigkeiten, nachts zu schlafen, aus Angst, ihre Besitztümer könnten verschwinden. Das ist es, wo sich Selbstbetrug eingeschlichen hat. Der Buddha selbst besaß kein Haus. Er schlief im Wald unter einem Felsüberhang oder unter Bäumen.

Der Buddha war extrem arm. Wenn man betrachtet, was er an materiellen Dingen in seinem Leben besaß, waren da nur seine Roben, eine Bettelschale und ein Sieb, das er als Filter beim Wasserholen benutzte. Die Bettelschale wurde täglich beim Betteln um Nahrung benutzt. Was auch immer seinen Weg in die Bettelschale fand, war das, was man an diesem Tag aß. Manchmal gab eine Familie nur sieben Erbsen in die Schale und der Mönch musste sich damit begnügen. Selbst unter den Armen war der Buddha also sehr arm.

Der Buddha sagte niemals: „Sammelt Reichtum an." Der Buddha war sehr gütig, indem er nicht diskriminierte. Arm und Reich haben die gleiche Chance auf Erleuchtung. Es ist durch die Güte des Buddha, dass Bettler erleuchtet werden können. Unglücklicherweise werden reiche Leute es meistens nicht. Die alten Kadampameister sagten: „Vertraut euch dem Dharma an. Vertraut den Dharma der Armut an. Vertraut die Armut einem Leben in einer Höhle an; bis zum Tode."

Verwirklichung

Es gibt zwei Arten von Realität. Die eine ist die Realität, wie sie für die meisten Leute zu sein scheint, die andere ist die, wie die Dinge wirklich sind. Der erste Typ, so wie Realität den meisten erscheint, nennt man ‚die gemeinsamen karmischen Phänomene derselben Spezies'. Das heißt, dass Dinge allen, die das Karma haben, in derselben Klasse von Wesen geboren zu sein, gleich erscheinen. In Bezug darauf, wie die Dinge wirklich sind, hat alles jedoch nur eine scheinbare Präsenz, ein offensichtlich geistiges Ereignis. Schaut genau hin. Letztlich gibt es kein Entstehen und nichts, das wirklich passiert. Dennoch, oberflächlich oder relativ betrachtet scheint es, als ob etwas stattfindet.

Wenn ein Yogi Perfektion in der Praxis erlangt, indem er die Stufe namens ‚Erschöpfung aller Phänomene' erreicht, dann verschwinden alle gewöhnlichen Erscheinungen. Getäuschte Erfahrung hört einfach auf. Getäuschte Phänomene, wie sie von anderen Wesen wahrgenommen werden, hören für ihn oder sie einfach auf zu existieren. Das heißt nicht, dass diese Phänomene für andere Leute aufhören zu existieren. Das wäre natürlich der Fall, wenn alle Wesen gleichzeitig Erleuchtung erlangen würden, aber unglücklicherweise ist das nur Theorie. Die generelle Erfahrung aller fühlenden Wesen löst sich nur sehr schwer auf, wohingegen die individuelle getäuschte Erfahrung eines Praktizierenden abnehmen und verschwinden kann. Wenn alle fühlenden Wesen erleuchtet sind, wird auch ihre gemeinsame getäuschte Erfahrung verschwunden sein.

Erwartet nicht, dass eure getäuschte Erfahrung aufhört zu sein, weil ihr einen flüchtigen Einblick in nicht-duales Gewahrsein habt. Erfahrung ist unaufhörlich. Was sich in diesem Moment auflöst, ist einfach nur unsere Fixierung auf die Erscheinung der Dinge. Je mehr sich die innere Fixierung auflöst, desto mehr löst sich unser Gefühl von Solidität auf, bis es schließlich so wird, wie Götsangpa Gönpo Dorje im *Regen der Weisheit* sang:

> Erscheinungen sind ein gegenstandsloses Spiel.
> All die relativen Formen dieser magischen Betrügerei
> Sind weit offen und durchlässig,
> Wie der Fels hinter meinem Rücken.

An diesem Punkt lehnte er sich zurück und hinterließ den exakten Abdruck seines Rückens und Kopfes in diesem Fels. Milarepa konnte fliegen und sich frei durch harten Fels bewegen. Es ist nicht so, dass solche Yogis Wunderwirker sind. Sie haben einfach nur den ursprünglichen Zustand der Dinge als gegenstandslos erkannt. Dies wird zunehmend offensichtlicher, je mehr es der inneren Fixierung auf Solidität gestattet wird sich aufzulösen. Je mehr wir uns im erwachten Zustand üben, im Aufgeben von Fixierung, desto mehr werden wir die äußere Welt sehen, wie sie wirklich ist – ein gegenstandsloses Spiel von Illusionen. Genau das ist der Grund, warum die großen Meister, die Verwirklichung erlangt hatten, auf dem Wasser laufen konnten, durch harten Fels hindurchgehen konnten und von Flammen nicht verletzt wurden. Padmasambhava wurde gleich mehrere Male auf dem Scheiterhaufen verbrannt, blieb aber immer unverletzt. Die äußeren Elemente sind nur getäuschte Wahrnehmungen. Niemand anders als wir selbst haben sie kreiert. Wenn also unsere innere Fixierung zusammenbricht, dann stürzt auch die Falschheit solcher Wahrnehmungen in sich zusammen. „Alle Erscheinungen sind gegenstandslos wie Rauch und Nebel." Oberflächlich betrachtet erscheinen sie, aber nur als das magische Spiel der Täuschung.

An dieser Stelle möchte ich eine der vielen Geschichten erzählen, die es über die unglaublich verwirklichten Meister gibt, deren Kraft der Realisation sich der Erfahrung gewöhnlicher Menschen entzieht. Milarepa suchte einmal Schutz vor dem Regen, indem er sich in einem Yakhorn unterstellte. Er macht sich weder kleiner noch vergrößerte er das Yakhorn. Und trotzdem konnte er bequem darin sitzen. Er rief nach draußen, nach seinem Schüler Rechungpa und sagte: „Sohn, komm herein und setze dich zu deinem Vater. Ich nehme den engen Teil und lasse den meisten Platz für dich. Bitte, komm herein." Rechungpa konnte noch nicht einmal seine Hand in das Yakhorn hineinbekommen. Wenn ihr den Jokhang[8] in Lhasa besucht, werdet ihr eben dieses Yakhorn unter dem Dach befestigt sehen.

Wenn jemand Verwirklichung erlangt hat, sind solche Taten möglich; ja sie sind überhaupt kein Problem. Im verborgensten Winkel der Asurahöhle in Pharping, im Kathmandutal, gibt es einen Tunnel, der diese Höhle mit der Höhle von Yangleshö eine halbe Meile weiter unten verbindet. Es ist kein großes Loch. Wind bläst durch diese Passage und man kann ihn fühlen, wenn man nahe daran sitzt. Obwohl Padmasambhava völlig frei durch feste Materie hindurchgehen konnte, benutzte er diesen engen Tunnel, um sich zwischen Asura und Yangleshö hin- und herzubewegen. Als wir die Höhle vor einigen Jahren renovierten, fand derjenige, der mit der Aufsicht über die Höhle betraut war, dieses Loch, aus dem der Wind blies. Er sagte: „Padmasambhava soll durch diesen Tunnel gegangen sein, aber der ist so eng, dass nur eine Ratte oder ein Insekt hindurchpasst. Vielleicht war Padmasambhava ja von dieser Größe!"

---

8   Der Jowotempel in Lhasa. Er enthält die Buddhastatue, die von der chinesischen Prinzessin Wengcheng Kungjo als Brautgeschenk für den König Songtsen Gampo nach Tibet gebracht wurde, und gilt als einer der frühesten und wichtigsten Tempel in Tibet.

Ein weiteres Beispiel für große Realisation ist Longchen Rabjam. Man nannte ihn einen ‚Himmelsyogi'. Nicht einen ‚Wasseryogi', ‚Erdyogi' oder ‚Windyogi'. ‚Himmelsyogi' bedeutet, dass seine Realisation keine Grenzen kannte. Sie war unermesslich, vollkommen unbeschreiblich, jenseits jedweder Analyse oder Konzepte. Die Realisation von Longchenpa zu bemessen ist unmöglich. Um die unergründliche Realisation von Longchenpa wirklich zu ergründen, müsste man jemand wie Jigme Lingpa sein, oder zumindest wie *seine* beiden Hauptschüler, die Mahasiddhas Tra Drubchen und Do Drubchen. ‚Drubchen' heißt Mahasiddha. Oder man müsste zumindest wie deren Hauptschüler sein, die alle im letzten Jahrhundert lebten, zur Zeit von Jamyang Khyentse Wangpo, Jamgon Kongtrul, Chokgyur Lingpa und Paltrul Rinpoche.

Longchenpas voller Name war ‚Samantabhadra, der in menschlicher Form erscheint, der siegreiche Himmelsyogi Longchenpa'. Longchen Rabjam heißt wörtlich ‚allumfassende weite Ausdehnung'. In der Bezeichnung ‚Himmelsyogi' bedeutet Himmel, oder Raum, so viel wie kein Zentrum, keine Begrenzung und kein Ende. Raum wird nicht von Ursachen und Bedingungen produziert. Raum hat keinen Anfang, keine Gegenwart und kein Ende. ‚Yogi' bedeutet wörtlich ‚mit der Realität verbunden', im Sinne von ‚es sich zu Herzen nehmen' und in seiner Erfahrung zu einer Realität machen.

Wenn ihr mehr über Longchenpas Realisation wissen wollt, müsst ihr seine *Sieben Schätze* lesen, die in sich selbst wie Tantras sind. Sie stiegen auf aus der unzerstörbaren Vajrasphäre im Zentrum seines Herzens, durch seine unzerstörbare Vajrakehle und auf seine unzerstörbare Vajrazunge. Deshalb sind seine Worte tatsächlich unzerstörbare Vajraworte. Als Jigme Lingpa für drei Jahre und dreimal zwei Wochen in strikter Klausur in Samye Chimpu war, hatte er drei aufeinander folgende Visionen von Longchen Rabjam. Während dieser Visionen erhielt er von Longchenpa die vollständige Übertragung der mündlichen Linie.

Als Longchenpa dahinschied, bebte die Erde sechsmal nacheinander und sechs große Donnerschläge waren zu hören. Er starb in einer Weise, die man ‚Regenbogenkörper mit Überbleibsel' nennt, im Gegensatz zum Regenbogenkörper ohne Überbleibsel. Der Regenbogenkörper mit Überbleibsel ist für andere Wesen nützlicher, weil Reliquien zurückbleiben. Unter dem, was zurückblieb, wurde sein Gehirn zu einer großen Reliquie. Es war ein bestimmter Typ von Reliquie, die man *Shariram* nennt. Ein großes ungebrochenes Stück, von weißer Farbe, mit einer Musterung, die an Elfenbein erinnert. Wenn große Lamas in den Distrikt von Lhodrak kamen, wo diese Reliquie aufbewahrt wurde, baten sie um ein Stück davon. Mit Hammer und Meißel schlugen sie ein Stück davon ab. Innerhalb eines Jahres regenerierte sich das abgeschlagene Stück und das Gehirn nahm wieder seine ursprüngliche Form als vollständig intakte Reliquie an.

In Tsurphu wurde ein Stück dieser Reliquie in der ‚Schatzkiste der Sakramente' aufbewahrt. Mein Kloster Dong-go Ling hatte ein Stück von der Größe eines Fingergliedes. An einem bestimmten Punkt jedoch versiegelte die tibetische Regierung die Schatzkiste und verbot es, weitere Stücke aus Longchenpas Gehirn zu brechen. Dann kamen die Chinesen und zerstörten den Tempel, in dem es aufbewahrt wurde. So wurde es wahrscheinlich zerstört oder ging verloren. Ich habe bis jetzt von niemandem gehört, der es gerettet oder versteckt hätte. Auf diese Art und Weise war selbst Longchenpas physischer Körper noch eine lange Zeit in der Lage, den Wesen zu nützen.

Longchen Rabjam war ein Zeitgenosse des dritten Karmapa, Rangjung Dorje. Sie hatten denselben Lehrer, den großen Dzogchen-Vidyadhara, der als Kumararaja bekannt war. Daher hielt Karmapa Rangjung Dorje sowohl die Mahamudralinie als auch die Linie des Dzogchen. Da sie denselben Lehrer hatten, waren Longchenpa und Rangjung Dorje Dharmabrüder. Trotz dieses gleichen Status erhielt Longchenpa von Rangjung Dorje viele Erklärungen bezüglich dem Ausräumen von Hindernissen und dem Herbeiführen von Vertiefung.

Eines sehr frühen Morgens, während Rangjung Dorje in strikter Klausur war in einer winzigen Hütte unter einem Felsüberhang oberhalb seines Hauptsitzes in Kham, dem Kloster Karma Gön, erschien ihm Vimalamitra in einem Weisheitskörper, eine Form, die aus Regenbogenlicht ‚besteht'. Er löste sich in den Punkt zwischen Rangjung Dorjes Augenbrauen auf. Danach schrieb Rangjung Dorje auf, was heutzutage als *Karma Nyingtik* bekannt ist, die Herzessenz des Karmapa – ein vollständiges System von Dzogchenlehren. Rangjung Dorje war als Mahamudrameister bekannt, tatsächlich praktizierte er aber sowohl Mahamudra als auch Dzogchen.

Das Gleiche war der Fall bei Milarepa, der einmal sang: „Ich werde euch jetzt die Geschichte vorsingen, wie ich verrückt wurde. Zuerst wurde Tilo Sherab Sangpo, Prajnabhadra, verrückt. Dann, nach ihm, wurde Naropa, der große Pandita verrückt. Nach ihm wurde der große Übersetzer Marpa verrückt. Und jetzt bin auch ich, Milarepa, verrückt geworden! Der bösartige, dämonische Einfluss des Mittleren Weges, Madhyamika, hat mich von vorne verrückt gemacht. Die wahnsinnigen Lehren von Mahamudra machten mich von hinten verrückt. Der Dämon der Großen Perfektion, Dzogchen, in meinem Herzen hat mich vollkommen verrückt gemacht! So kommt es, dass ich jetzt verrückt bin." Tatsächlich haben die meisten großen Meister, nicht nur Milarepa, sowohl Mahamudra als auch Dzogchen praktiziert.

In der Kagyülinie heißt es, dass die ‚Jungen der Schneelöwin oft bedeutender sein werden als die Mutter'. Regelmäßig wurden die Schüler einflussreicher als ihre Meister. Gampopa, Milarepas Schüler, hatte viele, viele Schüler. Unter ihnen waren auch seine drei Hauptschüler. Einer von ihnen, Seltong Shogom aus Nangchen, war ziemlich außergewöhnlich, wie auch wiederum seine Schüler. Sie konnten durch den Himmel fliegen. Wenn morgens die Sonne aufging, flogen sie zur gegenüberliegenden Seite des Tals, um die Strahlen der Sonne einzufangen. Wo auch immer sie abhoben oder landeten, hinterließen sowohl Meister als auch Schüler oft ihre Fußabdrücke im Fels.

Einmal nahm mein Vater mich mit, um diese Fußabdrücke zu sehen, und ich zählte mehr als dreißig Paare in einer Reihe. In diesen Tagen trug man offensichtlich keine Schuhe, denn die Fußabdrücke sind alle von nackten Füßen. Man kann die Abdrücke der Fersen und Zehen sehr klar sehen. Wenn die Nachmittagssonne unterging, flog die ganze Schar wieder zur gegenüberliegenden Talseite zurück, um die letzen Sonnenstrahlen und ihre Wärme zu genießen. Und wieder hinterließen sie ihre Fußabdrücke im Fels.

Als Seltong Shogom starb, nahmen die Dakinis seinen Körper und setzten ihn in einem Stupa in einer Höhle bei. Die Höhle befindet sich etwa fünfzehn Stockwerke über dem Grund und es führte keine Straße und kein Weg zu ihr hin. Niemand konnte sie erreichen. Später baute der König von Nangchen Stockwerk auf Stockwerk an winzigen Leitern die Klippe hinauf, sodass die Leute schließlich zur Höhle gelangen und den Stupa sehen konnten. Über die Jahrhunderte hinweg opferten die Pilger aus Respekt Blattgold und so kam es, dass der Stupa schließlich aus purem Gold gemacht schien. Das ist nicht nur eine bloße Legende aus der fernen Vergangenheit. Ich war selbst dort und habe all dies gesehen. Da alle Schüler von Seltong Shogom zur gleichen Zeit Befreiung erlangten und diese Welt verließen, blieb niemand zurück, um die Linie fortzusetzen. Sie starb direkt aus.

Das Gleiche ist der Fall für die frühen Meister der Drikung- und Drugpakagyülinien. Die Meister und deren Schüler, und dann wiederum deren Schüler, wurden zunehmend berühmter, wie in dem Sprichwort von der Löwin und ihren Jungen. Schüler können in der Tat berühmter werden als ihre Lehrer.

Hier ist eine weitere Geschichte über den Regenbogenkörper. Während der Zeit von Khyentse und Kongtrul gab es eine Person, die den Regenbogenkörper erlangte, die ziemlich berühmt wurde. Sein Name war Nyagla Pema

Dudul und das Ereignis wurde von vielen Menschen beobachtet. Ich persönlich weiß von zwei Personen, die dieses Leben in Regenbogenform beendet haben. Der eine war ein Laienpraktizierender des Vajrayana in der Region von Derge. Die andere Person erlangte den Regenbogenkörper im Kuhstall des Haushaltes der Mutter meines Lehrers. Dieses Ereignis wurde von mehreren Personen beobachtet. Der zweite Jamgon Kongtrul erzählte mir die Geschichte, deshalb bin ich definitiv sicher, dass sie wahr ist. Jamgon Kongtruls Bruder, ein sehr großer und gut aussehender Mann, war damals anwesend.

Es passierte folgenderweise. Eine ältere Nonne auf Pilgerreise kam durch das Dorf. Als sie den reichen Haushalt sah, fragte sie, ob sie eine Unterkunft haben könne, um eine kurze Klausur zu machen. Sie boten ihr einen ihrer leeren Kuhställe an. Die Nonne sagte: „Ich will den Stall für eine Woche nutzen, um eine strikte Klausur zu machen. Bitte häuft Steine vor der Tür auf, denn ich möchte nicht gestört werden." Da man es gewöhnt war, Praktizierende zu unterstützen, war man einverstanden und dachte nicht weiter darüber nach. Sie sagten nur: „Sicher, wie du willst." Niemand wusste, wer sich um die Nonne kümmern würde, wer ihr etwas zu essen bringen würde. Sie dachten, dass sie bereits etwas arrangiert hätte.

Nach drei Tagen stellten sich merkwürdige Phänomene ein. Sprühende, wirbelnde Lichter in verschiedenen Farben drangen aus den Löchern und Rissen in den Mauern des Kuhstalls. Licht schien unter dem Dach hervor, während sich außerhalb des Stalls Sphären aus Licht schnell hin und her bewegten. Die Bewohner des Hauses wunderten sich. „Was geht da drin vor? Wer kümmert sich um die alte Frau? Wer bringt ihr etwas zu essen?" Sie befragten die Diener. Die Diener dachten, dass ihr irgendjemand anders Essen brachte, aber tatsächlich war da niemand. Man entschied, dass sie sich wohl selbst bekochte, aber Jamgon Kongtruls Bruder fragte: „Gibt es einen Platz zum Kochen da drin?" Die Diener sagten: „Nein, nein. Es gibt weder eine Feuerstelle noch sonst etwas."

Also fragten sie sich: „Was isst sie? Hat sie Wasser? Und was haben all diese Lichter zu bedeuten?"

Schließlich entschieden sie sich nachzusehen. Sie räumten den Steinhaufen beiseite und stemmten die Tür auf. Dann sahen sie, dass der Körper der Nonne auseinander gefallen war. Ihre Hände lagen hier, die Füße dort. Ihre Gliedmaßen waren nicht mehr mit dem Körper verbunden, sondern lagen verstreut umher. Aus den Knochenenden wirbelte Regenbogenlicht hervor, während der Körper fortfuhr sich aufzulösen. Die Beobachter fragten sich: „Was ist das? Es sieht aus, als sei sie tot!" Eine Person hatte die Geistesgegenwart zu sagen: „Lassen wir sie alleine. Es sieht aus, als ob hier etwas Ungewöhnliches vor sich geht. Sie hat um sieben Tage Abgeschiedenheit gebeten, also lasst uns tun, worum sie gebeten hat." Und so gesagt, versiegelten sie die Tür wieder.

Als sie nach dem siebten Tag zurückkehrten und den Stall öffneten, waren die Regenbogenlichter verschwunden. Sie fanden keinen einzigen Tropfen Blut, kein Fleisch und keine Knochen. Nur die Finger- und Fußnägel waren übrig geblieben, ordentlich aufgereiht, und ein Büschel Haare. Dieses Ereignis hat definitiv stattgefunden.

Selbst nachdem die Chinesen kamen, haben zwei oder drei Leute in Golok den Regenbogenkörper erlangt. Nyoshul Khen Rinpoche, der mit solchen Geschichten sehr vorsichtig ist, reiste nach Tibet und brachte durch viele verschiedene Quellen die Namen dieser Leute und die Orte, an denen es passierte, in Erfahrung. Er hat die Details sehr präzise aufgeschrieben. Zwei dieser Personen erlangten den Regenbogenkörper. Der dritte wurde von den Chinesen geschlagen, als er plötzlich zu schweben begann. Er schwebte so hoch, dass die Chinesen ihn nicht mehr erreichen konnten. Dann schwebte er höher und höher, bis er schließlich verschwand. Das ist eine Art von himmlischer Verwirklichung. Es ist also definitiv wahr, dass manche Leute selbst heute noch den Regenbogenkörper manifestieren und dass es immer noch Praktizierende gibt, die Verwirklichung erlangen.

Die Termatradition gibt direkte Anweisungen, wie man den Regenbogenkörper erlangt. In der Kagyütradition heißt es, das sich der Geist in Dharmata auflöst, während sich der Körper in Atome auflöst. Von den 84 Mahasiddhas in Indien hinterließ kein einziger seinen Körper nach dem Tod. Von den 25 Schülern von Padmasambhava hinterließ nur einer seinen Körper. Sein Name war Langchen Palgyi Senge und sein Körper befindet sich noch immer in einem Stupa in Paro Taktsang.

In der heutigen Zeit scheint es, dass die Leute nicht sehr fleißig sind. Sie widmen sich nicht kontinuierlich den Belehrungen und praktizieren nicht Tag und Nacht. Das ist der einzige Unterschied zwischen der gegenwärtigen Situation und der Vergangenheit, in der es so viele große Praktizierende gab. Die Lehren selbst sind nach wie vor erhältlich, durch eine ungebrochene Linie. Sie sind nicht verschwunden.

Hier ist eine weitere Geschichte über einen Praktizierenden, der einen hohen Grad an Verwirklichung erreicht hat. Ich habe sie von meinem Onkel gehört, der mich niemals belogen hat. Daher glaube ich, dass sie definitiv wahr ist. Dieser Vorfall fand im Lager des großen Mahasiddha Shakya Shri statt, in Zentraltibet. Mein Onkel, Terse Tulku, der einer seiner engen Schüler war, lebte damals bei ihm. Eines Tages spazierte ein Lama aus Kham in das Lager, zusammen mit einem Diener, der sein Gepäck trug. Nun, dieser Diener war eine Leiche, ein toter Körper. Als der Lama „Phat" ausrief, fiel die Leiche zu Boden. Der Lama nahm sein Gepäck von der Leiche, nahm heraus, was er brauchte, und setzte sich hin, um sich unter freiem Himmel sein Abendessen zu kochen.

Später hörte mein Onkel den Lama erzählen, wie diese Situation zustande kam. Der Lama sagte: „Ich komme aus Kham, und dies ist die Leiche meines Gönners. Nach seinem Tod wurde er zu einem Zombie. Jetzt bringe ich seine Leiche nach Sitavana, dem ‚Kühler Hain-Friedhof', einem der heiligsten Orte in Indien. Da der Zombie laufen kann, dachte ich mir er kann ja mein Gepäck tragen. Aber lasst bitte niemanden an ihn heran. Lasst die Leiche einfach in Frieden."

Natürlich ließ sich niemand fernhalten. Jeder wollte die Leiche, die das Gepäck des Lama trug, sehen. Die Leiche war ausgetrocknet wie ein Stock und weil sie keine Schuhe trug, waren Haut und Fleisch an den Füßen vollkommen abgenutzt. Nur die Knochen waren zu sehen. Niemand konnte es wirklich glauben. Wie auch immer, am nächsten Morgen stand der Lama auf, lud sein Gepäck auf die Leiche und rief: „Phat!" Die Leiche stand auf und begann zu laufen, wobei sie langsam und mit steifen Schritten einen Fuß vor den anderen setzte. Sie konnte nicht sehr schnell laufen, deshalb ging der Lama voraus. Er sagte, dass er jedoch immer in Sichtweite der Leiche bleiben musste, ansonsten würde sie sich verlaufen. Er ging dann den Berg hinab und wartete, bis die Leiche ebenfalls unten angekommen war.

Ein Jahr später kam dieser Lama wieder durch das Lager. Er erzählte, dass er die Leiche den ganzen Weg nach Sitavana gebracht hatte, wo sie dann verbrannt wurde. Der Lama ließ die Überbleibsel seines Gönners zurück und musste sein Gepäck nun selbst nach Tibet zurücktragen. Terse Tulku sagte später, dass er nie wirklich sicher war, ob dieser Lama nur einen großen Witz gemacht hat oder nicht. Wer konnte sicher sein, ob da wirklich ein Geist in der Leiche war? Wenn man eine gewisse Stufe von Stabilität in Rigpa erlangt hat, kann man materielle Objekte nach seinem Willen umherbewegen. Vielleicht hat der Lama alle nur auf den Arm genommen. Aber selbst wenn das der Fall war, war es doch noch ein sehr bemerkenswerter Witz. Dieser Lama war definitiv eine Art verwirklichter Meister und diese Geschichte ist wahr.

Es gibt eine Gefahr bei Zombies. Wenn sie einen auf dem Kopf berühren, wird man selbst zu einem Zombie. Das ist der Grund, warum der Lama den Zombie ständig im Auge behalten musste. Wenn mein Onkel, der auch einer meiner Lehrer war, diese Geschichte nicht selbst erlebt hätte, würde ich sie sicherlich nicht geglaubt haben. Aber er hat sie erlebt.

Viele seltsame Leute besuchten das Lager von Shakya Shri, dem Herrn der Siddhas. Er war immer von 700 praktizierenden Schülern umgeben. Einer der seltsamsten Besucher war der Lama mit dem Zombie.

Viele realisierte Meister haben hellsichtige Kräfte oder höhere Wahrnehmung, wie von den Karmapas illustriert. Unser gegenwärtiger Geist ist von konzeptuellen Gedanken verschleiert. Wenn diese abwesend sind, ist es möglich, den Geist anderer zu kennen. Der Grund dafür ist, dass sich Gedanken in der gleichen grundlegenden Natur bewegen. Was von einer Person gedacht wird, kann im Geist einer anderen Person erscheinen, wie eine Reflexion in einem Spiegel. Ein Spiegel muss sich nicht bemühen, eine Reflexion hervorzubringen, es passiert ganz natürlich. Auf die gleiche Art und Weise sehen die Buddhas alle drei Zeiten und Richtungen gleichzeitig, mühelos und lebendig. Mein Onkel Samten Gyatso war so. Er sprach oft aus, was die Leute dachten. Viele Leute getrauten sich aus genau diesem Grund nicht in seine Gegenwart. Denn wenn er aussprach, was sie dachten, bekamen sie Angst. Betrachtet es auf diese Weise: Wenn der Himmel klar ist, dann gibt es nicht zwei Himmel, es gibt nur einen. Auf dieselbe Weise ist der Geist des Yogi ungehindert.

Khakyab Dorje, der 15. Karmapa, war ein außergewöhnlich großer Meister, unglaublich gelehrt und äußerst verwirklicht. Er hatte ungehinderte Hellsichtigkeit und war wahrscheinlich einer der größten Meister seiner Zeit. Er hatte jedoch nicht immer völlige Kontrolle über seine Hellsichtigkeit. Er wusste zum Beispiel, wann manche Lamas sterben und wo sie wiedergeboren würden, ohne dass man ihn vorher danach gefragt hätte. Oft hatte er bereits die Umstände der nächsten Wiedergeburt eines Tulku niedergeschrieben, wenn die Suchtrupps kamen, um danach zu fragen. Bei anderen Lamas konnte Khakyab Dorje die Umstände ihrer Wiedergeburt jedoch nur sehen, wenn eine spezielle Bitte an ihn herangetragen wurde und wenn dadurch glücks verheißende Umstände zustande kamen. Bei anderen Lamas konnte er überhaupt nichts sehen, selbst wenn er darum gebeten wurde. Er sagte dann: „Es ist von Nebel verhüllt." Das lag, so sagte er, an Problemen zwischen dem verstorbenen Lama und seinen Schülern. Wenn es Unruhe und Disharmonie zwischen dem Lama und seinen Schülern gab, waren die Umstände seiner Wiedergeburt verschwommen, wie von einem Dunst verschleiert. Der Karmapa sagte: „Das schlimmste Hindernis für das Auffinden eines Tulku ist Disharmonie zwischen Lehrer und Schülern." In solchen Fällen gab es nichts zu tun. Die Umstände der nächsten Wiedergeburt des Lama blieben unsichtbar.

Ein weiterer unglaublicher Meister, der ungehinderte Hellsichtigkeit hatte, war Jamyang Khyentse Wangpo. Tashi Öser, der große Khenpo des Klosters Palpung in Osttibet, traf Khyentse Wangpo einmal. Der sagte zu ihm: „O Khenpo, wie viel Mühe du hast! Von morgens bis abends musst du all diese verschiedenen Dinge tun." Und er zählte sie dann alle auf. Er wusste alles, jedes kleinste Detail. „Das bereitet dir wirklich Mühe. Du hast überhaupt keine freie Zeit." Khyentse Wangpo wusste, wie beschäftigt Tashi Öser Tag und Nacht war. Dann sagte er: „All diese Leute unten im Dorf, sie sind so voller störender Emotionen. Sie haben so viele Probleme, nicht wahr?" Obwohl Tashi Öser selbst nicht solche Hellsichtigkeit besaß, sagte er dann immer: „Ja, das ist wahr, Rinpoche", denn wenn man einen Einwand hatte, wurde Khyentse Wangpo ungehalten. Man musste sagen: „Jawohl, Rinpoche."

Eines Tages, als Tashi Öser da war, rief Khyentse Wangpo plötzlich: „O nein, was da gerade passiert, ist schrecklich!" Sie fragten ihn, was los sei. Er sagte: „Weit weg, an diesem und jenem Ort, ist ein glatzköpfiger Mönch über den Rand einer Klippe gestürzt. Während er fiel, rief er: „Khyentse Wangpo, Khyentse Wangpo." Ich habe ihn gehört und, während ich darüber nachdachte, verfing er sich in den Ästen eines Baums. Jetzt versuchen die anderen Mönche, ihn mit einem Seil hochzuziehen. Ja, jetzt haben sie ihn wieder hochgezogen. Das ist es, was mich alarmiert hat." Am nächsten

Morgen kam ein glatzköpfiger Mönch, um Khyentse Wangpo zu sehen. Er sagte: „Oh, gestern Abend hatte ich einen seltsamen Unfall", und erzählte die ganze Geschichte. Er erzählte, wie er mit einem Stock und einer Last lief und dann über den Rand einer Klippe fiel. An diesem Punkt rief er: „Khyentse Wangpo, Khyentse Wangpo!" Er stürzte nicht bis ganz nach unten, sondern verfing sich in einigen Ästen und wurde mit einem Seil wieder nach oben gezogen. Khyentse war unglaublich. Seine Aktivität war unaufhörlich. Nachdem er starb, erschien Dzongsar Khyentse, der ebenso unglaublich war. Dann, nachdem er ging, erschien Dilgo Khyentse.

Bardo

Alle fühlenden Wesen befinden sich in einer Situation namens *Bardo*. Bardo bedeutet ein Zwischenzustand zwischen zwei Zeitpunkten. Im Moment befinden wir uns in einem Zwischenzustand zwischen unserer Geburt und unserem Tod, der als *Bardo dieses Lebens* bezeichnet wird. Dieser Bardo dauert vom Augenblick unserer Geburt bis zu dem Augenblick, an dem wir die Umstände erreichen, die zu unserem Tod führen. Manchmal beinhaltet der Bardo dieses Lebens zwei weiter Bardos. Sie werden *Bardo der Meditation* und *Bardo des Traumes* genannt. Wir müssen uns während des Tages im Bardo der Meditation und in der Nacht im Bardo des Traumes üben. Nun, um uns im Bardo der Meditation zu üben, müssen wir verstehen, was mit Buddhanatur gemeint ist.

Buddhanatur ist in jedermann präsent, ohne jegliche Ausnahme. Sie ist die wahre Essenz unseres Wesens, die wahre Natur unseres Geistes. Sie ist die Natur, die völlig frei ist von allen Defekten und vollkommen ausgestattet mit allen perfekten Qualitäten. Was wir nun wissen müssen, ist einfach, wie man diese Natur erkennt, und dann müssen wir diese Erkenntnis aufrechterhalten. Es ist nicht notwendig, eine Buddhanatur durch Meditation zu kreieren oder herzustellen. Ebenso essentiell ist es, zu realisieren, dass sich jede Erfahrung sowohl in der Weite dieser Buddhanatur manifestiert als auch in ihr auflöst.

Der Bardo der Meditation findet in der Zeit statt, in der wir fähig sind, die Buddhanatur, die Dharmakayanatur unseres Geistes, zu erkennen. Verstrickung in konzeptuellem Denken wird nicht Meditation genannt. Meditation bezieht sich in diesem Zusammenhang auf die Zeit, wenn Gedanken aufgehört haben und konzeptuelles Denken abwesend ist. Diese Periode wieder und wieder zu wiederholen, vom Aufhören des Denkens bis zu seinem Wiederentstehen, nennt man das Üben im Bardo der Meditation. Solange wir diese Natur nicht erkennen, werden wir mit samsarischen Existenzen fortfahren und in einem Bereich nach dem anderen Wiedergeburt annehmen. Fühlende Wesen werden in Samsara an einem Ort nach dem anderen wiedergeboren, eben weil sie ihre Natur nicht erkennen. Diesen Mangel an Erkenntnis der eigenen Natur nennt man Unwissenheit.

Essentielle Meditationsunterweisungen nennt man Schlüsselinstruktionen. Sie sind sowohl tiefgründig als auch direkt. Um diesen Punkt zu illustrieren, werde ich euch von Schlüsselinstruktionen erzählen, die Paltrul Rinpoche gab. Chokgyur Lingpa reiste einmal zu einem Zeltlager in Golok, um Paltrul Rinpoche zu treffen, und verbrachte eine Woche mit ihm. Während dieser Woche erhielten Chokgyur Lingpa und seine Tochter die Übertragung der *Bodhicharyavatara* und essentielle Meditationsunterweisungen.

An einem Abend belehrte Paltrul Rinpoche die Tochter von Chokgyur Lingpa, Könchok Paldrön, die meine Großmutter werden sollte. Sie erinnerte sich sehr klar an seine Worte und wiederholte sie später für mich. Sie imitierte Paltrul Rinpoches starken Golok-Akzent und sagte: „Hege keine Gedanken über Vergangenes, greife nicht Zukünftigem vor. Belasse dein gegenwärtiges Gewahrsein unverändert, vollkommen frei und offen. Abgesehen davon, gibt es absolut nichts anderes zu tun!" Was er meinte, war, sitzt nicht da und denkt darüber nach, was sich in der Vergangenheit zugetragen hat, und spekuliert nicht darüber, was wohl in der Zukunft passieren mag, oder auch nur in einigen Augenblicken. Belasst euer gegenwärtiges Gewahrsein, das die Buddhanatur selbstexistenter Weisheit ist, völlig unverändert. Versucht nicht, es zu korrigieren oder etwas zu verändern. Belasst es in seinem natürlichen Zustand, frei und weit offen wie der Raum. Davon abgesehen gibt es nichts Weiteres zu tun. Das sind die Vajraworte von Paltrul Rinpoche und sie sind wahrhaft bedeutungsvoll.

Gegenwärtiger gewöhnlicher Geist ist die Qualität oder Kapazität, die in jedermann bewusst ist, vom Buddha Samantabhadra und Vajradhara bis hin zum kleinsten Insekt. Alle fühlenden Wesen sind gewahr oder bewusst. Das, was gewahr oder bewusst ist, ist das, was wir Geist nennen, das Wissende. Er ist bewusst und doch auch leer, nicht aus irgendetwas gemacht. Diese beiden Qualitäten, Bewusstheit und Leerheit, sind untrennbar. Die Essenz ist leer, die Natur ist wahrnehmend, sie sind unmöglich zu trennen, ebenso wenig wie Nässe von Wasser oder Hitze von einer Flamme getrennt werden kann.

Hat man diese Natur einmal erkannt, kann das Üben im Bardo der Meditation beginnen. In dem Augenblick, in dem man frei von Erinnerung an Vergangenes ist, in dem man sich nicht mit Gedanken über die Zukunft beschäftigt und die Aufmerksamkeit nicht von Gegenwärtigem beansprucht wird, gestattet dem präsenten Gewahrsein, sich sanft selbst zu erkennen. Wenn ihr dies gestattet, erlebt ihr einen unmittelbaren und lebendig wachen Moment. Versucht nicht, dieses Gewahrsein zu modifizieren oder zu verbessern. Belasst es ganz frei und offen, so wie es ist.

Was den Bardo des Traums angeht, Träume stellen sich erst ein, nachdem man eingeschlafen ist, nicht wahr? Ohne Schlaf gibt es keine Träume. Was wir während des Traums erfahren, kommt aufgrund von Verwirrung zustande. Nachdem wir erwacht sind, woher kam der Traum? Wohin ging die Traumerfahrung? Wir können weder den einen noch den anderen Ort finden. Mit den täuschenden Tageserfahrungen aller sechs Klassen von Wesen verhält es sich ganz genau so.

Untersucht, wo eure Träume herkommen, wo sie verweilen und wohin sie verschwinden. Versteht, dass wir, obwohl der Traum nicht wirklich existiert, doch von ihm getäuscht werden. Nun betrachtet den Traum als ein Beispiel für unser Konditioniert-Sein von Unwissenheit. Die Buddhas und Bodhisattvas sind wie Menschen, die nie geschlafen haben und deshalb nicht träumen, während fühlende Wesen aufgrund ihrer Unwissenheit schlafen und träumen. Buddhas existieren im uranfänglichen Zustand der Erleuchtung, einem Zustand, der vollkommen frei ist von Täuschung. Darüber hinaus ist dieser Zustand mit allen Qualitäten ausgestattet und frei von jeglichen Defekten. Durchschneidet Tagesverwirrung, und die doppelte Täuschung des Traumes, die noch zur getäuschten samsarischen Existenz hinzukommt, wird auch aufhören.

Nach dem Bardo des Lebens kommt der *Bardo des Sterbens*. Der Bardo des Sterbens beginnt in dem Moment, in dem wir an etwas Unheilbarem erkranken, das unseren Tod verursacht, und dauert bis zu dem Moment, an dem wir unseren letzen Atemzug tun. Diese Periode, vom Beginn einer Krankheit bis zu dem Moment, an dem unser Geist den Körper verlässt, nennt man den Bardo des Sterbens.

Es wird gesagt, dass es das Beste ist, Befreiung in die Weite des Dharmakaya während des Bardo des Sterbens zu erlangen. Wenn wir unsere grundlegende Natur der selbstexistenten Weisheit erkannt haben und, durch wiederholte Übung, damit vertraut geworden sind, dann bietet sich unmittelbar vor dem physischen Tod eine unübertreffbare Gelegenheit. Wenn wir geschickt genug sind, können wir den *Dharmakayaphowa* praktizieren, das Vermischen der selbstexistenten Weisheit, der Dharmakayanatur des Geistes, mit der Offenheit des grundlegenden Raums. Das ist die höchste Art von Phowa: In ihr gibt es keinen Ausstoßenden und nichts, was ausgestoßen wird. Ihr verweilt in völlig reinem Samadhi, Geist – untrennbar von grundlegendem Raum. Dharmakaya ist wie Raum, indem er allgegenwärtig und unvoreingenommen ist. Wenn sich nicht-duales Gewahrsein mit grundlegendem Raum vermischt, dann sind diese Allgegenwart und

Raum untrennbar. Die Grundlage für den Dharmakayaphowa ist die Realisation der selbstexistenten Weisheit, die in jedem von uns präsent ist. Es ist unser Gewahrsein, das erkannt werden muss. Vermischt Gewahrsein mit dem klaren Himmel und verweilt im Phowa, in dem nichts bewegt, ausgestoßen oder übertragen wird. Diese Befreiung in uranfängliche Reinheit ist die allerhöchste Art von Phowa.

Wenn ihr nicht-duales Gewahrsein nicht erkannt habt oder euch nicht hinreichend darin geübt habt und daher den Dharmakayaphowa nicht erfolgreich durchführen könnt, dann wird sich der Bardo des Sterbens fortsetzen. Der ‚äußere Atem' des wahrnehmbaren Ein- und Ausatmens endet, während der ‚innere Atem' der subtilen Energien weiterhin zirkuliert. Zwischen dem Aufhören des äußeren und inneren Atems stellen sich drei Erfahrungen ein. Sie werden bezeichnet als *Erscheinung, Zunehmen* und *Erlangen*. Das geschieht, wenn das weiße Element des Vaters, das sich an der Spitze des Zentralkanals an unserem Kopfende befindet, sich nach unten zu bewegen beginnt und eine Erfahrung von ‚Weiß-heit' hervorruft, die mit dem Mondlicht verglichen wird. Dann beginnt das rote Element der Mutter, unter dem Nabel gelegen, sich nach oben zum Herzen zu bewegen. Es ruft eine Erfahrung von ‚Röte' hervor, die mit dem Sonnenlicht verglichen wird. Das Zusammentreffen dieser beiden Elemente bringt eine Erfahrung von ‚Schwärze' hervor, die von Bewusstlosigkeit gefolgt wird.

Gleichzeitig mit der Entfaltung dieser Erfahrungen hören all die verschiedenen ‚80 angeborenen Gedankenzustände', die aus den drei Giften von Begierde, Zorn und Täuschung entstehen, auf. Es gibt 40 Gedankenzustände die aus Begierde entstehen, 33 Gedankenzustände, die aus Zorn entstehen, und sieben Gedankenzustände, die aus Täuschung entstehen. Jeder einzelne dieser Gedankenzustände hört im Augenblick der Erfahrung von ‚Schwärze' auf. Es ist, als ob die Erde und der Himmel miteinander verschmelzen würden, plötzlich wird alles schwarz. Der konzeptuelle Geisteszustand ist vorübergehend aufgehoben. Ein Praktizierender, der mit dem erwachten Zustand von nicht-konzeptuellem Gewahrsein vertraut ist, wird an diesem Punkt nicht bewusstlos. Stattdessen wird er oder sie den unaufhörlichen und ungehinderten Zustand von Rigpa erkennen.

Noch einmal zur Wiederholung: Zuerst stellt sich die ‚Weiß-heit' der *Erscheinung* ein, dann die ‚Röte' des *Zunehmens*, gefolgt von der ‚Schwärze' des *Erlangens*. Diese drei werden gefolgt von einem Zustand namens *grundlegende Brillanz des vollen Erlangens*, welcher der Dharmakaya selbst ist. Menschen, die mit dem erwachten Zustand des Geistes, der vom Aufhören des konzeptuellen Denkens enthüllt wird, nicht vertraut sind, fallen an diesem Punkt in einen Zustand von Besinnungslosigkeit zurück – in den reinen und unverwässerten Zustand der Unwissenheit, der die Basis für weitere Existenz in Samsara ist.

Für die meisten Wesen dauert dieser besinnungslose Zustand von Unwissenheit an, bis ‚am dritten Tag die Sonne aufgeht'. Ein Individuum, das jedoch Instruktionen von einem spirituellen Meister erhalten hat und in die wahre Natur eingeführt wurde, kann an diesem Punkt den Dharmakaya erkennen und Erleuchtung erlangen, ohne in Bewusstlosigkeit zu fallen.

Dieses Erkennen und Erwachen wird oft als das Verschmelzen der Brillanz von Grund und Pfad oder das Verschmelzen der Brillanz von Mutter und Kind bezeichnet. Durch die Kraft echter Übung im Bardo der Meditation stellt sich diese Erkenntnis so natürlich und instinktiv ein wie ein Kind, das auf den Schoß der Mutter springt. Mutter und Kind kennen sich und es gibt weder Zweifel noch Zögern. Diese Erkenntnis stellt sich unmittelbar ein. Ein Tantra erklärt: „Ein einziger Augenblick macht den Unterschied. In einem Augenblick wird vollständige Erleuchtung erlangt." Wenn das passiert, gibt es keinen Grund, sich weiteren Bardoerfahrungen zu unterziehen. Befreiung wird augenblicklich erlangt.

Für jemanden, der es nicht schafft, im Augenblick des Todes Befreiung zu erlangen, dauern die folgenden Bardozustände, nach dem Text *Befreiung durch Hören im Bardo,* der unter Tibetern als *Bardo Tödrol* bekannt ist, in der Regel 49 Tage an, mit einer gewissen Sequenz von Ereignissen, die sich alle sieben Tage einstellen. Das ist der Fall für durchschnittliche Personen, die eine Mischung aus sowohl positiven als auch negativen Handlungen ausgeübt haben. Für eine Person, die eine große Menge an Negativität in ihrem Leben angesammelt hat, kann der Bardo sehr kurz sein. Eine solche Person kann augenblicklich in die niederen Bereiche fallen. Für sehr fortgeschrittene Praktizierende kann der Bardo, aufgrund der sofortigen Befreiung, ebenfalls sehr kurz sein. Aber für gewöhnliche Personen, die sich irgendwo zwischen diesen beiden Zuständen befinden, dauert der Bardozustand in der Regel 49 Tage an.[9]

Nach dem Bardo des Sterbens beginnt der *Bardo der Dharmata.* Gewöhnliche Personen fühlen sich, als seien sie nach dreieinhalbtägiger Bewusstlosigkeit erwacht. Es scheint ihnen, als entfalte sich der Himmel wieder. Verschiedene Stufen der Auflösung stellen sich während des Bardo der Dharmata ein. Geist löst sich in Raum auf, Raum in Brillanz, Brillanz in Einheit, Einheit in Weisheit und schließlich – die Auflösung von Weisheit in spontane Präsenz. Diese Einheit bezieht sich an dieser Stelle auf die Form der Gottheiten. Zuerst stellen sich Farben und Lichter ein. An dieser Stelle stellen sich nur vier Farben ein, was bekannt ist als die Erfah-

---

[9] Es mag für den Leser hilfreich sein, zu diesem Thema die folgenden Bücher zu konsultieren: *The Tibetan Book of the Dead* (Shambala Publications), auf Deutsch: *Das Totenbuch der Tibeter* (Diederichs Verlag); *The Mirror of Mindfulness* von Tsele Natsog Rangdrol und Chökyi Nyima Rinpoches Kommentar dazu, *Bardo Guidebook* (beide Rangjung Yeshe Publications), Letzteres auf Deutsch: *Das Bardo-Buch* (O.W. Barth Verlag); und *Übergang und Befreiung* von Tenga Rinpoche (Khampa Buchverlag).

rung der *vier kombinierten Weisheiten*. Das grüne Licht der alles verwirklichenden Weisheit fehlt hier noch, da der Pfad noch nicht zur Perfektion gebracht wurde. ‚Brillanz, die sich in Einheit auflöst' bezieht sich auf die Formen der Gottheiten. Verschiedene Gottheiten beginnen zu erscheinen. Zunächst in ihrer friedvollen, dann in ihrer zornvollen Form. Manche sind so klein wie Senfsamen, andere so groß wie der Berg Sumeru. Das Wichtigste, das es zu erkennen gilt, ist, dass alles, was auch immer erscheint, eine Manifestation eurer eigenen Natur ist. Die Gottheiten sind eure eigenen Manifestationen, sie kommen nicht von irgendwo anders her. Also habt hundertprozentiges Vertrauen, dass alles, was ihr erfahrt, nichts anderes ist als eure eigene Manifestation. Eine andere Methode, dies zu erklären, ist, dass, was auch immer erscheint, Leerheit ist, so wie auch derjenige, der erfährt, Leerheit ist. Leerheit kann Leerheit keinen Schaden zufügen. Es gibt also absolut keinen Grund, ängstlich zu sein. Mit dieser Art von Vertrauen ist es möglich, Befreiung auf der Stufe des Sambhogakaya zu erlangen.

Das Licht der friedvollen und zornvollen Gottheiten ist intensiv und überwältigend. Wenn ihr bezüglich dieser Stufe Instruktionen erhalten habt, könnt ihr sie voll Vertrauen als Ausdruck eurer eigenen essentiellen Natur erkennen. Des Weiteren werden blasse, weiche Lichter in verschiedenen Farben erscheinen, die die sechs Bereiche der Existenz repräsentieren. Diejenigen, die mit diesen Phänomenen nicht vertraut sind, werden sich ganz natürlich zu den angenehmeren Lichtern hingezogen fühlen. Diese Anziehungskraft ist es, was den Geist in die sechs Bereiche der Existenz zurückzieht. Auf diese Art und Weise beginnt dann der vierte Bardo, der *Bardo des Werdens*.

Während des Bardo des Werdens ist unsere Wahrnehmungskraft siebenmal klarer als im normalen Wachzustand in diesem Leben. Ihr werdet euch an alles erinnern, was ihr in der Vergangenheit getan habt, und versteht, was auch immer passiert. Ihr werdet sechs Arten von Erinnerungsvermögen besitzen: die Fähigkeit, euch an den Lehrer zu erinnern, an die Belehrungen, an die Yidamgottheit, für die ihr Ermächtigung erhalten habt, und so fort. Wenn ihr euch an die Lehren, die ihr empfangen und praktiziert habt, erinnert, ist es von größter Wichtigkeit, anzuerkennen, dass ihr gestorben seid und euch im Bardo befindet. Versucht dann, euch daran zu erinnern, dass alles, was im Bardo stattfindet, nichts anderes ist als der Täuschung unterworfene Erfahrung. Während diverse Dinge wahrgenommen werden, fehlt ihnen doch jegliche Selbstnatur, anders als in unserer gegenwärtigen Erfahrung. Wenn wir jetzt unsere Hand in kochendes Wasser oder einen brennenden Ofen stecken, würden wir uns verbrennen. Gleichfalls würden wir vom Gewicht großer Steine zerquetscht. Aber im Bardo ist nichts, was passiert, real. Alles ist nur eine illusionäre Erfahrung – wie könnte es uns also Schaden zufügen? Es ist sehr wichtig, dies im Geist zu halten.

An diesem Punkt im Bardo ist die Kraft unserer Intention ungehindert. Daher ist es möglich, in einem der fünf natürlichen Nirmanakayabereiche Geburt anzunehmen, den fünf reinen Bereichen der Nirmanakayabuddhas. Der einfachste Ort für eine Wiedergeburt ist in Sukhavati, dem Freudvollen Bereich von Buddha Amithaba. Buddha Amithaba hat in der Vergangenheit dreizehn bedeutende Gelübde abgelegt, und aufgrund der Kraft dieser Gelübde ist es nicht notwendig, alle störenden Emotionen bereinigt zu haben, bevor man in seinem reinen Bereich wiedergeboren wird. Um in die anderen Buddhabereiche zu gelangen, ist vollkommene Reinigung nötig. Nicht so im Fall von Sukhavati. Das Wichtigste hier ist es, völlig frei von Zweifel zu sein. Entwickelt einsgerichtete Entschlossenheit, wie ein Adler, der durch den Himmel gleitet, und denkt ohne jegliches Zögern: „Ich werde jetzt direkt in das reine Land von Amithaba gehen!" Wenn ihr im Bardo des Werdens an diesem einzigen Gedanken festhalten könnt, dann reicht das allein aus, um dorthin zu gehen. Solange ihr an nichts haftet, kann euch nichts festhalten oder davon abhalten, in Sukhavati anzulangen. Um sicherzustellen, dass ihr frei von Anhaftung seid, opfert dem Buddha Amithaba vor eurem Tod im Geiste alles, was ihr besitzt. Bringt all eure Besitztümer und Freuden, eure Verwandten und Freunde in Form einer Mandalaopferung dar. Was auch immer euch weiterhin anhaften lässt, und sei es nur etwas so Kleines wie Nadel und Faden, reicht aus, um als Anker für den Geist zu dienen.

Wenn man den Körper zurücklässt, setzt sich nur das Bewusstsein fort – ganz allein, wie ein Haar, das man aus der Butter zieht. Wenn das Bewusstsein nicht von Anhaftung an irgendetwas in dieser Welt gebunden ist, dann kann es nicht aufgehalten werden, wenn auch die Existenz von Zweifel eine Auswirkung haben kann. Ein Bewusstsein, das Zweifel über eine Wiedergeburt im reinen Bereich von Amithaba beherbergt, kann dennoch dort wiedergeboren werden. Aber es wird 500 Jahre lang in einer geschlossenen Lotosblüte gefangen sein, bis die Verdunklung des Zweifels bereinigt ist. Wenn ihr die Anhaftung an die Dinge dieses Lebens aufgeben könnt und mit einsgerichteter Entschlossenheit entscheidet: „Ich werde geradewegs in Amithabas reines Land gehen", dann ist es hundertprozentig sicher, dass ihr dort anlangen werdet. Darüber gibt es keinerlei Zögern oder Zweifeln.

Im Bardo des Werdens erinnern wir uns: „Meine Stabilität in der Praxis war nicht ausreichend, um im Augenblick des Sterbens Befreiung im Dharmakaya zu erlangen. Sie reichte auch nicht ganz aus, um im Bardo der Dharmata Befreiung im Sambhogakaya zu erlangen. Also bin ich jetzt im Bardo des Werdens." Dies anerkennend, befreit euch von jeglicher Anhaftung, an was auch immer. Ansonsten wird euer Geist selbst von der kleinsten Anhaftung an Verwandte oder Besitztümer besessen und besorgt sein, wie ein Hund, der einem Fetzen Fleisch nachjagt. Nur solche Anhaftung kann euren Geist wieder an diese Welt ketten.

Wenn ihr jedoch in dieser Welt wiedergeboren werden sollt, dann durchlauft ihr weiter den Bardo des Werdens auf der Suche nach einer neuen Wiedergeburt. Wenn ihr auf die

Eltern trefft, die euch wiedergebären werden, stellt sie euch vor als die Yidamgottheit mit Gefährten. Lasst euren Geist in der Form der Silbe HUNG in den Mutterschoß eingehen und entschließt euch, ein reiner Dharmapraktizierender zu werden.

Die Lehren des Vajrayana bieten viele Möglichkeiten, eine Vielzahl von Gelegenheiten auf verschiedenen Stufen. Wenn wir eine Gelegenheit verpassen, bekommen wir eine neue Chance. Verpassen wir auch diese, gibt es eine weitere, um es nochmals zu versuchen. Solange eure Samayas ungebrochen sind, gibt es im Vajrayana viele kostbare Lehren, die euch helfen, die Bardos zu durchqueren.

Wenn ihr tödlich erkrankt seid oder dem Tod gegenübersteht, fasst den Entschluss, die Praxis der Erkenntnis der Geistesessenz und den starken Wunsch, geradewegs nach Sukhavati zu gehen, zu kombinieren. Wie der große Meister Karma Chagme sagte: „Möge ich wie ein Geier durch den Himmel gleiten – direkt nach Sukhavati, ohne einen einzigen Blick zurück!" Schaut nicht zurück! Bleibt vollkommen frei von jeglicher Anhaftung an diese Welt. Habt nicht den geringsten Zweifel; dann steht es außer Frage, dass ihr auf direktem Weg dorthin gehen werdet. Erinnert euch immer daran, zuerst mit der Zufluchtnahme und der Entwicklung von Bodhicitta zum Wohle aller Wesen zu beginnen. Als Hauptteil der Praxis visualisiert euch selbst in der Form der Yidamgottheit. Das nennt man Entstehungsstufe. Schaut sanft in dies: „Wer ist es, der visualisiert? Wer oder was ist es, das sich all dies vorstellt!" Nichts und niemanden zu finden, der visualisiert oder sich Dinge vorstellt, ist das, was Vollendungsstufe genannt wird. Im Augenblick des Schauens in den Denker wird der Fakt, dass es nichts zu sehen gibt, augenblicklich gesehen. Jedermann kann das sehen, wenn er weiß, wie er schauen muss. Im allerersten Moment sind Gedanken völlig abwesend. Dieser Zustand ist keine Bewusstlosigkeit, da man hellwach ist. Und doch formt dieses Gewahrsein keinerlei Gedanken über irgendetwas. Es ist wie Raum.

Nicht wie der Nachthimmel, der von Dunkelheit verdeckt ist, sondern wie der sonnendurchflutete Himmel am Tage, in dem Raum und Sonnenlicht untrennbar sind. Das ist der nackte, gewöhnliche Geist, der in jedermann präsent ist. Er ist nackt, weil es in diesem Augenblick kein Konzeptualisieren gibt, keine Gedankenaktivität. Normalerweise ist jeder bewusste Augenblick mit Konzeptualisieren und dem Kreieren von irgendetwas beschäftigt. Belasst also euer gegenwärtiges Gewahrsein völlig unbeeinflusst.

Vergesst niemals eure Praxis mit der Widmung des Verdienstes und reinen Wunschgebeten abzuschließen. Die Schmerzen mögen sehr groß sein, wenn wir ernsthaft krank sind. Wir mögen große Qualen leiden und uns fürchterlich fühlen. Gebt den Gedanken „Ich leide! Wie schrecklich es für mich ist!" auf. Denkt stattdessen: „Möge ich das Leiden und die Krankheiten aller fühlenden Wesen hinwegnehmen, und möge die Reifung ihres Stroms von negativem Karma unterbrochen werden! Möge ich alles auf mich nehmen! Möge ich all die Krankheiten, Schwierigkeiten und Hindernisse, die die großen Lehrer des Buddhadharma erfahren, auf mich nehmen. Mögen ihre Hindernisse in mir reifen, auf dass sie frei von Schwierigkeiten, welcher Art auch immer, sein mögen!" Eine solche Einstellung sammelt eine immense Menge von Verdienst an und bereinigt unermesslich viele Verdunklungen. Es ist schwierig, etwas zu finden, das mehr Verdienst kreieren kann als Aufrechterhalten einer solchen Sichtweise. Es ist viel, viel besser als dazuliegen und zu wimmern: „Warum passiert mir das! Warum muss ich leiden?" Diese Art von Selbstmitleid ist von keinem großen Nutzen.

Die Wünsche, die wir haben, wenn wir kurz vor unserem letzten Atemzug stehen, sind unglaublich machtvoll. Es wird gesagt, dass die Entschlüsse, die wir an der Schwelle des Todes fassen, definitiv in Erfüllung gehen, seien es nun reine oder üble. Manche Menschen sterben mit dem Gedanken „Dieser oder jener hat mir Böses angetan! Möge ich Rache nehmen!". Durch die immense Kraft, die der Geist während der letzten Augenblicke vor dem Dahinscheiden demonstriert, kann der Geist einer solchen Person als machtvoller böser Geist wiedergeboren werden, mit der Fähigkeit, anderen Schaden zuzufügen. Wenn wir andererseits jedoch reine Wünsche und Gebete haben, dann gibt es keinen Zweifel, dass diese in Erfüllung gehen. Mit der Endlichkeit unseres menschlichen Lebens sehr bewusst und unmittelbar vor Augen, sind die Wünsche, die wir haben, und die Entscheidungen, die wir treffen, von immenser Kraft. Es ist sehr wichtig, sich daran zu erinnern.

Im Augenblick des Todes ‚verändert sich nicht die Zeit; die Erfahrung verändert sich'. Zeit bedeutet hier, dass es keinen *realen* Tod gibt, der sich einstellt, da sich unsere angeborene Natur jenseits von Zeit befindet. Es sind nur unsere Erfahrungen, die sich verändern. All diese Erfahrungen sind nichts weiter als Papiertiger. Wenn wir auf einen echten Tiger treffen, sind wir von Angst erfüllt. Stellen wir aber fest, dass es sich um eine Imitation handelt, einen Papiertiger, dann verschwindet unsere Angst augenblicklich. Wir haben keine Angst davor, dass der Papiertiger uns auffressen könnte. Auf die gleiche Art und Weise scheinen all die verschiedenen Erfahrungen, die sich nach dem Tod einstellen, real zu sein, und doch sind sie es nicht. Im Bardo können wir nicht von Flammen verbrannt, nicht von Waffen getötet werden. Alles ist illusionär und ohne Substanz. Es ist Leerheit.

In Chökyi Nyima Rinpoches Kloster namens Bong Gompa, im Norden von Zentraltibet, lag der Schatzmeister im Sterben. Mein Onkel Terse Tulku war dort. Während der Schatzmeister starb, hört er nicht auf zu reden. Er sagte: „Gut, gut, gerade löst sich dieses Element auf, nun löst sich jenes Element auf und jetzt löst sich Bewusstsein in Raum auf. Jetzt bricht der Raum auf und all die verschiedenen Manifestationen erscheinen. Die Vajraketten flattern umher wie Kristallgirlanden und frische Blumen. Dharmata ist wahrlich erstaunlich!" Dann lachte er – und starb. Natürlich war er jemand mit großer Stabilität in Gewahrsein.

Die Erfahrungen, die sich während des Sterbens und danach einstellen, sind unvorstellbar und können vorher nicht exakt beschrieben werden. Eines ist jedoch sicher: Was auch immer erfahren wird, ist ‚bloße Erscheinung, ohne jegliche Selbstnatur', lediglich gefühlt und nicht substantiell. Alles ist das Spiel der Leerheit. Was auch immer erfahren wird, ist nichts anderes als eine Manifestation eurer angeborenen Natur – sichtbar, aber ohne konkrete Substanz.

Wenn ihr nicht erkennt, dass das, was im Bardo erscheint, eure Natur ist, könnt ihr von den Klängen erschrocken sein, von den Strahlen verängstigt sein und große Angst vor den Farben haben. Diese Klänge, Farben und Lichter sind die natürliche Manifestation der Buddhanatur. Tatsächlich sind sie Körper, Rede und Geist des erleuchteten Zustands. Die Farben sind Körper, die Klänge sind Rede und die Lichtstrahlen sind die Manifestation des Geistes. Sie erscheinen ausnahmslos jedem, weil ein jeder die Buddhanatur hat.

Obwohl diese Erfahrungen jedermann erscheinen, können sie in der Dauer variieren. Das steht wahrscheinlich in Beziehung zu dem Grad der Stabilität in Geistesessenz. Abgesehen von ihrer Dauer sind diese Erfahrungen für jedermann dieselben. Das Wichtigste, an das man sich erinnern sollte, ist es, nicht traurig oder von irgendetwas deprimiert zu sein. Dafür gibt es keinen Grund. Macht euch stattdessen die Einstellung eines Reisenden zu Eigen, der heimkehrt, während er voller Freude die Last der Leiden aller fühlenden Wesen trägt.

Verhalten

Bezüglich der beiden Aspekte von Sichtweise und Verhalten wird gesagt, dass wir ‚mit dem Verhalten aufsteigen' sollten – an der Basis mit dem Verhalten beginnen und uns hocharbeiten. Das heißt, dass man zunächst die Lehren der Shravakas studieren und praktizieren sollte, dann die der Bodhisattvas und schließlich die des Vajrayana. Beginnt an der Basis und arbeitet euch hoch – steigt mit dem Verhalten auf. Wir tun dies, indem wir zunächst über die vier Gedanken, die den Geist auf den Dharma richten, nachdenken. Dann praktizieren wir die speziellen vorbereitenden Übungen, die Yidampraxis und gelangen schließlich zu den drei großen Sichtweisen. Diese drei großen Sichtweisen sind bekannt als Mahamudra, das Große Siegel; Dzogchen, die Große Perfektion; und Madhyamika, der Große Mittlere Weg.

Wie ich bereits zuvor erwähnt habe, beschreibt der Buddha seine Lehren folgendermaßen:

So wie man die Stufen einer Treppe besteigt,
Ebenso solltet ihr euch Schritt für Schritt üben
In meinen tiefgründigen Lehren.
Ohne eine Stufe zu überspringen,
Schreitet stetig fort bis zum Ende.

So wie der Körper eines kleinen Kindes
Graduell seine Kraft entwickelt,

Ebenso verhält es sich mit dem Dharma.
Von den ersten Schritten des Eintretens
Bis hin zu vollkommener Perfektion.

Dementsprechend, sollten wir uns mit den grundlegenden Lehren konform verhalten und an der Basis beginnen, so als würden wir eine Treppe hinaufsteigen. Eine Treppe können wir nicht besteigen, indem wir am oberen Ende anfangen; wir müssen mit der untersten Stufe beginnen.

Auf der anderen Seite heißt es, dass sich die Sichtweise von oben herab entfalten sollte. Deshalb fährt das Sprichwort fort mit ‚während man mit der Sichtweise herabsteigt'. Stellt euch einen Baldachin oder einen Schirm vor, der sich über euch entfaltet. Auf die gleiche Weise sollte sich die Sichtweise von oben entfalten.

Wir müssen vorsichtig sein, denn man kann dieses grundlegende Prinzip sehr leicht pervertieren und völlig auf den Kopf stellen. Das hieße, sich dem höchsten Fahrzeug entsprechend zu verhalten, während man eine Sichtweise hat, die einem Anfänger entspricht. Das nennt sich ‚das Pervertieren der Lehren'. Wir sollten uns die höchste Sichtweise zu Eigen machen, uns aber wie ein Shravaka verhalten. Dann wie ein Pratyekabuddha und langsam, aber sicher wie ein Bodhisattva. Was das Verhalten angeht, beginnt an der Basis und nicht anders herum. Ihr werdet nirgendwo eine Belehrung finden, in der es heißt: „Halte die Sichtweise eines Shravaka, oder eine noch niedrigere, während du dich wie ein Dzogchenyogi verhältst." Das ist ein sehr wichtiges Prinzip: Haltet die Sichtweise so hoch wie möglich, aber verhaltet euch sehr zurückhaltend. Verhaltet euch wie ein Shravaka, dann wie ein Pratyekabuddha, dann wie ein Bodhisattva. Das ist es, was gemeint ist mit ‚entfaltet die Sichtweise von oben herab, während das Verhalten von unten her aufsteigt'.

Die Sichtweisen von Mahamudra, Dzogchen und Madhyamika sind in ihrer Essenz identisch. Obwohl es heißt, „Mahamudra ist der Grund, der Mittlere Weg ist der Pfad und die Große Perfektion ist das Resultat", gibt es in der Sichtweise absolut keinen Unterschied. In meiner Tradition wählen wir nicht nur eine bestimmte Sichtweise unter diesen dreien. Der nackte, natürliche Zustand des Geistes gehört nicht exklusiv nur der Kategorie von Mahamudra, Dzogchen oder Madhyamika an. Diese drei werden als von identischer Natur gelehrt. Der erwachte Zustand von Mahamudra unterscheidet sich nicht vom erwachten Zustand von Dzogchen oder Madhyamika. Das letztliche Ziel all dieser Sichtweisen ist die Buddhaschaft und es ist unerheblich, welchem dieser Pfade man folgt. Es ist, als näherte man sich dem Vajrasitz in Bodhgaya von Norden, Süden, Westen oder Osten. Man wird immer an genau demselben Punkt angelangen. Es macht keinen Unterschied, aus welcher Richtung wir kommen, das ultimative Ziel ist dasselbe.

Um ein wahrer Yogi zu sein, ein Mensch, der diese drei großen Sichtweisen wahrhaft realisiert, erkennt zunächst den natürlichen Zustand des Gewahrseins. Dann übt euch darin, die Kraft dieser Erkenntnis zu entwickeln, indem ihr ihre Kontinuität aufrechterhaltet. Und schließlich erlangt einen gewissen Grad an Stabilität. Das ist der einzige authentische Weg. Manche Menschen wollen jedoch, dass sich all dies augenblicklich einstellt. Sie wollen sich nicht den vorbereitenden Übungen unterziehen und auch nicht der Yidampraxis, die als der ‚Hauptteil' bekannt ist. Manche Menschen wollen nichts als die Sichtweise. Das wäre in Ordnung, wenn es ausreichen würde. Aber das tut es nicht.

Der Hauptgrund, warum man nicht nur die Sichtweise allein lehren kann, ist, dass viele Leute den wichtigsten Punkt nicht sehen, indem sie glauben: „Ich brauche nur die Sichtweise! Es gibt nichts zu tun! Ich kann alle Aktivitäten aufgeben!" Natürlich ist das in einem gewissen Sinne richtig. Was jedoch passiert, wenn jemand konventionelle Dharmapraxis zu früh aufgibt, ist, dass eine solche Person es versäumt, mittels spiritueller Praxis die Verdunklung zu bereinigen und die Ansammlungen zusammenzutragen. Gleichzeitig realisiert sie die Sichtweise nicht wirklich, schreitet nicht darin fort und erlangt keine Stabilität darin. Das Endresultat ist, dass die Sichtweise eine Idee bleibt, während euer Verhalten keinerlei Unterschied zwischen Gut und Böse macht. Genau das ist es, was Padmasambhava meinte, als er vom ‚Verlieren des Verhaltens in der Sichtweise' sprach.

Wir müssen Sichtweise und Verhalten integrieren. Padmasambhava sagte auch: „Obwohl eure Sichtweise so hoch wie der Himmel sein mag, haltet eure Taten feiner als Gerstenmehl." Versteht den Ausdruck ‚feiner als Gerstenmehl' als das Annehmen dessen, was tugendhaft ist, und das Vermeiden dessen, was böse ist; in Hinsicht auf das Gesetz von Ursache und Wirkung, mit dem Beachten selbst kleinster Details. Auf diese Weise stellt man Harmonie zwischen Sichtweise und Verhalten her. Das Gegenteil, das Trennen seiner Handlungen von der Sichtweise, ist es, sich davon zu überzeugen, dass es keine Notwendigkeit gibt, die vorbereitenden Übungen zu praktizieren; keine Notwendigkeit für positive Handlungen; keine Notwendigkeit für das Darbringen von Opferungen und keine Notwendigkeit, sich für negative Handlungen zu entschuldigen. Man kann sich selbst täuschen, indem man glaubt, dass man nur in Einfachheit verweilen muss. Was dies jedoch wirklich bedeutet, ist, dass eine solche Person keinerlei spirituellen Fortschritt machen wird. Letztlich ist es definitiv wahr, dass es nichts zu tun *gibt*. Aber das ist erst dann wahr, wenn man auf der anderen Seite von Verstehen, Erfahrung und Realisation angelangt ist. Eine intellektuelle Überzeugung von der Sichtweise aufrechtzuerhalten, ohne sich den Übungen unterzogen zu haben, ist ein ernsthaftes Missverständnis. Das ist es, wie der selbst ernannte ‚Dzogchenpraktizierende' vom Weg abkommt.

In Tibet haben viele Leute diesen gravierenden Fehler begangen. Westlern kann man diesen Fehler noch nicht wirklich vorwerfen, da der Dharma sich gerade erst in ihren Ländern etabliert; ein Verständnis für die Praxis entwickelt sich gerade erst. Tibet war jedoch ein Land, in dem der Dharma viele Jahrhunderte lang gelehrt und verstanden wurde. Und doch sind viele Leute auf diese Art und Weise vom Weg abgekommen, nicht nur einige wenige. Um ganz ehrlich zu sein, gab es in Tibet mehr Leute mit einer ‚Phantasie-Sichtweise' als mit echter Einsicht.

Ich denke wirklich nicht, dass man Westlern einen Vorwurf machen kann, die Geschichten über die Buddhas und die indischen Siddhas gehört haben, wie sie Belehrungen über die Geistesessenz und das Nichthandeln erhalten haben, und dann denken: „Nun, wir sind genauso, es gibt nichts zu tun. Alles ist gut, wie es ist."

Es ist wirklich keine einfache Sache, bei der korrekten Sichtweise anzulangen. Ihr müsst eine Verbindung mit einem wahren Meister herstellen und die nötige Intelligenz mitbringen. Dann müsst ihr den ganzen Weg der Übungen durchlaufen. Es ist viel einfacher, einen Gönner mit weit aufgerissenen Augen anzustarren und sich mit einer ‚Aura' von Dzogchen zu umgeben. Die meisten Leute, die sich so benehmen, sind in Wirklichkeit Betrüger. Oft ließ es sich nicht vermeiden. Ohne ein wenig Unehrlichkeit konnte es sehr schwer sein, zurechtzukommen und Spenden zu sammeln. Den einfachen Praktizierenden zu spielen und sich unauffällig und zurückhaltend zu benehmen war meist nicht sehr erfolgreich – wer würde dann etwas von eurer Realisation bemerken? Ein Emporkömmling mit Geschmack an Ruhm und Reichtum musste schon ein wenig angeben. Man musste schon erzählen, wie viele Dharmalinien und Belehrungen man hielt, wie lange man in Klausuren verbracht hat, wie speziell die darin erlangte Realisation ist, wie man Götter und Dämonen bezwungen hat und dergleichen mehr. Wenn man dies tat, kamen die Dinge ins Rollen. Plötzlich wurde man von Gönnern und Gefolge umschwärmt wie ein verfaultes Stück Fleisch von Fliegen. Tatsächlich gab es mehr dieser Hochstapler in Tibet als authentische Lamas.

Manche Leute haben die Gewohnheit zu denken, dass etwas passieren müsste, wenn sie einige Zeit Meditation praktizieren. So als ginge man zehn oder fünfzehn Jahre zur Schule und würde diese mit einem Titel abschließen. Das ist die Idee im Hinterkopf der Leute: „Ich kann es tun! Ich kann Erleuchtung *herbeiführen*!" Aber in diesem Fall ist dem nicht so. Man kann Erleuchtung nicht *herbeiführen* oder *machen*, da Erleuchtung ungeschaffen ist. Den erwachten Zustand zu realisieren ist eine Frage des Fleißes. Fleiß darin, dem nichtdualen Gewahrsein zu gestatten, seine natürliche Stabilität wiederzuerlangen. Ohne solchen Fleiß, ohne sich einigen Mühen zu unterziehen, ist es sehr schwierig, Erleuchtung zu erlangen.

Angesichts der Realität von mangelndem Fortschritt in der so genannten ‚Meditationspraxis' einer konzeptuell konstruierten Sichtweise könntet ihr entmutigt werden und denken: „Ich kann nicht erleuchtet werden! Ich habe drei Jahre in Klausur verbracht und nichts ist passiert!" Wenn ihr jedoch auf authentische Art und Weise praktiziert, dann werdet ihr definitiv Erleuchtung erlangen. Das steht außer Frage. Wenn ihr euch beharrlich mit Hingabe, Mitgefühl und liebender Güte übt, während ihr wieder und wieder ungeschaffenen Gleichmut zulasst, werdet ihr zweifellos die wahren Zeichen spiritueller Praxis entdecken. Diese Zeichen sind das untrügliche Gefühl, dass das Leben vergänglich ist und dass es keine Zeit zu verlieren gibt; dass der Dharma frei von Fehlern ist; dass aus der Übung in Samadhi wahrer Nutzen entsteht; und dass es wirklich möglich ist, konzeptuelles Denken zu überwinden.

Obwohl gelehrt wird, dass dies die wunderbarsten Zeichen von Fortschritt sind, werden sie materialistisch eingestellten Person kaum als sehr wunderbar erscheinen. Solche Personen erwarten spektakuläre Meditationserfahrungen. Wenn etwas Erstaunliches passiert, etwas, das sie sehen, hören oder sogar anfassen können, denken sie: „Hey! Jetzt komme ich wirklich weiter! Das ist so verschieden von dem, an das ich gewöhnt bin – was für eine schöne Erfahrung! Solche Freude! Solche Klarheit! Solche Leerheit! Ich fühle mich völlig verwandelt! Das muss *es* wirklich sein!" [Rinpoche kichert.]

Erreicht man jedoch die ‚flache Ebene' des Nichtdenkens, die einfache Ruhe, die sich einstellt, nachdem sich konzeptuelles Denken aufgelöst hat, dann gibt es nichts sonderlich Außergewöhnliches zu sehen oder zu hören oder zu ergreifen. Ihr mögt denken: „Führt das wirklich irgendwohin? Es ist absolut nichts Spezielles daran!" Um ehrlich zu sein, die Sichtweise ist nichts Spektakuläres. Im Gegenteil, sie ist frei davon, sich an irgendetwas festmachen zu lassen. Eine Person, die diesen Punkt nicht versteht, mag denken, „Was soll das alles? Ich habe jahrelang hart gearbeitet und nichts ist wirklich passiert. Vielleicht wäre es besser, eine Gottheit zu visualisieren. Vielleicht sollte ich ein spezielles Mantra rezitieren, eines, das mir spezielle Kräfte verleiht. Dann könnte ich wenigstens ein Resultat meiner Praxis vorweisen, echte Verwirklichung!" Manche Leute werden tatsächlich Opfer dieser Art von Gedanken.

Während dieses Prozesses bleiben eure subtilen störenden Emotionen intakt. Schließlich werden sie sich wieder manifestieren und euer Wesen übernehmen. Und warum nicht? Jedermann wird von störenden Emotionen übermannt, es sei denn, man ruht stabil in nicht-dualem Gewahrsein. Einzig und allein der Moment des erwachten Zustands verstrickt sich nicht in getäuschten Emotionen. Nicht-duales Gewahrsein ist die effektivste Methode, aber der materialistisch eingestellte Praktizierende hat kein Verständnis dafür. Er will einen veränderten Zustand, eine spezielle Erfahrung, einen außergewöhnlichen Traum. Wenn sich dergleichen einstellt, beglückwünscht er sich selbst: „Exzellent! Das ist es!" Solcherart ist die Schwäche der menschlichen Natur.

Mein Wurzellehrer Samten Gyatso sagte einmal: „Ich habe keine einzige spezielle Erfahrung gehabt. Wie die Jahre vergehen, wächst mein Vertrauen in die Authentizität des Dharma. Ich habe volles Vertrauen in die Wahrheit der drei Kayas. Seit dem Alter von acht Jahren habe ich in die Essenz des Geistes geschaut und habe es seitdem niemals aufgegeben. Mein Fleiß war unterschiedlich und natürlich war ich auch manchmal abgelenkt. Aber im Wesentlichen habe ich mich an die Praxis der Geistesessenz gehalten." Ich hörte ihn dies nur einmal sagen. Ansonsten sprach er niemals über solch persönliche Dinge.

Gleichzeitig war Samten Gyatso so intelligent und gelehrt, so aufmerksam für jedes Detail, so geschickt in jeder kleinen Tätigkeit, so stetig und vertrauenswürdig, dass die Leute ihn ansahen wie Marpa den Übersetzer. Samten Gyatso war in allem derart präzise, dass man, wenn er einmal sein Wort gab, niemals zu hören bekam, er habe es vergessen. Diese Art von Mann war er, konsequent und vollkommen verlässlich.

Seine Augen brannten mit einer erstaunlichen Brillanz, wie die Flamme einer Butterlampe. Etwa so wie die Augen einer jungen Katze. Wenn man sich in seine Gegenwart begab, war es, als würde er unseren innersten Kern durchdringen und unsere intimsten Geheimnisse offen legen. Wie auch immer, in all seinen täglichen Angelegenheiten war er peinlich genau, sowohl in spiritueller als auch in weltlicher Hinsicht. Er spielt einem niemals etwas vor oder umgab sich mit einer Aura hoher Realisation. In Tibet gab es keinen Mangel an *dieser* Art von Leuten – Leute, die niemals ihren leeren, starrenden Blick zu Boden richteten und die mit willkürlichen Äußerungen wie „Alle Phänomene von Samsara und Nirvana sind große Gleichheit!" um sich warfen. [Rinpoche lacht.] Was hat man eigentlich von solcher Vortäuschung?

Ihr seht also, dass es möglich ist, das Verhalten in der Sichtweise zu verlieren. Man kann aber auch die Sichtweise im Verhalten verlieren. Sich um andere zu kümmern, ihnen mit Medizin und Bildung zu helfen, ist definitiv verdienstvoll. Es sollte jedoch aus einer Einstellung heraus geschehen, die den vier grenzenlosen Gedanken entspricht, ohne egoistische Ziele von Ruhm und Respekt und ohne bei dem Gedanken „Ich tue Gutes! Ich bin gütig zu anderen!" zu verweilen. Aus den vier grenzenlosen Gedanken heraus zu handeln kreiert verdienstvolles Karma der generellen konditionierten Art. Anderen aus einer reinen, völlig selbstlosen Motivation heraus zu helfen ist die beste Art von konditionierter Tugend. Solche Tugend ist wahrhaft wundervoll!

Unkonditionierte Tugend andererseits ist die Übung in gedankenfreiem Gewahrsein. Viele Leute fragen: „Wie kann das Sitzen in Meditation anderen helfen? Es wäre viel besser, hinauszugehen und ihnen Nahrung und medizinische Hilfe zu geben und ihnen Schulen zu bauen." Die Menschen mögen eine Einstellung dazu haben, anderen helfen zu wollen, bevor sie etwas für sich selbst verwirklicht haben. Natürlich kreiert man gutes Karma, indem man anderen hilft. Das heißt aber nicht unbedingt, dass man dadurch Befreiung erlangt. Erst nach dem Erlangen von Befreiung kann man grenzenlosen Nutzen für andere bewirken.

Die wichtigste Technik zum Vermeiden von Fußangeln auf dem Pfad ist Wissen und Vertrauen in den Dharma. Wissen heißt Verständnis dessen, was wahr und unwahr ist, und kommt durch das Studieren und Verstehen der Lehren zustande. Wirkliches Wissen jedoch, das, worin wir uns wirklich mit Fleiß üben sollten, ist das Verstehen der Sichtweise. Sichtweise, Meditation, Verhalten und Resultat hängen alle von der Sichtweise ab. Fleiß in Meditation beinhaltet die Entstehungsstufe, während sich Fleiß im Verhalten auf die Bodhisattvaübungen bezieht.

Ein sehr wichtiger Faktor ist unveränderliches Vertrauen in die Drei Juwelen. Man kann es erlangen, indem man sich Folgendes vor Augen führt: Ohne den kostbaren Buddha, wäre die Welt nicht völlig blind? Wie könnte irgendjemand Befreiung von Samsara erlangen, oder den allwissenden Zustand der Erleuchtung? Es ist einzig und allein durch das Studieren und Befolgen seiner fehlerfreien Worte, des kostbaren Dharma, dass unsere von Geburt an blinden Augen geöffnet werden. Ohne jemanden, der diese Lehren aufrechterhält und weitergibt, durch sowohl das gesprochene als auch das geschriebene Wort, wären diese Lehren sicherlich ausgestorben.

Der Buddha wäre erschienen und hätte gelehrt und dann – nichts. Der ganze Prozess hätte keine hundert Jahre gedauert. Die Tatsache, dass die Lehren des Buddha auch heute noch erhältlich sind, ist einzig der kostbaren Sangha zu verdanken, die in erster Linie aus den großen Bodhisattvas auf den zehn Bhumis besteht, den Söhnen der Siegreichen, und den Arhats. Meine Rolle ist es, den Dharma zu lehren. Und egal ob ich nur etwas vortäusche oder nicht, ich habe definitiv den Segen der kostbaren Sangha erhalten. Wenn ich darüber nachdenke, der Segen der Drei Juwelen ist unglaublich. Wie könnte ich also nicht Vertrauen in sie haben?

Wissen, der andere Faktor, ist das, was uns hilft, Wahrheit von Unwahrheit zu unterscheiden. In alter Zeit lehrte der Buddha, dass in der Welt 360 Religionen oder Glaubenssysteme verbreitet waren. Diese wurden auch ‚die 360 falschen Ansichten' genannt, weil sie inkorrekt waren und in der Hauptsache aus verschiedenen Variationen von Ewigkeitsglauben oder Nihilismus bestanden. Die wahre Sichtweise wurde vom Buddha gelehrt. Es gibt einen simplen Grund dafür. Ein fühlendes Wesen kann die korrekte Sichtweise, die frei ist von Konzepten, nicht realisieren, weil sein Geist konzeptuell ist. Der einzige Weg, diesen konzeptuellen Geist zu überwinden, ist es, den Worten eines völlig Erwachten zu folgen, eines Buddha.

Wissen ist das, was zwischen Wahrheit und Unwahrheit unterscheidet, zwischen dem, was korrekte Meditationsübung ist, und was nicht. Während wir graduell durch tiefere Ebenen der Lernens fortschreiten, während sich unser Wissen vertieft, vermindert sich unsere Fixierung automatisch. Sind Fixierung und Anhaften nicht die Wurzel von Samsara? Wenn keinerlei Anhaften an schmerzvolle oder angenehme Situationen mehr vorhanden ist, dann sind wir frei von Samsara. Wie Tilopa sagte: „Du bist nicht gefesselt von dem, was du erfährst, sondern von deinem Haften daran. Also durchschneide dein Anhaften, Naropa!"

Es wird auch gesagt: „Das Zeichen von Lernen ist es, sanft und diszipliniert zu sein." Stellt euch ein Stück Papier vor, das im Feuer verbrennt – es wird vollkommen weich. Ein Gefühl von Frieden ist das wahre Zeichen von Gelehrsamkeit. „Das Zeichen von Meditationsübung ist ein Abnehmen störender Emotionen", was bedeutet, dass die Übung des Schauens in die Geistesessenz die drei oder fünf Gifte auflöst, welche der unerkannte Ausdruck eurer Essenz sind. Die störenden Emotionen lösen sich auf, ohne eine Spur zu hinterlassen, wie Flammen, die man auslöscht.

Fühlende Wesen jagen permanent allen möglichen Dingen nach. Jetzt ist die Zeit, eine Pause zu machen. Ansonsten werden wir fortfahren, weiterhin ziellos durch samsarische Existenzen zu irren. Nicht anderes als Geistesgegenwärtigkeit kann unser Karma blockieren oder es zu einem Stillstand bringen. Es sind unsere karmischen Handlungen und störenden Emotionen, die uns zwingen, durch Samsara zu wandern. Und es sind diese karmischen Handlungen und störenden Emotionen, die wir aufgeben müssen. Ist es nicht notwendig, uns von ihrer Kontrolle zu lösen? Ist es nicht wahr, dass der Augenblick der Sichtweise frei ist von der Konditionierung durch Karma und störende Emotionen? Die Sichtweise ist der wahre Grund dafür, warum sich die Buddhas nicht unter dem Einfluss von Karma und störenden Emotionen befinden, sie haben die Zitadelle der Sichtweise erobert.

Durch die authentische und totale Realisation der Sichtweise schmelzen die Verdunklungen von Karma und störenden Emotionen hinweg, was es den Qualitäten ursprünglicher Weisheit gestattet, sich zu entfalten. Das ist die wahre Bedeutung von ‚Buddha', der erwachte Zustand des Geistes. Wenn ihr dies wirklich gestatten könntet, wäre das nicht die Abwesenheit jeglicher Defekte und die Perfektion aller Tugenden? Die korrekte Sichtweise ist das, was alle Fehler beseitigt. Stabilität in der Sichtweise enthüllt die essentielle Natur des Geistes, frei von Verdunklungen – wie die Sonne, die nicht eingefärbt werden kann und an der nichts anhaftet. Und doch ist der Himmel nicht etwas, das sich auflösen kann. Bitte versteht diesen essentiellen Punkt!

Kurze Momente, oft wiederholt. So sollte man sich üben, denn am Anfang dauert echte Erkenntnis unserer angeborenen Natur nicht lange an. Manche Leute sagen: „Ich habe sehr viel meditiert! Ich war ein Jahr in Klausur! Glaubt mir; ich habe eine Dreijahresklausur gemacht!" Es gibt eine Tendenz zu glauben, dass eine Dreijahresklausur etwas ganz Außergewöhnliches ist. Aber um ehrlich zu sein, wie kann man drei Jahre mit anfangslosem Samsara vergleichen? Es ist nicht mehr als ein Staubkorn!

Manch einer mag seine Brust aufblasen und eingebildet proklamieren: „Ich habe es getan! Ich habe drei ganze Jahre lang meditiert!" Während meiner frühen Jahre in Nepal gab es einen alten Mann, der den Leuten oft erzählte: „Ich bin tatsächlich ein bisschen besser als der Buddha. Er hat sechs Jahre lang an den Ufern des Nairanjana meditiert. Ich habe neun Jahre in Klausur verbracht!" [Rinpoche kichert.]

Es wird oft gesagt, dass das Schmieden von Plänen für die Praxis in der Zukunft Hindernisse entstehen lässt, bevor die Praxis überhaupt beginnt. Die meisten Leute lassen die Zeit verstreichen, während sie denken: „Ich will den Dharma wirklich mehr praktizieren und ich werde das sicherlich tun – später in meinem Leben!" Andere mögen glauben, dass nun die Zeit gekommen sei, zum Wohle anderer zu wirken, ohne jedoch die Qualifikation zu haben, um wirklich effektiv etwas zu tun. Sie denken: „Jetzt werde ich lehren! Ich kann anderen wirklich helfen! Ich kann wirklich etwas tun!" Und dann laufen sie in der Welt umher und geben vor, für das Wohl fühlender Wesen zu arbeiten.

Generell kann man sagen, dass Westler ziemlich scharfsinnig sind, wenn es darum geht, den natürlichen Zustand zu verstehen. Wenn sie es danach nur in die Praxis umsetzen würden! Und nicht nur der natürliche Zustand, wir müssen uns darin üben, Anstrengung in tugendhaften Handlungen zu unternehmen. Böses zu tun bedarf keiner Anstrengung, es passiert ziemlich spontan. Andere zu töten, ihren Besitz zu stehlen, zu lügen und so fort bedarf fast keiner Anstrengung.

Man muss Insekten nicht beibringen wie sie sich gegenseitig töten können. Kein fühlendes Wesen bedarf der Übung in den drei negativen karmischen Handlungen, die auf der physischen Ebene ausgeübt werden. Wir führen diese Handlungen ganz spontan aus. Selbst Tiere muss man das Töten nicht lehren.

Ohne studieren zu müssen, wissen wir ganz natürlich, wie man die vier negativen Handlungen der Rede ausführt: Lügen, den Gebrauch von harschen Worten, üble Nachrede oder Verleumdung und müßiges Geschwätz. Niemand muss sich in den drei negativen Handlungen des Geistes üben: Böswilligkeit, heftiges Verlangen und das Festhalten an falschen Ansichten. Wir alle scheinen ziemlich gut zu wissen, wie man diese Aktivitäten ausführt. Fühlende Wesen sind Experten in solcherlei Handlungen. Es passiert recht spontan durch die Reifung von vergangenem Karma. Dharma, auf der anderen Seite, ist etwas, das wir studieren müssen.

Um einen großen Felsen auf die Spitze eines Berges zu rollen, müssen wir ihn den ganzen Weg hinaufschieben. Aber um ihn ins Tal rollen zu lassen, müssen wir fast nichts tun. Wir müssen ihn nur loslassen und schon rollt er den ganzen Weg von selbst hinunter. Schubst einen Stein an und er wird ganz von selbst den Berg hinunterrollen, aber so etwas wie einen Stein, der den Berg hinaufrollt, gibt es nicht. Auf die gleiche Art und Weise brauchen wir das Ausführen von negativen Handlungen nicht zu studieren. Manchmal, wenn wir dem Anstoß, eine negative Handlung auszuführen, nachgeben, befinden wir uns unter dem Einfluss von Karma. Zu anderen Zeiten fühlen wir Vertrauen in die Lehren, wir fühlen uns gutherzig, mitfühlend und fromm und so weiter, doch das kommt recht selten vor. Deswegen heißt es: „Diejenigen, die nicht praktizieren, sind so zahlreich wie Sterne am Nachthimmel. Diejenigen, die praktizieren, sind so selten wie Morgensterne." Das liegt einzig und allein am Karma.

Für diejenigen mit gutem Karma ist die Situation anders. Ein großer Kagyümeister sang: „Schon im Bauch meiner

Mutter waren meine spirituellen Ambitionen erwacht und ich hatte die Begierde zu praktizieren. Im Alter von acht Jahren verweilte ich in Gleichmut." Das ist ein Beispiel für das Reifen von gutem Karma.

Noch einmal: Auch wenn ihr eine sehr hohe Sichtweise haben mögt, solltet ihr eine ausgeglichene Stufe des Übens beibehalten. Ausgeglichen bedeutet hier, seine Aufmerksamkeit nach wie vor auf Vergänglichkeit und die eigene Sterblichkeit zu richten und diese niemals zu vergessen. Wenn ihr den Punkt erreicht, an dem ihr von der Erkenntnis der Geistesessenz nicht abgelenkt seid, dann ist Vergänglichkeit nicht so wichtig. Wenn etwas vergänglich ist, lasst es vergänglich sein. Wenn es nicht so ist, dann nicht. Nur wenn man vollkommen frei von Ablenkung ist, braucht man nicht mehr an Vergänglichkeit zu denken.

‚Hohe Sichtweise' heißt in diesem Fall, seine Aufmerksamkeit darauf zu richten, wie die Dinge wirklich sind, so wie Vergänglichkeit. ‚Gute Meditation' bedeutet, nicht nur in der Entstehungsstufe oder den yogischen Übungen geschickt zu sein; es bedeutet, dem Fakt, dass alles vergänglich ist, ins Gesicht zu sehen. Es bedeutet auch, den Punkt von Nicht-Ablenkung zu erreichen. Mit anderen Worten, man schläft nicht in der Nacht. Man fällt nicht in einen getäuschten Traumzustand, sondern ist fähig, Träume als Träume zu erkennen. Während des Tiefschlafs gibt es eine kontinuierliche, lange Dauer von brillantem Gewahrsein. Wenn man diesen Punkt erreicht, gibt es keinen Grund mehr, sich mit Vergänglichkeit zu beschäftigen.

Das tibetische Wort für Erleuchtung ist *Jangchub*, was so viel bedeutet wie ‚gereinigte Perfektion', oder in Sanskrit *Bodhi*. Wörtlich bedeutet es die vollkommene Reinigung der beiden Verdunklungen, zusammen mit den gewohnheitsmäßigen Tendenzen; und die Perfektion aller Weisheitsqualitäten. Es ist wie eine Lotosblüte, die, aus dem Schlamm gewachsen, vollkommen erblüht. Bis das stattfindet, sollten wir so praktizieren, wie es die Meister der Vergangenheit raten: „Geht an einen Klausurort, entweder in einem Wald oder in den Bergen. An einem abgeschiedenen Ort, macht einen angenehmen Sitz und betet einsgerichtet zu eurem Lehrer. Inspiriert euch selbst, indem ihr mit Mitgefühl über Vergänglichkeit nachdenkt."

In Kham gibt es ein Sprichwort: „Wenn man Wasser kochen will, kann man in die Flammen blasen oder einen Blasebalg betätigen, bis das Wasser kocht." Auf die gleiche Art und Weise, wenn all die Praktiken, die wir ausführen, unserem Wesen Nutzen bringen, dann ist es gut. Wenn ihr in nicht-dualem Gewahrsein verweilen könnt, ohne zu meditieren und ohne abgelenkt zu sein, dann ist alles gut. Aber wenn euer nicht-duales Gewahrsein nur in eurer Vorstellung existiert, oder wenn ihr versucht, es während eurer Meditation zu konstruieren, dann wird es nur ein Konzept bleiben. Wenn Gewahrsein hinweggefegt wird, befindet man sich unter dem Einfluss von Täuschung. Das Schlüsselwort hier ist ‚nicht-abgelenkte Nicht-Meditation'. Wenn nicht-duales Gewahrsein völlig frei ist von Verwirrung und Ablenkung, dann hat euer Wasser wirklich gekocht.

Glossar

Abhidharma – (chos mngon pa) Einer der drei Teile des *Tripitaka*, der Lehren des Buddha. Systematisierte Lehren über buddhistische Philosophie, Psychologie und Metaphysik, die sich in erster Linie mit der Entstehung des unterscheidenden Denkens befassen. Die Elemente der Erfahrung werden analysiert und die Natur aller Phänomene untersucht. Die beiden wichtigsten Kommentare zum Abhidharma sind der *Abhidharmakosha* von Dignaga, der die Perspektive des Hinayana beleuchtet, und der *Abhidharmasamucchaya* von Asanga aus der Perspektive des Mahayana.

Acht Übertragungslinien – (sgrub brgyud shing ta brgyad) auch als ‚acht Praxislinien' bekannt. Acht eigenständige buddhistische Schulen, die in Tibet verbreitet waren. Nyingma, Kadampa, Marpa Kagyü, Shangpa Kagyü, Sakya, Jordrug, Nyendrub, Shije und Chö. Die ersten fünf haben bis zum heutigen Tag als eigenständige Schulen überlebt.

Arhat – (dgra chom pa) Ein Arhat zu werden ist das letztliche Ziel des Shravakayana. Es ist ein friedvoller Zustand jenseits von Wiedergeburt, aber noch nicht die perfekte Erleuchtung.

Bodhicitta – (byang chub sems) ‚Erwachter Geisteszustand'. 1. Das Bestreben zum Wohle aller Wesen Erleuchtung zu erlangen. 2. Im Kontext von Mahamudra und Dzogchen die inhärente Wachheit des erwachten Geistes; Synonym für Rigpa, Gewahrsein.

Bodhisattva – (byang chub sems pa') Ein Praktizierenden der mit Bodhicitta (siehe dort) ausgestattet ist und das Bestreben, zum Wohle aller Wesen Erleuchtung zu erlangen, in sich entwickelt hat.

Bhumi – (sa [bcu]) Die [zehn] Stufen der Entwicklung eines Bodhisattva zu einem vollkommen erleuchteten Buddha. Auf jeder Stufe werden zunehmend subtilere Verdunklungen bereinigt und ein weiterer Grad von erleuchteten Qualitäten manifestiert.

Chokgyur Lingpa – (1829–1870) Ein ‚Schatzenthüller' (Tertön) und Zeitgenosse von Jamyang Khyentse und Jamgon Kongtrul. Er wird als einer der wichtigsten Tertöns der tibetischen Geschichte angesehen. Seine Termas (Schätze) werden sowohl in den Kagyü- als auch den Nyingmaschulen praktiziert. Tulku Urgyens Urgroßvater. Siehe auch *The Life and Teachings of Chokgyur Lingpa*, Rangjung Yeshe Publications.

Dharmadhatu – (chos kyi dbyings) ‚Bereich der Phänomene'. Die Soheit, in der Leerheit und Entstehen in Abhängigkeit untrennbar sind. Die Natur des Geistes und aller Phänomene und Erscheinungen, jenseits von Entstehen, Verweilen und Aufhören.

Dharmata – (chos nyid) Die inhärente Natur des Geistes und aller Phänomene und Erscheinungen.

Drei Gifte – (dug gsum) Anhaftung, Hass und Unwissenheit. Je nach Kontext auch als Verlangen, Ärger und Täuschung oder als Begierde, Aggression und Ignoranz bezeichnet.

Drei Kayas – (sku gsum) Dharmakaya, Sambhogakaya, Nirmanakaya. Die drei Kayas als Grund sind ‚Essenz, Natur und Funktion', als Pfad sind sie ‚Seligkeit, Klarheit und Nichtdenken', als Resultat sind sie die ‚drei Kayas der Buddhaschaft'. Diese drei sind: der Dharmakaya, frei von gedanklichen Konstrukten und ausgestattet mit den ‚21 Gruppen erleuchteter Qualitäten'; der Sambhogakaya, ausgestattet mit den vollkommenen Haupt- und Nebenmerkmalen, die nur von Bodhisattvas wahrgenommen werden können; der Nirmanakaya, der sich in Formen manifestiert, die sowohl von reinen als auch unreinen Wesen wahrgenommen werden können.

Drei Samadhis – (ting nge 'dzin gsum) Die drei meditativen Versenkungen. Der Samadhi der Soheit, des Lichts und der Keimsilbe. Sie bilden die Basis der Entstehungsstufe.

Fünf Gifte – Begierde, Zorn, Täuschung, Stolz und Neid.

Jamgon Kongtrul – (1813–1899) Auch als Kongtrul Lodrö Thaye und unter seinem Tertön-Namen Chime Tennyi Yungdrung Lingpa bekannt. Er war einer der Führer und Mitbegründer der nichtsektiererischen Rime-Bewegung des 19. Jahrhunderts. Ein großer Meister, Gelehrter und Schriftsteller, der mehr als 100 Bände hinterließ. Seine bekanntesten Werke werden bezeichnet als die ‚Fünf Schätze‘, unter ihnen die 63-bändige Sammlung *Rinchen Terdzö*, welche die Termaliteratur der 100 großen Tertöns umfasst.

Jamyang Khyentse Wangpo – (1820–1892) Einer der größten Meister des 19. Jahrhunderts. Er war der letzte der ‚fünf großen Schatzenthüller‘ und wurde als kombinierte Reinkarnation von Vimalamitra und König Trisong Detsen verehrt. Meister aller buddhistischen Schulen in Tibet und Mitbegründer der Rime-Bewegung. Außer seinen Termas hinterließ er ein zehnbändiges Werk an eigenen Schriften.

Kagyü – (bka' brgyud) Die Linie der Lehren, die von Marpa, dem Übersetzer, aus Indien nach Tibet gebracht wurden. Der indische Yogi und Mahasiddha Tilopa erhielt diese Lehren vom Dharmakayabuddha Vajradhara und gab sie an seinen Hauptschüler Naropa und andere weiter. Marpa erhielt sie von Naropa und Maitripa und brachte sie nach Tibet. Dort wurden diese Lehren von Milarepa, Gampopa, dem Karmapa und anderen weitergeführt. In der Kagyütradition entstanden die so genannten ‚vier großen und acht kleinen Linien‘. Das Hauptaugenmerk liegt auf dem ‚Pfad der Methoden‘ (die sechs Doktrinen des

Naropa) und dem ‚Pfad der Befreiung' (die Mahamudraunterweisungen des Maitripa).

Phowa – ('pho ba) Das Übertragen des Bewusstseins in einen Buddhabereich im Augenblick des Todes.

Pratyekabuddha – (rang rgyal, rang sangs rgyas) Ein ‚für sich selbst Erleuchteter'. In den frühen Texten: jemand, der Befreiung von Samsara erlangt ohne die Hilfe eines Lehrers und der selbst nicht lehrt. In der tibetischen Tradition wurde der Pratyekabuddha ein Symbol für eine bestimmte Stufe der Erleuchtung. Er konzentriert sich auf das Erlangen persönlicher Befreiung durch die Untersuchung der ‚zwölf Glieder des Entstehens in Abhängigkeit', *Pratityasamudpada*. Positiv betrachtet, ist er als hochrealisiertes Wesen der Verehrung würdig. Negativ betrachtet, hindern ihn seine spirituelle Arroganz und seine Furcht vor Samsara daran, geschickte Mittel und Mitgefühl anzuwenden. Daher ist seine Erleuchtung nicht vollständig.

Rigpa – (rig pa) Der Zustand von Gewahrsein, frei von Unwissenheit und dualistischer Fixierung.

Samadhi – (ting nge 'dzin) ‚Mit der Kontinuität des Ausgleichs in Verbindung stehen'. Ein Zustand nicht-abgelenkter meditativer Konzentration oder Versenkung. Im Vajrayana entweder mit der Entstehungs- oder der Vollendungsstufe verbunden.

Samaya – (dam tshig) 1. Das heilige Gelübde, Gelübde oder Verpflichtungen des Vajrayanapraxis. Sie sind sehr detailliert, bestehen aber in der Hauptsache daraus, äußerlich eine harmonische Beziehung mit dem Vajrameister und den Dharmafreunden aufrechtzuerhalten und innerlich nicht von der Kontinuität der Praxis abzuweichen. 2. Am Ende eines Kapitels (in der Termaliteratur) ist das einzelne Wort ‚Samaya' ein Schwur oder eine Bekräftigung, dass das Gesagte bzw. Geschriebene der Wahrheit entspricht.

Shamata – (zhi gnas) ‚Ruhiges Verweilen', nachdem Gedankenaktivität zu Ruhe gekommen ist. Eine meditative Methode zu Beruhigung des Geistes mit dem Ziel, ungestört von Gedanken verweilen zu können.

Shravaka – (nyan thos) ‚Hörer' oder ‚Zuhörer'. Praktizierender der vier edlen Wahrheiten, wie sie vom Buddha in seinem ersten Lehrzyklus dargelegt wurden. Durch das Besiegen störender Emotionen befreit er sich selbst und tritt ein in den ‚Pfad des Sehens', gefolgt von der Stufe des ‚Einmal-Wiederkehrers', der nur noch einmal wiedergeboren wird, und der Stufe des ‚Nicht-Wiederkehrers', der keine weitere Geburt in Samsara annimmt. Das letztliche Ziel ist es, ein *Arhat* zu werden. Diese vier Stufen sind bekannt als ‚die vier Resultate spiritueller Praxis'.

Sutra – (mdo, mdo sde) 1. Eine Lehrrede des Buddha. 2. Eine Schrift des *Sutra-Pitaka* innerhalb des *Tripitaka*. 3. Alle exoterischen Lehren des Hinayana und Mahayana, die Kausallehren, die den Pfad als die Ursache der Erleuchtung betrachten, im Unterschied zu den esoterischen Lehren des Tantra.

Tantra – (rgyud) Die Lehren des Vajrayana, die der Buddha in diversen Sambhogakayaformen übermittelt hat. Die wörtliche Bedeutung des Begriffs Tantra ist ‚Kontinuität' oder ‚Kontinuum', die inhärente Buddhanatur. Bezieht sich oft auf die Gesamtheit der Lehren des Vajrayana.

Tögal – (thod rgal) ‚Direktes Überqueren'. Dzogchen hat zwei Hauptteile: Trekchö und Tögal. Der Erstere betont die ursprüngliche Reinheit (ka dag), der Letztere die spontane Präsenz (lhun grub).

Trekchö – (khregs chod) ‚Durchschneiden' des Flusses der Täuschung, der Gedanken der drei Zeiten, indem das nackte Gewahrsein enthüllt wird, frei von dualistischer Fixierung. Diese Sichtweise zu erkennen durch die mündlichen Unterweisungen des Meisters und sie durch alle Lebenssituationen hindurch aufrechtzuerhalten ist die Essenz der Dzogchenpraxis.

Tripitaka – (sde snod gsum) Die drei Sammlungen der Lehren des Buddha Shakyamuni: Vinaya, Sutra und Abhidharma. Ihre Absicht ist die Entwicklung der drei Übungen von Disziplin, Konzentration und unterscheidendem Wissen; ihre Funktion ist die Beseitigung der drei Gifte Begierde, Zorn und Täuschung. Die tibetische Version des *Tripitaka* füllt mehr als 100 Bände mit jeweils mehr als 600 Seiten.

Vajra – (rdo rje) ‚Diamant', ‚König der Steine'. Als Adjektiv verwendet: unzerstörbar, unüberwindlich. Der konventionelle Vajra ist ein materieller Ritualgegenstand. Der höchste Vajra ist die Leerheit.

Vidyadhara – (rig 'dzin, rig pa 'dzin pa) ‚Wissenshalter', Halter einer Linie erleuchteter Meister und ihrer Lehren.

Vier Edle Wahrheiten ('phags pa'i bden bzhi) – Die vier edlen Wahrheiten sind die Wahrheit vom Leiden, von der Ursache des Leidens, vom Aufhören des Leidens und vom Pfad, der zu diesem Aufhören führt.

Vier Grenzenlose Gedanken (tsad med bzhi) – Liebe, Mitgefühl, Freude und Gleichmut.

Vinaya – ('dul ba) Disziplin. Einer der drei Teile des *Tripitaka*. Die Lehren des Buddha über Ethik, Disziplin und moralisches Verhalten, welche die Basis für die Praxis des Dharma für sowohl Ordinierte als auch Laien darstellen.

Vipashyana – (lhag mthong) ‚Einsicht', ‚klares Sehen'. Hat man den Geist durch Shamata zur Ruhe gebracht, kann der Praktizierende damit beginnen, Einsicht in die Natur der Phänomene zu haben. Dieses klare Sehen der Muster des Geistes und der Welt nennt man Vipashyana. Es setzt sich in Prajnaparamita fort.

Yana – (theg pa) Fahrzeug, Vehikel, Lehrgebäude. Traditionell ist von drei Fahrzeugen die Rede: Hinayana, Mahayana, Vajrayana. Innerhalb eines jeden kann es weitere Yanas geben wie Shravakayana, Bodhisattvayana, Mantrayana etc.

Yidam – (yi dam) Die persönliche Meditationsgottheit eines Praktizierenden des Vajrayana, die seine erwachte Natur verkörpert. Yidam ist eine Abkürzung für Samaya des

Geistes (yid kyi dam tshig). Yidams sind Buddhas in Sambhogakayaform, die dem geistigen Vermögen des Praktizierenden entsprechend visualisiert werden. Zunächst entwickelt der Schüler intensive Hingabe zu seinem Lehrer. Diese Beziehung macht es dem Schüler möglich, eine intuitive Verwandtschaft mit der Linie und dem Yidam zu erfahren. Sich mit dem Yidam zu identifizieren heißt, sich mit seinem charakteristischen Ausdruck der Buddhanatur zu identifizieren, frei von jeglicher Verzerrung. Durch das Sehen der grundlegenden Natur, auf diese verallgemeinerte Weise, werden alle ihre Aspekte in die Weisheit des spirituellen Pfades verwandelt, was wiederum zu mitfühlendem Handeln führt.

Weitere Titel aus dem Arbor Verlag

Patrul Rinpoche
Die Worte meines vollendeten Lehrers
Die Praxis des tibetischen Buddhismus auf dem
Weg zur „Großen Vollkommenheit"

Einer der größten tibetischen Meditationsmeister des 19. Jahrhunderts, geachtet und beliebt in allen Schulen des tibetischen Buddhismus, führt in diesem Standardwerk ein in Theorie und Praxis des Vajrayâna. Von den grundlegenden moralischen, ethischen und philosophischen Voraussetzungen über die Vorbereitenden Übungen bis hin zu fortgeschrittenen Praktiken wie der „Opferung des eigenen Körpers" im Chö-Ritual und der „Bewußtseinsübertragung beim Nahen des Todes" (Phowa) werden hier alle wesentlichen Aspekte der Praxis zur Vorbereitung auf die „Große Vollkommenheit" (Dzogchen) erläutert.

Patrul Rinpoche schrieb dieses Buch nicht vorrangig für gelehrte Mönche, sondern vor allem für ein Laienpublikum – was es für den heutigen westlichen Leser besonders zugänglich macht. Zugleich findet seine von der essentiellen Weisheit der „Großen Vollkommenheit" geprägte Sicht in allen seinen Darlegungen Ausdruck. In dieser einzigartigen Kombination von farbiger Anschaulichkeit und unauslotbarer Tiefgründigkeit weisen die „Worte meines vollendeten Lehrers" den Weg zu einer authentischen Praxis des tibetischen Buddhismus. Das wegweisende Werk wurde unter Anleitung moderner tibetischer Meister, die zu den Dharma-Erben Patrul Rinpoches gehören, direkt aus dem Tibetischen übertragen.
Hardcover, ISBN 3-924195-72-2

Pema Chödrön
Geh an die Orte, die du fürchtest

Unsere Lebensumstände können uns verhärten, uns ängstlich und abweisend machen, oder sie lehren uns, sanfter, mitfühlender und freundlicher zu werden. Doch unsere gewohnten Strategien, mit Ängsten, Leiden und Schwierigkeiten umzugehen, sind wenig geeignet, diese zu überwinden – stattdessen zementieren sie diese letztlich nur. „Nicht flüchten, sondern anschauen" ist das Motto dieses praktischen Krisenmanagements für Körper, Geist und Seele. Dabei sind Pema Chödröns Ratschläge oft von provokativer Direktheit und fordern den Leser auf, sich voller Neugier auf das weite Feld seiner Schwierigkeiten vorzuwagen.
Hardcover, ISBN 3-924195-74-9

Pema Chödrön
Tonglen
Der tibetische Weg, mit sich selbst und
anderen Freundschaft zu schließen

Ihr neuestes Buch und die Essenz ihrer Arbeit. Mit Unterweisungen zum Tonglen, zur Sitzmeditation, zur Entwicklung von Maitri, Mitgefühl und Furchtlosigkeit.
Die Anwendungsmöglichkeiten reichen von den kleinen Irritationen und Unannehmlichkeiten des Alltags über Probleme in Familie und Partnerschaft oder den Umgang mit Schmerz, Sucht und Krankheit bis hin zur Begleitung Sterbender und der Übung für Verstorbene. Das Mitgefühl und die Freundlichkeit, die man in diesen Übungen für andere entwickelt, wirken zugleich auf den Übenden zurück, so daß letztlich allen geholfen wird. Ein inspirierendes und wunderbar praktisches kleines Buch.
Hardcover, ISBN 3-924195-73-0

Chögyam Trungpa
Erziehung des Herzens

59 herausfordernde Losungen stehen im Mittelpunkt dieses Buches – Losungen, die seit acht Jahrhunderten von tibetischen Lehrern in der Unterweisung von Meditationsschülern genutzt werden. Chögyam Trungpa versteht es, uns die Prinzipien und Praktiken der tibetischen Lojong- und Tonglen-Praxis in einer zeitgemäßen Form nahezubringen.
Hardcover, ISBN 3-924195-63-3

Chögyam Trungpa
Weltliche Erleuchtung
Die Weisheit Tibets für den Westen

Eine dichte, allgemeinverständliche und lebendige Zusammenstellung aus den wichtigsten Schriften des wohl bekanntesten Meisters des tibetischen Buddhismus unserer Zeit.
Paperback, ISBN 3-924195-54-4

Jack Kornfield & Christina Feldman
Geschichten des Herzens
Mit einem Vorwort von Jon Kabat-Zinn

Mit seinen kurzen und langen, humorvollen und bewegenden, buddhistischen, christlichen, chassidischen, indianischen und Sufi-Geschichten, ist es ein ideales Buch für den Nachttisch und ein wunderschönes Geschenk!
Bereits der Vorgänger dieses Buches – *Das strahlende Herz der erwachten Liebe* – hat sich schnell von einem Geheimtip zu einem außergewöhnlich beliebten Buch entwickelt. Jetzt in überarbeiteter und erweiterter Neuauflage.
Hardcover, ISBN 3-924195-37-4

Rodney Smith
**Die innere Kunst
des Lebens und des Sterbens**

Jeder Kontakt mit dem Tod hat das Potential, unser Verständnis des Lebens zu vertiefen. Bei seiner Arbeit in der Hospiz-Bewegung erhielt Rodney Smith immer wieder Einblick in die Situation von Menschen, die dem Verlust von allem, das sie je gekannt hatten, ins Gesicht sehen mußten.
Rodney Smith zeigt auf, wie wir von Sterbenden lernen können, uns dem Mysterium des Lebens und des Sterbens wieder zu öffnen und so zu einem erfüllten Leben im Hier und Jetzt zurückzufinden.
Hardcover, ISBN 3-924195-52-8

Gerne informieren wir Sie über unsere Veröffentlichungen aus dem Bereich Buddhismus. In nächster Zeit werden wir weitere Dzogchen-Titel veröffentlichen, unter anderem auch von Tulku Urgyen Rinpoche. Schreiben Sie uns oder besuchen Sie uns im Internet unter:

www.arbor-verlag.de

Hier finden Sie Leseproben, aktuelle Informationen, Links und unseren Buchshop.

Arbor Verlag • D-79348 Freiamt
Fax: 07641.933781 • info@arbor-verlag.de